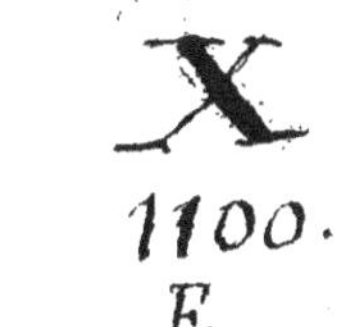

X
1100.
E.

9486

ELÉMENS

DE LA

LANGUE ITALIENNE.

ELÉMENS

DE LA

LANGUE ITALIENNE,

OU

METHODE PRATIQUE

Pour apprendre facilement cette Langue ;

PAR M. SIRET, Auteur des Elémens de
la Langue Anglaise.

A PARIS,

Chez THÉOPHILE BARROIS, Libraire, rue
Hautefeuille, N°. 22.

AN 5 DE LA RÉPUBLIQUE FRANÇAISE (1797).

ELÉMENS

DE LA

LANGUE ITALIENNE.

INSTRUCTION PRELIMINAIRE.

LA GRAMMAIRE est l'art de développer méthodiquement les principes généraux communs à toutes les Langues.

La Grammaire particulière d'une Langue ne fait que lui appliquer ces principes, d'après l'usage consacré chez le peuple qui la parle.

Les Langues sont composées de phrases, les phrases de mots, les mots de syllabes, les syllabes de lettres. Les lettres et les syllabes sont donc les premiers élémens des mots, comme ceux-ci sont les premiers matériaux du langage.

Les mots signes de nos idées sont de quatre espèces principales, qui se divisent et subdivisent de la manière suivante :

LES NOMS

SUBSTANTIFS
- COMMUNS. Servant aux genres qui contiennent plusieurs espèces, et aux espèces qui contiennent plusieurs individus. Comme : *animal, homme, arbre, fruit,* etc.
- PROPRES. Destinés aux individus dont il n'y a point d'espèces. Comme : *Paris, Rome, César, Auguste,* etc.

ADJECFIFS
- Ajoutés aux substantifs pour exprimer leurs diverses qualités. Comme : *bon, mauvais, grand, petit, rond, ovale,* etc.

DE NOMBRE
- CARDINAUX. Comme : *un, deux, trois,* etc.
- ORDINAUX. Comme : *premier, second, troisième,* etc.
- COLLECTIFS. Comme : *vingtaine, dixaine, centaine,* etc.
- DISTRIBUTIFS. Comme : *quart, moitié, tiers,* etc.

a

ij

LES PRONOMS. Mots qui tiennent lieu des Noms.	Personnels.	De la première personne, comme : *je, me, moi, nous*, etc. De la seconde, comme : *tu, te, toi, vous*, etc. De la troisième, comme : *il, elle, ils, eux, elles, lui, leur*, etc. Réfléchis *ou* réciproques, comme : *se, soi*, etc.
	Possessifs.	Qui indiquent propriété et possession, comme : *mon, ma, mes, ton, ta, tes, son, sa ses, notre, votre, vos, leur*, etc.
	Relatifs.	Comme *qui, lequel, laquelle, lesquels, lesquelles, que, dont, de quoi*, etc.
	Indicatifs.	Comme : *ce, cet, cette, ces : celui, celles, ceux, celles, céci, cela*, etc.
	Indéfinis.	Comme : *on, quelqu'un, quiconqne, chacun, personne, nul, rien, autrui, l'un, l'autre, plusieurs, quelque, aucun, tous, pas un*, etc.
LES VERBES. Mots qui expriment action, passion, état et condition des êtres.	Actifs.	Précédés d'un nom qui indique ce qui produit l'action, et suivis d'un autre nom qui indique ce qui la reçoit. EXEMPLES: Pierre A BATTU Paul ; le feu A CONSUMÉ la maison, etc.
	Passifs.	Qui ne diffèrent des actifs qu'en ce que le premier nom désigne le patient et le second l'agent. EXEMPLES : Paul A ÉTÉ BATTU par Pierre ; la maison A ÉTÉ CONSUMÉE par le feu.
	Neutres.	Accompagnés d'un seul nom, qui est à-la-fois actif et passif. Ex. Pierre DORT, Paul VEILLE, le tonnerre GRONDE, etc.
	Réfléchis.	Dont l'action retombe directement sur l'individu qui l'exerce. Ex. César SE PLAINT, Alexandre S'ENNUIE, Auguste SE REPENT, etc.
	Réciproques.	Lorsque deux puissances également actives et passives agissent réciproquement l'une sur l'autre, comme : SE BATTRE, SE DISPUTER, etc.
	Impersonnels.	Dont l'action est indépendante des personnes et des choses, comme IL PLEUT, IL NEIGE, IL FAUT QUE, IL SUFFIT QUE, IL NE SIED PAS DE, etc.

DANS LES VERBES ON DISTINGUE

Le Nombre.	*Singulier.*	Quand l'action est exercée par un seul. Ex. *j'aime, il aime*, etc.
	Plurier.	Quand elle est exercée par plusieurs. Ex. *nous aimons, ils aiment*, etc.
Les Personnes.		La première, ou celle qui parle, comme : *je dis, nous disons*, etc.
		La seconde, ou celle à qui on parle, comme : *tu vois, vous voyez*, etc.
		La troisième, ou celle dont on parle, comme : *il ou elle veut, ils ou elles veulent*, etc.
Les Modes.	*Indicatif.*	Qui indique qu'une chose est, fut ou sera. EXEMPLE : *je vais, j'allais, j'allai, j'irai*, etc.
	Impératif.	Qui commande, prie et exhorte. EXEMP. *marches, prêtez-moi, prenons courage*, etc.
	Subjonctif.	Qui désigne condition, supposition, subordination ou dépendance quelconque de l'action exprimée. Ex. *On veut que je marche, je marcherais si on voulait, on voulut que je marchasse*, etc.
	Infinitif.	Qui exprime vaguement l'action sans la déterminer, comme : *venir, sentir, dormir*, etc.
Les Temps.	*Présent absolu.*	Qui ne peut s'envisager que d'une seule manière, comme : J'AIME, pour l'indicatif ; il faut que J'AIME pour le subjonctif.
	Imparfait ou Présent relatif.	Qui représente l'action comme présente dans un temps passé, relativement à une autre action qui se passait alors. Ex. je DÎNAIS quand il entra, etc.
	Prétérit.	Qui indique une chose absolument passée dans un temps dout il ne reste plus rien à s'écouler. Ex. J'ALLAI, pour l'indicatif ; il fallut que J'ALLASSE pour le subjonctif.
	Futur.	Qui indique une chose à faire dans un temps à venir. Ex. J'AIMERAI, JE PARLERAI, etc.
	Conditionnel.	Qui exprime la possibilité d'une action relativement à une autre qui n'existe pas encore ; un desir, un projet subordonné à un événement quelconque, comme : je SERAIS content s'il pleuvait, etc.
Les Participes.	*Prés. actif et Gérondif*	Comme : *aimant, craignant, parlant*, etc. *en écrivant, en lisant, en marchant.*
	Passé ou Passif.	Comme : *aimé, craint, sorti, entré, parti, battu, blessé*, etc.

<table>
<tr><td rowspan="6">LES PARTICULES.
Mots qui servent à modifier et à particulariser les actions et les choses.</td><td>Articles</td><td>Qui se joignent aux noms pour désigner leur genre, leur nombre et leurs cas, comme : le, la, les, de, du, des, à, à la, aux, etc.</td></tr>
<tr><td rowspan="2">Adverbes joints aux verbes pour étendre ou restraindre leur signification.</td><td>De temps, comme : aujourd'hui, hier, demain, etc.
De lieu, comme : ici, là, là haut, là bas, etc.</td></tr>
<tr><td>De quantité, comme peu, beaucoup, trop, assez, etc.
De qualité, comme : méchamment, constamment, fidèlement, etc.</td></tr>
<tr><td>Prépositions.</td><td>Qui se trouvent toujours devant un mot, sans lequel elles ne signifieraient rien, comme : à Paris, dans la maison, contre un mur, sur une table, chez un ami, etc.</td></tr>
<tr><td>Conjonctions.</td><td>Qui lient ensemble les mots et les parties du discours. EXEMPLES : VOUS ET moi ; NI vous NI elle ; je le sais, car je l'ai vu ; je le veux bien. MAIS je ne le puis, CEPENDANT je l'ai promis, etc.</td></tr>
<tr><td>Interjections.</td><td>Mots isolés qui se disséminent dans le langage pour exprimer un mouvement subit de l'ame, comme : chut ! holà ! ah ! hélas ! etc. etc.</td></tr>
</table>

La Grammaire traite de ces élémens du langage sous deux points de vue différens.

1°. Séparément, en indiquant les accidens et les variations dont chacun d'eux en particulier est susceptible. C'est ce qu'on appelle ANALYSE.

2°. Dans leur ensemble, en assignant à chacun la place qu'il doit tenir dans le discours, pour qu'il en résulte un tout parfaitement clair et régulier. C'est ce que l'on appelle SYNTAXE.

Mais il ne suffit pas de connaître tous les mots d'une langue et leur arrangement dans la construction des phrases ; il faut avant tout apprendre à les prononcer et à les écrire.

La PRONONCIATION et l'ORTOGRAPHE remplissent ce but. L'une est l'art d'exprimer les mots par les sons et les articulations qui leur sont convenables ; l'autre est celui de les peindre par les signes ou caractères qui leur sont propres.

DE LA PRONONCIATION ET DE L'ORTOGRAPHE.

LES Italiens ne connaissent que vingt-trois lettres, dont la réunion dans l'ordre suivant constitue leur alphabet.

A	B	C	D	E	F	G	H	I	J	L	M	N	O	P
a	bi	ci	di	e	effe	dgi	acca	i	ï	elle	emme	enne	o	pi

Q	R	S	T	U	V	X	Z
cou	erre	esse	ti	ou	vi	sce	dzetta

OBSERVATIONS.

1º. A la simple nomenclature de ces lettres, on s'apperçoit que les unes, telles que *a, e, i, j, o, u*, se profèrent naturellement d'elles-mêmes, sans qu'il soit besoin d'y en ajouter d'autres, pour indiquer le son qui leur convient. Cette propriété les a fait distinguer sous le nom de *VOYELLES*, c'est-à-dire, *sons simples*.

Les autres, au contraire, ne peuvent s'énoncer que par le moyen des voyelles. Par cette raison on les appelle *CONSONNES*, c'est-à-dire, *sons combinés*.

2º. De la combinaison des voyelles avec les consonnes, il résulte une variété prodigieuse de groupes, qui forment autant d'articulations.

Une voyelle groupée avec une ou plusieurs consonnes est appelée *SYLLABE*. Une ou plusieurs syllabes composent un *MOT*. Une voyelle seule peut faire une syllabe; quelquefois même elle fait un mot, comme : *a*, à ; *e*, il est ; *e*, et ; *o*, ou, etc.

3º. Un mot d'une voyelle, ou d'une syllabe, est appelé *MONO-SYLLABE*. *Ma*, mais : -- *ne*, ni *ou* en : -- *mi*, moi : -- *no*, non : -- *tu*, toi, et autres de ce genre, sont des monosyllabes. -- Composé de deux syllabes, comme : *ma-ni*, mains : *me-no*, moins : *virtù*, vertu, etc. on le nomme *DISSYLLABE* -- de trois, comme : *ca-pel-lo*, chapeau, *ca-me-ra*, chambre, etc. c'est un *TRISYLLABE*. -- Il y en a de quatre syllabes, comme : *pa-ra-di-so*, paradis. -- De cinq, comme : *op-por-tu-ni-tà*, opportunité. -- De six, comme *ma-es-tò-sa-men-te*, majestueusement. -- De sept, comme : *ne-ces-sa-ri-a-men-te*, nécessairement, etc. etc.

4º. Les voyelles peuvent encore se combiner entre elles dans la même syllabe, et le groupe qui en résulte est appelé *DIPHTONGUE*. Il n'y a que sept diphtongues en italien. Savoir :

AE, AU, EA, EI, EU, OI, UO.

Peut-être même sont-elles improprement appelées diphtongues ; car dans la plupart des mots, elles forment des syllabes très-distinctes, comme dans *be-a-ta*, heureuse : *cre-a-tu-ra*, créature, etc. Quoiqu'il en soit, ces prétendues diphtongues n'offriront aucune difficulté dans la pratique, chacune des voyelles combinées conservant toujours le son qui lui est propre, à cela près de quelques nuances peu sensibles que nous indiquerons.

5º. Enfin, la Langue italienne, considérée sous le point de vue de la prononciation et de l'ortographe, a de grands avantages sur les autres Langues modernes. Tout ce qui se prononce est écrit, et tout ce qui est écrit se prononce. Les voyelles ne quittent jamais le son qui leur est indiqué par l'alphabeth : toutes les consonnes, à l'exception de six, affectent uniformément les voyelles qui leur sont adaptées ; et ce qui concerne les six qui s'écartent de l'indication alphabétique peut être aisément réduit à un très-petit nombre de règles générales.

SECTION PREMIERE.

De la prononciation des six voyelles A, E, I, J, O, U.

1°. **A** se prononce toujours comme l'*A* françáis. -- Ouvert, lorsqu'il est surmonté d'un accent grave (1), comme dans *bontà*, bonté: *carità*, charité : *castità*, chasteté, etc.

Il doit être articulé plus fortement dans ces mots : *andare*, aller: *passo*, pas: *carro*, charriot, etc. à cause des deux consonnes qui le suivent, que dans ceux-ci : *amore*, amour: *fare*, faire : *caro*, cher, etc. où la consonne suivante est simple.

Cette règle peut être regardée comme générale, relativement à toutes les voyelles.

A combiné dans la même syllabe avec *e*, *i*, *o* et *u*, sera toujours dominant. Conséquemment dans ces mots : *aere*, air: *rai*, rayons: *fianco*, flanc : *lauro*, laurier, etc. Il faut appuyer sur l'*a*, et glisser légèrement sur *e*, *i* et *u*.

2°. E sera toujours prononcé comme dans les mots français fer, mer, etc. lorsqu'il sera suivi d'une *r* ou d'un *t*. Ex. *Pergamena*, parchemin : *petto*, poitrine, etc. ou bien, lorsqu'il sera combiné dans la même syllabe avec *i* et *u*, comme : *vieni*, viens : *feudo*, fief, etc. Dans ces mots et autres semblables, il est à-la-fois long et ouvert, et la syllabe qui suit doit être prononcée rapidement.

Il sera prononcé comme dans le mot français écrit, s'il est précédé d'une *m*, ou *suivi* d'une *n*. Ex. *Almeno*, au moins : *argomento*, argument : *penna*, plume : *pena*, peine, etc.

Combiné dans la même syllabe avec *a* ou *o*, il sera bref; et c'est la voyelle combinée qui dominera. Ex. *Eroe*, héros : *attraere*, attirer, etc. glissez sur l'*e*, et appuyez sur *a* et *o*.

Il ne sera jamais muet à la fin des syllabes ou des mots. Ainsi, dans *papero*, oison : *sette*, sept, et autres qu'un Français serait tenté de prononcer *Pap'ro*, *sett'*, etc. donnez à l'*e* le son qu'il a dans les monosyllabes me, te, se, ne, etc.

Souvenez-vous que E est toujours long et ouvert dans les monosyllabes *è*, il est : *e* ou *ed*, et : *lei*, elle : *ne*, ni; *miei*, mais ; *cei*, six ; *se*, soi ; *ne*, en ; *ne* nous, *ou* y : *ve*, vous, *ou* y, etc. (2)

3°. I et J, se prononcent toujours comme l'*i* français.

I, dans ses combinaisons avec les autres voyelles, est toujours dominé par celle qui suit. Ainsi, dans les mots *piaga*, plaie : *diede*, il donna : *biondo*, blond : *fiume*, fleuve, glissez sur l'*i* et appuyez sur *a*, *e*, *o* et *u*. Ceci est une suite des règles précédentes.

Entre deux voyelles, *i* et *j* ne forment point triphtongue, comme l'ont prétendu quelques Grammairiens, mais ils se prononcent exactement comme l'*y* français dans le mot bayonnette. EXEMPLE: *ajo*, gouverneur: *pajo*, paire: *aiuto*, aide : *abbayare*, abboyer, etc.

---

(1) C'est le seul accent dont les Italiens fassent usage, et ils ne l'emploient que sur la voyelle finale d'un petit nombre de mots.

(2) Nous verrons dans la suite une exception pour les cas où ces mots s'unissent aux pronoms conjonctifs pour ne former qu'un seul mot.

J à la fin des mots tient lieu de deux *i*. EXEMPLE: *Sentj*, je sentis; *necessarj*, nécessaires; *varj*, différens, etc. Ces mots s'écrivaient autrefois *sentii*, *necessaii*, *varii*, comme dans la Langue latine, dont ils sont empruntés.

4°. O se prononce aussi dans toutes les circonstances comme l'*o* français. — Long et ouvert dans les monosyllabes, et à la fin des mots où il est accentué. Ex. *Sarò*, je serai; *verrò*, je viendrai; *no*, non, etc. Il ne faut excepter que le monosyllabe *lo*, le. — Long et fermé dans *con*, avec; *non*, ne pas. — Bref et fermé, à la fin de tous les mots où il n'est pas accentué, comme: *capo*, tête; *resto*, reste; *mento*, menton; *rotto*, brisé; *duro*, dur, etc.

A l'égard de ses combinaisons avec les autres voyelles, il faut observer les règles qui concernent E et I.

5°. U se prononce toujours *ou*. Ex. *Tutto*, tout; *crudo*, crud; *più*, plus; *virtù*, vertu, etc. dites: toutto, croudo, piou, virtou, etc.

Combiné avec *a*, *e* et *i*, si c'est lui qui précède, il sera dominé. Ex. *quasi*, presque; *questo*, ce; *quinto*, cinquième: prononcez sans presque faire entendre l'*u*. — Si, au contraire, il est précédé de *a* ou *i*, c'est lui qui doit dominer. Ex. *aura*, zéphir; *autonno*, automne; *più*, plus, etc. prononcez *aoura*, *aoutonno*, *piou*, en appuyant peu sur *a* et *i*, ainsi que nous l'avons déjà fait remarquer en parlant de ces deux voyelles.

O B S E R V A T I O N S.

A l'exception de sept monosyllabes, *il*, *del*, *al*, *dal*, *con*, *non* et *per*, tous les mots italiens, de quelque nature qu'ils soient, sont terminés par une voyelle. Si quelquefois on en trouve qui soient terminés par une consonne, c'est que la voyelle finale est supprimée par une licence particulière qui a ses règles que nous ferons connaître.

S E C T I O N   I I.

Des consonnes et des articulations qui résultent de leur combinaison avec les voyelles.

NOUS avons déjà observé qu'en général les consonnes italiennes produisent les mêmes articulations que les consonnes françaises. Celles qui s'écartent un peu de cette règle sont: C, G, H, Q, X, Z.

1°. C. CA, CO, CU. — Prononcez comme en français, *ca*, *co*, *cou*.

CE, CI. Prononcez *tche*, *tchi*, en faisant sentir le moins possible le *t*, si le *c* est simple. comme *cera*, cire; *cibo*, nourriture, etc. et en l'articulant plus fortement si le *c* est double, comme: *accidente*, accident; *ucciso*, tué, etc. que vous prononcerez: *at-chidente*, *out-chiso*, etc.

CHE, CHI. Prononcez toujours *ké*, *ki*. L'*h* dans cette combinaison ne produit aucune espèce d'aspiration. *Cha*, *cho*, *chu* n'ont point lieu dans la Langue italienne.

Les combinaisons *cia*, *cie*, *cio*, *ciu*, soit qu'elles commencent ou terminent les mots, soit qu'elles se trouvent au milieu, doivent se prononcer de manière à ce que l'*i* ne soit presque pas entendu, comme: *caccia*, chasse; *ciascuno*, chacun; *baccio*, baiser; *asciutto*, essuyé, etc. Ceci est conforme à la règle de l'*i*, Sect. précéd.

CHIA, CHIE, CHIO, CHIU suivent la même règle; mais si ces combinaisons sont précédées d'une *s*, la voyelle *i* doit dominer, EXEMP. *schiavo*, esclave ; *maschio*, mâle, etc.

2°. G. GA, GO, GU. Prononcez comme en français *ga*, *go*, *gou*. GE, GI. Prononcez suivant l'alphabeth *dgé*, *dgi*, en faisant peu sentir le *d*, si le *g* est simple, et en le faisant sentir davantage s'il est double, conformément à la règle précédente. EXEMPLES : *angelo*, ange ; *agile*, agile, prononcez *an-dgelo*, *a-dgile*, parce que le *g* est simple. -- *Oggi*, aujourd'hui ; *gregge*, troupeau ; *raggi*, rayons, prononcez *od-gi*, *gred-ge*, *rad-gi*, parce que le *g* est double.

GNA, GNE, GNI, GNO, GNU. Prononcez toujours comme dans les mots français magnanime, magnétisme, magnifique, pignon, etc. Il n'y a pas même d'exception pour les mots latins, tels que *agnus*, *magnus*, *pignus*, etc. qui doivent être prononcés *a-gnous*, *ma-gnous*, *pi-gnous*, etc. et non pas *ag-nous*, *mag-nous*, *pig-nous*.

GHA, GHE, GHI, GHO, GHU. Prononcez toujours *ga*, *gué*, *gui*, *go*, *gou* sans exception.

GLI a une articulation particulière, qu'on ne peut comparer qu'à la finale de nos mots français *bailli*, *bouilli*, etc. Pour peind e ces deux mots selon l'ortographe italienne, il faudrait écrire : *Bagli*, *bugli*. -- Cette articulation difficile pour les étrangers, doit d'autant moins embarrasser un Français, qu'il la retrouve très-exactement dans les *ll* mouillées de fille, famille, bastille, etc. -- Au surplus, elle n'a point lieu dans les mots où le GLI est précédé d'une consonne. *Anglicano*, anglican, se prononce comme en français. On excepte aussi *negligere*, négliger ; *negligenza*, négligence, qu'il faut prononcer *neg-ligenza*, *neg-ligere*, etc.

A l'égard de GUA, GUE, GUI, observez ce qui a été dit ci-devant sur la voyelle U, Sect. première, reg. 5.

3°. H peut être regardé comme nul dans la prononciation italienne. Il n'y a aucune espèce d'influence, Il n'y a été introduit que pour distinguer certains mots dont la prononciation est exactement la même, mais dont la signification est différente.

Par exemple : *ho*, j'ai ; *o*; *ou*, *hai*, tu as ; *ai*, aux ; *ha*, il a ; *a*, à : *hanno*, ils ont ; *anno*, année, se prononcent de la même manière et sans aspiration : s'ils n'étaient pas distingués par l'ortographe, on serait souvent exposé à les prendre l'un pour l'autre.

4°. Q, n'est jamais employé dans un mot italien sans être suivi de la voyelle U. C'est une rédondance alphabétique qui ne peint rien autre chose que la syllabe *cu*, et qui, comme cette syllabe, se prononce *cou*. La seule différence entre *qu* et *cu*, c'est que le premier, suivi d'une voyelle, ne forme qu'une syllabe, comme : *qui*, ici ; *cui*, dont, en forme deux bien distinctes, qu'il fant prononcer *cou-i*.

5°. X, est encore une autre rédondance alphabétique, qui ne sert que pour très-peu de mots, dont, probablement par respect pour l'antiquité, on a voulu conserver l'ortographe. Tels sont · *Xantippe*, *Xenocrate*, *Xerse*, etc. qui se prononcent Santippe, Senocrate, Serse, etc. -- Vous ne trouverez jamais *x* au milieu d'un mot. On lui a substitué deux *ss* dans les mots où il était anciennement suivi d'une voyelle, comme : *Alessandro*, au lieu d'*Alexandro*, Alexandre, etc. une *s* simple dans ceux où il était suivi d'un *t*, comme *estremo*, au lieu d'*extremo*, extrême, et un *c* dans ceux où il était suivi d'un *c*, comme : *eccitare*, au lieu d'*excitare*, exciter, etc. etc.

6°. Enfin Z se prononce *ts* dans les mots où il est double. EXEMP. *prezzo*, prix, *saviezza*, sagesse : prononcez *pret so*, *saviet sa* : dans ceux où il est placé comme en français, tels que *zona*, zone, *zelo*, zèle, *zodiacco*, zodiaque, etc. prononcez *tsona*, *tselo*, *tsodiacco*, mais faites peu sentir le *t*.

Dans les autres circonstances, il se prononce *ds.* Ex. *Zio*, oncle, *zappa*, pioche, *zucchero*, sucre, etc. prononcez *dsio*, *dsappa*, *dsucchero*, etc.

Observez seulement que dans les mots pris du latin, comme *nazione*, nation, *orazioue*, oraison, *divozione*, dévotion, *grazia*, grace, etc. qui s'écrivaient anciennement avec un *t* ou un *c*, il ne faut presque pas faire sentir le *d*.

SECTION III.

De l'accent prosodique , ou de la quantité.

Dans un mot italien, il y a toujours une syllabe longue; mais il ne peut y en avoir deux. Cette syllabe est, ou la dernière, ou la pénultième, ou l'antepenultième. Dans les mots de plusieurs syllabes, il arrive quelquefois que la longue précède l'antepenultième; mais ces cas sont très-rares.

L'accent prosodique consiste à appuyer à propos sur les syllabes longues, et à glisser sur les brèves.

Le repos de la voix sur une longue doit équivaloir à celui qu'elle fait sur deux brèves. Dans le mot *camera*, par exemple, la première syllabe est longue, le *ca* durera donc autant de temps à prononcer que *mera*; et dans cet autre mot, *catena*, où le *te* est long, on se reposera sur cette syllabe autant de temps qu'on en mettra à articuler *ca* et *na*.

L'accent prosodique doit être marqué par une certaine élévation de la voix, lorsqu'il porte sur la pénultieme ou l'antepénultième; il est, au contraire, marqué par l'abaissement de la voix, lorsqu'il affecte la dernière syllabe.

Si la syllabe longue est la derniere du mot, on ne pourra s'y méprendre; car elle sera infailliblement accentuée.

Si le mot est un monosyllabe, on ne s'y méprendra pas non plus; car s'il est vrai que tout mot italien doit avoir une syllabe longue, le mot qui n'en a qu'une ne peut en avoir une breve. Donc toute syllabe isolée, soit qu'elle soit ou non accentuée, est longue.

Si le mot est de deux syllabes, il n'y aura pas plus de difficulté; car si la derniere n'est pas accentuée, elle sera nécessairement breve: donc la premiere sera longue.

Mais dans les mots de plusieurs syllabes, l'ortographe ne nous fournit aucun moyen de distinguer la longue: car les Italiens ne font point usage des accens. Nous ne pouvons à cet égard consulter que les terminaisons.

Il arrive souvent que l'on rencontre deux monosyllabes de suite, ce qui, suivant la regle générale, mettrait l'orateur dans la nécessité de prononcer deux longues sans interruption. Comme cette monotonie répugne à la prosodie italienne, on est convenu de fondre les deux monosyllabes en un seul mot, et c'est la derniere syllabe de ce mot composé qui reste longue.

Par exemple, si le monosyllabe *me*, me, se trouve immédiatement suivi de *lo*, le, ou *la*, la, on en formera le mot *melo* ou *mela*, et l'accent prosodique restera à *lo* et *la*.

C'est en cela que consiste l'exception que nous avons annoncée page vj, en parlant des monosyllabes. Elle est fondée sur ce que les combinaisons dont il s'agit se retrouvent dans la formation natu-

relle de divers mots simples dont l'ortographe est la même que celle
de ces mots composés, ce qui a rendu nécessaire d'en fixer l'accent
prosodique, afin de pouvoir reconnaitre leur véritable signification.
Ces mots sont consignés dans la Table suivante :

TABLE *des mots composés dont la première syllabe est brève, et des mots simples dont la même syllabe est longue.*

Mots composés.	Mots simples.
Melo, me le.	*Melo*, pommier.
Meli, me les.	*Meli*, pommiers.
Mela, me la.	*Mela*, pomme.
Mele, me les.	*Mele*, pommes.
Telo, te le.	*Telo*, dard.
Teli, te les.	*Teli*, dards.
Tela, toila.	*Tela*, toile.
Tele, toiles.	*Tele*, toiles.
Celo, nous le.	*Celo*, je cache.
Cela, nous la.	*Cela*, il cache.
Velo, vous le.	*Velo*, un voile.
Veli, vous les.	*Veli*, des voiles.
Vela, vous la.	*Vela*, une voile.
Vele, vous les.	*Vele*, des voiles.
Cene, nous en.	*Cene*, soupers.
Vene, vous en.	*Vene*, veines.

TABLE *de mots simples dont l'ortographe et l'accent prosodique sont exactement les mêmes, mais dont les diverses significations se reconnaissent au son ouvert ou fermé de la voyelle qui forme la 1ere syllabe.*

Pron. ouvet	Pron. fermé.
Dei, Dieux.	*Dei*, des.
É, il est.	*E*, et.
Legge, il lit.	*Legge*, loi.
Mele, miel.	*Mele*, pommes.
Messe, moisson.	*Messe*, messes.
Nei, mouches.	*Nei*, dans les.
Chiese, églises.	*Chiese*, il demanda.
Pesca, peche.	*Pesca*, pesche.
Peste, peste.	*Peste*, pilées.
Tema, theme.	*Tema*, crainte.
Tempi, temps.	*Tempi*, temples.
Venti, vents.	*Venti*, vingt.
Botte, coups.	*Botte*, tonneau.
Colto, cueilli.	*Colto*, cultivé.
Corso, Corse.	*Corso*, cours.
Corre, cueillir.	*Corre*, il courut.
Fosse, fossés.	*Fosse*, il fût.
Porsi, je présentai.	*Porsi*, se placer.
Posta, poste.	*Posta*, placée.

Rocca, roche.	*Rocca*, quenouille.
Rodi, Rhodes.	*Rodi*, tu ronges.
Rogo, bûcher.	*Rogo*, buisson.
Rosa, rose.	*Rosa*, rongée.
Scorse, il apperçut.	*Scorse*, il parcourut.
Torre, ôter.	*Torre*, tour.
Torta, tordue.	*Torta*, tourte.
Volgo, je tourne.	*Volgo*, vulgaire, peuple, etc.
Volto, tourné.	*Volto*, visage.
Voto, vuide.	*Voto*, veu.
Volta, fois.	*Volta*, tournée.

TABLE des terminaisons dont la première syllabe est longue.

Pour éviter les longueurs et les répétitions inutiles, nous prévenons le lecteur que, sous les terminaisons suivantes, il doit comprendre celles des genres et des nombres qui y sont relatifs, à moins qu'il n'en soit fait exception.--- Par exemple, le mot *sicuro*, sur; qu'on trouvera sous la terminaison URO, est un adjectif dont le féminin est *sicura*, sûre, et le plurier *sicuri et sicure*, surs et sûres : il est entendu que ces diverses terminaisons suivent la même regle que la terminaison URO, dont elles ne sont que des variations. Conséquemment encore tous les mots terminés comme dans cette table auront la pénultième syllabe longue, de même que ceux de la Table suivante auront l'accent prosodique sur l'antepénultieme.

Terminaisons.	*Exemples et exceptions.*
Acca-o	Orbacca, trabacca, baldacco, etc.
Agna-o	Montagna, lavagna, griffagna, campagna, compagno.
Ago	Presago, appago, imago, etc.
Agra	Chiragra, podagra, etc.
Anno	Malanno, affanno, inganno, etc.
Ano-a	Villano, umano, lontano, settimana, etc.
Anza	Costanza, baldanza, ignoranza, speranza, etc.
Asso	Fracasso, smargiasso, sconquasso, abbasso, etc.
Ato-a-e-i	Amato, portato, caricato, parlato, etc. *Exceptez:* *Apostata, fegato, sabato.*
Egno	Sostegno, impegno, isdegno, etc.
Ela	Candela, cautela, clientela, etc.
Ele	Fedele, crudele, infedele, etc.
Ello-a	Fratello, capello, garzoncello, sorella, expella, scodella, etc.
Ena	Catena, sirena, schiena, etc.
Enza	Clemenza, patienza, penitenza, etc.
Era	Primavera, pantera, riviera, bandiera, etc. *Exceptez:* *camera, cifera, colera, efemera, fodera, genevera, maschera, misera, nacchera, opera, passera, pinzocchera, possangera, suocera, tempera, vipera, zacchera, zazzera, zinghera.*
Esa-e-i-o	Difesa, francese, inglese, paleso, impreso, etc.
Esto	Codesto, modesto, molesto, etc.
Eta-o	Pianeta, laureto, profeta, mansueto, etc.
Etta	Civetta, cosetta, tavoletta, vendetta, etc.
Igna	Arcigna, alligna, maligna, matrigna, etc.

Illa	Favilla, scintilla, petronilla, etc.
Ino-a-i	Divino, festino, diamantino, fucina, indovina, etc. *Exceptez : Asino, acino, daino, frassino, gemino, pristino, femina, zaino.*
Iso	Paradiso, diviso, conciso, deciso, etc.
Isto	Acquisto, conquisto, desisto, etc.
Ita-e-i-o	Uscita, partite, vestiti, sentito, et généralement tous les participes de cette terminaison. *Il faut excepter les noms, comme : Abito, limite, vendita, etc.* en un mot tout ce qui n'est pas participe.
Ivo-a-e-i	Festivo, oliva, aspettative, semivivi, etc.
One	Garzone, giunone, settentrione, carbone, sermone.
Osto	Imposto, risposta, arrosto, composto, etc.
Oso	Famoso, fakoloso, ritroso, litigioso, etc.
Uma-e	Alluma, consuma, costume, volume, etc.
Uno	Alcuno, niuno, veruno, ciascheduno, etc.
Unto	Adgiunto, ingiunto, congiunto, etc.
Uro	Impuro, oscuro, sicuro, etc.
Uso	Abuso, deluso, confuso, etc.
Usto	Arbusto, adusto, etc.
Uto	Astuto, zannuto, saputo, franzuto, etc.
Utto	Asciutto, distrutto, etc.
Ba, be, bi, bo.	Rosalba, riserba, ribombo, etc. généralement tous les mots où cette terminaison est précédée d'une consonne.
Ca, *faisant au plurier* che.	Fatica, fetusca, formica, lumaca, mollica, monarca, ortica, pastinaca, patriarca, ricerca, spelunca, teriaca, tartaraluca, veruca et vessica. Exceptez tous les noms non compris dans cette liste, comme : *Carica, musica, america,* etc. dont la pénultieme est breve.
Ce	Tenace, fenice, feroce, etc. Exceptez seulement les dix-huit mots suivans : *Anice, artefice, calice, camice, carnefice, cimice, codice, complice, indice, forbice, giudice, mantice, orefice, pornice, pontefice, partecipe, simplice, triplice.*
Me	Costume, letame, ossame, etc.

TABLE des terminaisons dont la pénultième syllabe est brève.

Terminaisons	Exemples et exceptions.
Ada-e-i-o	Canada, lampada, pallade, triade, pilade, alcibiade, illiade, arcadi, cicladi, encelado, etc.
Apa-e-i	Senapa, senape, canape, canapi, etc.
Ago	Sparago, archipelago, pelago, abdenago, etc.
Amo	Balsamo, calamo, girolamo, talamo, etc.
Alo-e-i	Cembalo, menalo, maddalo, Euriale, Annibale, sandali, scandali, vandali, etc.
Aco	Monaco, stomaco, abaco, pitaco, etc.
Ano-a	Cristofano, garofano, organo, stefano, gallano, calamano, lampana, etc.
Aro	Barbaro, gasparo, tartaro, etc.
Asi	Estasi, enfasi, etc.

Ate	Aristocrate, Arpocrate, Carpocrate, Democrate, Emocrate, Ipocrate, Zemocrate, Socrate, etc.
Elo, eno	Angelo, Elleno, Crisotelo, etc.
Ero	Albero, gambero, genero, numero, povero, tenero. Sgombero, suocero, zucchero, etc.
E re	Cerere, venere, polvere, etc.
Esi	Diocesi, langnesi, bilangnesi, parentesi, antitesi, etc.
Ico	Asiatico, medico, mecanico, carico, chimico, etc. Exceptez : *amico*, *nemico*, et quelques autres.
Ici	Undici, tredici, dodici, quattordici, etc. Copernici, falernici, ibernici, olofernici, etc.
Ida	Brigida, filida, pallido, piramido, putrido, torbido, etc.
Bile	Amabile, visibile, mobile, volubile, etc. mais non pas ceux où la terminaison *ile* n'est pas précédée de la consonne *b*, comme : *gentile*, *sottile*, *servile*, *giovanile*, etc. lesquels ont la pénultième longue.
Ima	Lagrima, decimo, medesime, minimi, etc.
Ina	Machina, lezina, limosina, etc.
Ine	Ordine, origine, vertigine, viogine, rongine, etc. sans autre exception que *confine*.
Ipe	Principe, participe, etc.
Iro	Satiro, cairo, etc.
Ite	Limite, ospite, etc.
Ilo, ito	Dattilo, lecito, perdita, vendita, spirito, segnito, subito, etc. L'exception porte uniquement sur les participes, *V.* cette term. dans la Table précédente.
Odo	Comodo.
Ogo	Astrologo, teologo.
Olo	Miraculo, pentacolo, angelo, angiolo, romolo, popolo, cavolo, pericolo, secolo, etc.
Ola	Favola, risipola, mandrola, stacola, tavola, pergola, violamammola, etc.
Ole	Console, debole, lodevole, nespole, fragole, etc.
Oli	Napoli, chiappoli, metropoli, etc.
Ora	Pecora, evora, devora, etc.
Oro	Carnivoro, fruggivoro, etc.
Ulo	Querulo, vitulo, ferculo, erulo, verulo, liberculo, etc.

Règles générales concernant les Verbes.

1º. L'INFINITIF des Verbes italiens se termine, soit en ARE, comme *amare*, aimer, soit en ERE, comme *perdere*, perdre, soit en IRE, comme *dormire*, dormir.

Les terminaisons *are* et *ire* ont toujours la pénultième longue. Il n'en est pas de même de celles en *ere* ; la plupart ont la pénultième brève, et conséquemment l'antépénultième longue. Les 22 suivans sont les seuls qui aient la pénultième longue.

Avere capere giacere piacere rimanere solere temere volere.
Cadere dovere godere persuadere sapere tacere valere et leurs
Calere dolere parere potere sedere tenere vedere composés.

2º. Les troisièmes personnes plurier de tous les temps, excepté xiv

du futur, ont, dans tous les Verbes, de quelque terminaison qu'ils soient, la pénultième syllabe brève; par conséquent, l'antépénultième est longue.

3°. Il en est de même de toutes les premières personnes plurier du prétérit du subjonctif.

4°. Toutes les autres variations des Verbes ont la pénultième longue, à moins qu'elles ne soient monosyllabes, ou accentuées : ce qui arrive à la première et à la troisième personne singulier du futur; auquel cas l'accent prosodique porte sur la finale, conformément à ce que nous avons dit ci-dessus p. ix.

Il est essentiel de ne pas perdre de vue ces régles générales, lorsqu'on lira les conjugaisons régulières et irrégulières des Verbes Chap. V de la première Partie, page 30 et suivantes.

SECTION IV et dernière.

De quelques particularités relatives à la prosodie italienne.

Nous avons vu, dans la Section précédente, qu'il n'y a qu'une syllabe longue dans chaque mot italien, et que cette syllabe est ou la dernière, ou la pénultième, ou l'antépénultième. — De ces trois positions de l'accent prosodique, il résulte trois cadences ou chûtes, en quoi consiste le mécanisme de la poésie italienne. La cadence tronquée est celle qui finit par une syllabe longue; et tout vers, dont la dernière syllabe est longue, est appelé vers tronqué. La cadence dite héroïque finit par une longue suivie d'une brève; et tout vers dont la pénultième syllabe est longue est un vers héroïque. La troisième cadence est composée d'une longue et de deux brèves; ce qui forme un dactyle. Tout vers qui finit ainsi est appelé *sdrucciolo*.

Il est bon de savoir que la cadence dans un vers ne compte que pour une syllabe. Par exemple, si on lit des vers de dix syllabes, ceux qui seront tronqués auront la dixième syllabe longue, c'est-à-dire, que cette dixième syllabe sera ou la finale d'un mot accentué, ou un monosyllabe, puisqu'il n'y a de finale longue que dans ces deux cas. Ceux qui seront héroïques, auront également la dixième syllabe longue, mais elle sera suivie d'une brève; la dixième du *sdrucciolo* sera de même longue et suivie de deux brèves. Donc le tronqué aura dix syllabes, le héroïque onze, et le *sdrucciolo* douze. Cependant ce ne seront que des vers de dix syllabes.

Les cadences héroïques sont infiniment plus nombreuses que les autres; car elles se trouvent dans tous les mots de deux syllabes, et la troisième Table de la Section précédente en fournit une source abondante.

Le *sdrucciolo* ou dactyle est moins commun ; il présente beaucoup de difficultés, sur-tout dans les rimes. La cadence tronquée est encore plus rare, puisqu'elle se réduit à un petit nombre de mots accentués qui, finissant tous par une voyelle, ne peuvent communiquer à l'oreille qu'un résultat sec et monotone, puisque les cinq voyelles finales ne peuvent donner que cinq sons.

D'après ces observations, il eût été difficile, pour ne pas dire impossible, de réussir en rimes tronquées, si l'on n'avait pas eu la ressource de tronquer les mots eux-mêmes, afin de multiplier les finales longues. Cette opération se fait même en prose sur les terminaisons dont la pénultième est longue ; et comme l'accent prosodique ne change jamais de position, en supprimant la voyelle brève qui le suit, on se procure autant de nouvelles cadences tronquées qu'on en a besoin pour répandre de l'harmonie et de la variété dans le discours. Mais ce retranchement des voyelles finales ne peut avoir lieu qu'à l'égard de celles qui sont immédiatement précédées de *l*, *m*, *n* ou *r*.

La Table suivante indique les principales terminaisons sur lesquelles ce retranchement peut être pratiqué.

TABLE *des terminaisons dont la voyelle finale se retranche, afin d'obtenir une dernière syllabe longue.*

Terminaisons.	Mots entiers.	Mots tronqués.
Ale	*Tale, male, fatale, quale, strale*, etc.	Tal, mal, fatal, qual, stral, etc.
Ele Elo	*Mele, fiele, fedele, crudele, Cielo*, etc.	Mel, fiel, fedel, crudel, ciel, etc.
Ile	*Gentile, sottile, servile, giovanile, vile*, etc.	Gentil, sottil, senvil, giovanil, vil, etc.
Uole	*Stuole, duole, vuole, suole*, etc.	Stuol, duol, vuol, suol, etc.
Ullo	*Fanciullo, trastulto*, etc.	Fanciul, trastul, etc.
Amo	*Andiamo, amiamo, crediamo, sentiamo*, etc.	Andiam, amiam, crediam, sentiam, etc.
Emo	*Canteremo, perderemo*, etc.	Canterem, perderem, etc.
Anno	*Vanno, faranno, staranno*, etc.	Van, faran, staran, etc.
Eno	*Almeno, seno, sereno*, etc.	Almen, sen, seren, etc.
Ene	*Bene, tiene, viene*, etc.	Ben, tien, vien, etc.
Ino	*Bambino, divino, vicino*, etc.	Bambin, divin, vicin, etc.
Ine	*Alfine, confine*, etc.	Alfin, confin, etc.
Uono	*Suono, tuono, buono*, etc.	Suon, tuon, buon, etc.
One	*Garzone, ladrone*, etc.	Gazon, ladron, etc.
Are	*Amare, parlare, gustare, mare, fare*, etc.	Amar, parlar, gustar, mar, far, etc.
Ero	*Nocchiero, fiero, severo, sincero*, etc.	Nocchier, fier, sever, sincer, etc.

Ire	*Mentire, morire, languire,* etc.	Mentir, morir, languir, etc.
Iro	*Martiro,* etc.	Martir, etc.
Ore	*Amore, ardore, dolore, furore,* etc.	Amor, ardor, dolor, furor, etc.
Urre	*Condurre, ridurre,* etc.	Condur, ridur, etc.
Uro	*Oscuro, sicuro,* etc.	Oscur, sicur, etc.

Ce peu d'exemples suffit pour guider les commençans dans l'étude de la prononciation et de la prosodie italienne. Observez que lorsqu'on retranche la dernière voyelle d'un mot, soit pour l'employer seul, soit pour lui unir quelques-uns des mots composés contenus dans la première Table de la Section précédente, l'accent prosodique reste toujours au mot tronqué, sur la syllabe qui en était en possession avant le retranchement. Par exemple, dans le mot *andare,* aller, la pénultième *da* est longue; si on retranche l'*e* final pour y substituer *me* et *ne, moi* et *en,* (*Voyez* Table 1, page x), il en résultera le mot *andarmene,* m'en aller. Dans ce cas, la finale *ne* perdra son droit à l'accent prosodique, dont la priorité restera à la syllabe *dar.* Ceci est encore un moyen de multiplier les dactyles.

Nous aurons occasion de revenir sur cette matière dans le cours de cet Ouvrage.

MÉTHODE ITALIENNE.

LIVRE PREMIER.

ANALYSE des Parties du Discours.

La Langue italienne se réduit à neuf espèces de mots élémentaires :

SAVOIR,

Le Nom.	Le Pronom.	La Préposition.
Le Nombre.	Le Verbe.	La Conjonction.
L'Adjectif.	L'Adverbe.	L'Interjection.

On les nomme Parties du Discours, parce qu'effectivement on ne peut prononcer aucun mot qui ne tienne à l'un ou à l'autre de ces élémens du langage.

Les uns sont appelés *déclinables*, parce qu'ils sont susceptibles de différentes altérations dans leur terminaison.

Les autres sont *indéclinables*, parce que leur terminaison ne varie jamais.

CHAPITRE PREMIER.

Du Nom.

Le Nom sert à exprimer toutes les choses qui existent ou que nous concevons pouvoir exister. On distingue deux sortes de Noms, le *substantif* et le *nom propre*. Le Substantif désigne en général toutes les substances, tous les individus qui tombent sous nos sens, et qui peuvent se rapporter à une espèce quelconque. Le Nom propre, au contraire, ne s'adapte qu'aux choses qui existent séparément, sans appartenir à aucune espèce. — Ainsi, ces

A

mots : *uomo*, homme ; *donna*, femme ; *pesce*, poisson ; *albero*, arbre, etc. sont des substantifs ; et ceux-ci : *Roma*, Rome ; *Londra*, Londres ; *Pariggi*, Paris ; *Pietro*, Pierre ; *Paolo*, Paul, etc. sont des noms propres.

Trois choses se présentent d'abord à considérer dans les Noms : le NOMBRE, le GENRE et l'ARTICLE.

Le NOMBRE est *singulier*, lorsqu'il ne désigne qu'un objet, comme un homme, une femme, etc. ; *plurier*, lorsqu'il en désigne plusieurs, comme des hommes, des femmes, etc.

Le GENRE est appelé *masculin*, lorsqu'il indique le sexe masculin ; *féminin*, lorsqu'il indique le sexe féminin.

L'ARTICLE est une espèce de particule élémentaire, qui ne signifie rien d'elle-même ; mais qui, jointe aux Noms, sert à déterminer l'étendue de leur signification.

Les diverses altérations que les Noms reçoivent, tant par la terminaison de leurs nombres et de leurs genres, que par la présence des Articles, constituent ce que les Grammairiens ont jugé à propos d'appeler DÉCLINAISON. — Décliner un nom, n'est autre chose que lui adapter toutes les variations dont le génie de la Langue l'a rendu susceptible.

ARTICLE PREMIER.

Déclinaison des Noms.

Les NOMS SUBSTANTIFS se déclinent en italien par la médiation des trois particules IL, LO et LA, qui font au plurier I, GLI et LE. Ces monosillabes répondent à nos articles français *le*, *la*, *les*. On les nomme ARTICLES DÉFINIS.

IL sert à décliner les Noms masculins qui commencent par une consonne, comme *padre*, père ; *figlio*, fils, etc.

LO décline ceux du même genre qui commencent par une *S* suivie d'une autre consonne, comme *studio*, étude ; *sdegno*, dédain, etc. ou bien encore par une voyelle, comme *onore*, honneur ; *eroe*, héros, etc.

LA appartient exclusivement aux noms féminins, comme *madre*, mère ; *figlia*, fille, etc.

Ces deux derniers articles subissent, comme en français, une élision devant les Noms de l'un et l'autre genre qui commencent par une voyelle. Exemple : *l'amore*, l'amour ; *l'amicizia*, l'amitié ; et non pas *lo amore*, *la amicizia*. — Mais cette élision n'a lieu qu'au singulier ; il faut dire au plurier : *Gli amori*, *le amicizie*.

Exemple d'un Nom masculin commençant par une consonne.

	SINGULIER		PLURIER.	
Nominatif.	il	le	i	les
Génitif.	del	du	dei	des
Datif	al	au	ai	aux
Accusatif.	il	le	i	les
Ablatif.	dal	du ou par le	dai	des ou par les

(Sing. Padre — Pl. Padri — Pères.)

Exemple avec S, suivi d'une consonne.

	SING.		PLUR.	
Nom.	lo	le	gli	les
Gén.	dello	du	degli	des
Dat.	allo	au	agli	aux
Acc.	lo	le	gli	les
Abl.	dallo	du ou par le	dagli	des ou par les

(Sing. Sdegno — Dédain — Pl. Sdegni — Dédains.)

Exemple avec une voyelle et l'élision.

	SING.		PLUR.	
Nom.	l'	l'	gli	les
Gén.	dell'	de l'	degli	des
Dat.	all'	à l'	agli	aux
Acc.	l'	l'	gli	les
Abl.	dall'	de l' ou par l'	dagli	des ou par les

(Sing. Onore — Honneur — Pl. Onori — Honneurs.)

Exemple d'un Nom féminin commençant par une consonne.

	SING.		PLUR.	
Nom.	la	la	le	les
Gén.	della	de la	delle	des
Dat.	alla	à la	alle	aux
Acc.	la	la	le	les
Abl.	dalla	de la ou par la	dalle	des ou par les

(Sing. Madre — Pl. Madri — Mère, Mères.)

Exemple avec une voyelle et l'élision.

	SIN		PLUR.	
Nom.	l'	l'	le	les
Gén.	dell'	de l'	delle	des
Dat.	all'	à l'	alle	aux
Acc.	l'	l'	le	les
Abl.	dall'	de l' ou par l'	dalle	des ou par les

(Sing. Amicizia — Amitié — Pl. Amicizie — Amitiés.)

Déclinaison des Noms propres.

LES Noms propres n'ont point de plurier, parce qu'étant isolés, et n'appartenant à aucune espèce, leur signification est toujours UNE, et, par conséquent, ne peut recevoir d'extension ni de modification. Ils se déclinent avec un article particulier, que pour cette raison l'on nomme INDÉFINI.

EXEMPLE:

Nom.	*Pariggi.*	Paris.
Gen.	*di Pariggi.*	de Paris.
Dat.	*à Pariggi.*	à Paris.
Acc.	*Pariggi.*	Paris.
Abl.	*da Pariggi.*	de Paris.

QUAND le Nom décliné de cette manière commence par une voyelle, il faut se servir de *ad*, au lieu de *a* pour le datif. Nous expliquerons dans la syntaxe la différence qu'il y a entre l'article défini et l'article indéfini, ainsi que celle qui existe entre le nominatif et l'accusatif des Noms.

ARTICLE II.

Du genre et du nombre des Noms.

SI la différence des genres se bornait, comme en anglais, à la distinction naturelle des sexes, rien ne serait plus facile à saisir ; mais, par une bizarrerie inconcevable, la plupart des langues ont attribué des genres aux choses que la nature en a rendues le moins susceptibles. Par exemple, on a fait masculins ces mots : *orgueil, honneur, courage, héroïsme, etc.,* et féminins leurs presque synonimes, *fierté, gloire, valeur, bravoure, etc.* On a masculinisé certaines parties du corps animal, comme *le front, le col, le bras, le poignet, etc.,* et féminisé *la tête, la poitrine, la main, la cuisse, la jambe, etc.* comme si ces parties étaient d'un sexe différent l'une de l'autre. — Quelques animaux même ont été désignés sans distinction de sexe par une appellation féminine, comme *la perdrix, la caille, la souris, la belette, la fouine, etc.* ou bien par une appellation masculine, tels que *le lièvre, le rat, le pluvier, etc.* — D'autres Noms enfin sont masculins à un nombre, et féminins à l'autre ; car nous disons en français *un amour constant,* et *de constantes amours.* Cette dernière singularité se rencontre très-fréquemment dans la Langue italienne.

Ce n'est donc ni la nature ni le raisonnement que l'on a consultés pour la formation des genres. L'usage, en cette occasion, comme en mille autres, a été le seul tyran du langage. Cet usage, en Italie, semble avoir presque uniquement subordonné le genre des Noms à leur terminaison; et comme cette même terminaison n'a pas moins influencé la formation des nombres, nous exposerons, dans le même article, ce qu'il y a de plus remarquable sur l'un et l'autre de ces accidens.

§. Ier.

En général, les noms masculins font le plurier en *i*, et les féminins en *e*. — Aucun nom italien ne peut se terminer autrement que par une voyelle. Si l'on trouve dans les poëtes, ou dans les auteurs dramatiques, quelques noms terminés par une consonne, c'est une licence chez ceux-là, et chez ceux-ci une imitation ridicule du langage burlesque ou de l'accent de l'interlocuteur.

Cette règle, quoique générale, est cependant sujette à quelques exceptions que nous détaillerons dans leur lieu.

§. I I.

L es Noms terminés en *a* sont presque tous féminins, comme *strada*, rue; *carozza*, carrosse, etc. Ils font donc au plurier *strade*, *carrozze*. — Ceux qui se terminent en *ca* et en *ga* prennent une *h* au plurier. Exemple : *carica*, charge; *piaga*, plaie; *cariche*, charges; *piaghe* plaies. Sans cette *h* additionnelle, ils perdraient leur prononciation naturelle. — Ceux en *tà*, comme *carità*, charité; *bontà*, bonté, ne changent point leur terminaison; et l'on dit au plurier, le *carita*, le *bontà*, etc. Les Noms de cette classe sont faciles à reconnaître, parce que l'ortographe les a distingués des autres par un *à* accentué.

Quelques autres Noms en *a* sont masculins, comme *papa*, pape; *profeta*, prophête; *pianeta*, planète; *tema*, thême, etc. conséquemment leur plurier est *papi*, *profeti*, *pianeti*, *temi*, etc. Mais ces noms sont en petit nombre.

§. I I I.

Les Noms en *e* sont masculins ou féminins, selon la syllabe qui les termine; mais quelque soit leur genre ils font toujours le plurier en *i*. Exemple : *padre*, père; *madre*, mère; plurier, *padri*, *madri*.

Il ne faut en excepter que les cinq suivans : *Re*, roi; *specie*, espèce; *efigie*, portrait; *superficie*, surface, dont la terminaison est la même aux deux nombres, et *milé,* mille, dont le plurier est *mila.*

De tous les Noms, dont la dernière syllable est *me,* deux seulement sont féminins ; savoir, *fame,* faim ; *speme,* espérance. Tous les autres sans exception sont du genre masculin.

De ceux en *re,* quatre seulement sont féminins ; savoir, *polvere,* poudre ; *torre,* tour. — Ainsi l'on dira, il *calore,* il *fiore,* il *furore,* etc. Quoique les mots chaleur, fleur, fureur, qui leur correspondent, soient féminins en français.

De ceux en *ie,* deux seulement sont féminins ; savoir, *gente,* nation ; *mente,* esprit. Les autres sont masculins ; exemple : *il dente,* la dent ; *il monte,* la montagne, etc.

Quant aux autres terminaisons en *e,* quelles qu'elles soient, elles ont en italien le même genre qu'en français, excepté *siepe,* buisson ; et *volpe,* renard, qui sont féminins.

§. IV.

Les Noms en *i* conservent cette terminaison au plurier. L'on n'en compte que seize dans le vocabulaire italien. Huit sont masculins, et huit féminins : Savoir,

MASCULINS.		*FÉMININS.*	
Di	Jour	*Diocesi*	Diocèse.
Lunedi	Lundi	*Ecclissi*	Eclipse.
Martadi	Mardi	*Frasi*	Phrase.
Mercoledi	Mercredi	*Enfasi*	Emphase.
Giovedi	Jeudi	*Metamorfosi*	Métamorphose.
Venerdi	Vendredi	*Crisi*	Crise *ou* Accès.
Barbagiani	Hibou	*Tesi*	Thèse.
Estasi	Extase	*Iri*	Arc-en-ciel.

Les autres Noms en *i* sont des mots propres, qui conséquemment n'ont ni nombres ni genres.

§. V.

Les Noms en *o* font généralement leur plurier en *i.* Ils sont du genre masculin, à l'exception du seul mot *mano,* main.

Lorsque les Noms de cette terminaison finissent en *co* et en *go,* ils ne prennent pas tous en *h* au plurier, comme nous l'avons fait remarquer à l'égard de ceux en *ca* et en *ga.* Il n'y a que ceux de deux syllabes qui admettent cette consonne additionelle ; exemple, *fuoco,* feu ; *luogo,* lieu, font au plurier *fuochi, luoghi* — Encore faut-il excepter *porco*, porc ; *greco*, grec, dont le plurier est *porci, greci.* — Tous les autres Noms de plus de deux syllabes changent simplement *o* en *i*, sans *h*, et l'on dit, *amico*, ami ; *amici*, amis ; *medico*, médecin ; *medici*, médecins, etc. etc.

Il n'y a d'exception à cette règle que pour les vingt Noms suivans : SAVOIR,

SING.	PLUR.		SING.	PLUR.	
Albergo	Auberge	Alberghi	Fiamingo	Flamand	Fiaminghi
Almanacco	Almanach	Almanaccki	Girifalco	Gerfault	Girifalchi
Antico	Ancien	Antichi	Polacco	Polonais	Polacchi
Arabesco	Arabesque	Arabeschi	Reciproco	Réciproque	Reciprochi
Astrologo	Astrologue	Astrologhi	Siniscalco	Sénéchal.	Siniscalchi
Beccafigo	Bec-figue	Beccafighi	Tedesco	Allemand	Tedeschi
Bifolco	Laboureur	Bifolchi	Teologo	Théologie	Theologhi
Catafolco	Mausolée	Catafolchi	Traficco	Négoce	Traficchi
Cosacco	Cosaque	Cosacchi	Ungheresco	Hongrois	Unghereschi
Dialogo	Dialogue	Dialoghi	Valasco	Valaque	Valaschi

QUANT aux Noms terminés en *IO*, comme *figlio*, fils, etc. il suffit de retrancher l'*o* final pour former leur plurier ; mais il y a une observation importante à faire sur l'*i* qui reste. — Si la terminaison *io* forme deux syllabes, comme dans *tempio*, temple, l'*i* final du plurier sera transformé en *j*. On écrira donc *tempj*; l'*j* dans cette circonstance fera l'office de l'*i* des Français, et tiendra en quelque sorte lieu de deux *i*. L'usage et la lecture des bons auteurs serviront de guide dans cette matière.

Il faut encore remarquer que les Noms terminés en *aro*, peuvent se changer en *aio*. On dit également *calzolaro* ou *calzolaio*, cordonnier ; *mortaro* ou *mortaio*, mortier, etc. Alors il faut écrire au plurier *calzolari* ou *calzolaj* — *mortari* ou *mortaj*, etc.

Le mot *uomo*, homme, fait au plurier *uomini* et non *uomi*.

§. VI.

ENFIN les Noms en *ù* sont féminins et ne changent point de terminaison au plurier. La langue italienne n'a que six mots de cette espèce et la voyelle *ù* doit toujours y être accentuée. Ces mots SONT :

Grù	Grue.	Schiavitù	Esclavage.
Gioventù	Jeunesse.	Tribù	Tribu.
Servitù	Servitude.	Virtù	Vertu ou Talent.

§. VII.

Il ne reste plus que deux observations à faire sur le genre et le nombre des Noms italiens. — La première, c'est que quelques-uns sont des deux genres, et s'emploient indifféremment au masculin et au féminin. Ils forment leur plurier suivant la règle générale. — La deuxième, c'est que plusieurs de ceux terminés en *o* sont masculins au singulier, et féminins au plurier qu'ils forment en changeant l'*o* en *a*.

Table des Noms qu'on peut employer indifféremment dans les deux genres.

Il	ou	*la*	*carcere*	la prison.
Il	ou	*la*	*cenere*	la cendre.
Il	ou	*la*	*folgore*	la foudre.
Il	ou	*la*	*lèpre*	le lièvre.
Il	ou	*la*	*fronte*	le front.
Il	ou	*la*	*fante*	le valet *ou* la soubrette.
Il	ou	*la*	*fine*	la fin.
Il	ou	*la*	*fonte*	la fontaine.
Il	ou	*la*	*gregge*	le troupeau.

Table des Noms masculins au singulier, et féminins au plurier.

SINGULIER MASCULIN.		PLURIER FÉMININ.	
L'anello	l'anneau.	*le anella*	les anneaux.
Il braccio	le bras	*le braccia*	les bras.
Il budello	le boyau	*le budella*	les boyaux.
Il castello	le château	*le castella*	les châteaux.
Il calcagno	le talon	*le calcagna*	les talons.
Il centinajo	la centaine	*le centhiaja*	les centaines.
Il cerchio	le cercle	*le cerchia*	les cercles.
Il cervello	le cerveau	*le cervella*	les cerveaux.
Il ciglio	le sourcil	*le ciglia*	les sourcils.
Il corno	la corne	*le corna*	les cornes.
Il cuojo	le cuir	*le cuoja*	les cuirs.
Il dito	le doigt	*le dita*	les doigts.
Il ditello	l'aisselle	*le ditella*	les aisselles.
Il filo	le fil	*le fila*	les fils.
Il fuso	le fuseau	*le fusa*	les fuseaux.
Il grido	le cri	*le grida*	les cris.
Il guscio	la coque	*le guscia*	les coques.

SINGULIER

SINGULIER MASCULIN.		PLURIER FÉMININ.	
Il ginòcchio	le genou	*le ginocchia*	les genoux.
Il labro	la lèvre	*le labra*	les lèvres.
Il leuzuolo	le drap	*le lenzuola*	les draps.
Il legno	le bois	*le legna*	les bois.
Il melo	la pomme	*le mela*	les pommes.
Il membro	le membre	*le membra*	les membres.
Il muro	le mur	*le mura*	les murs.
Il migliaio	le millier	*le migliaja*	les milliers.
L'orecchio	l'oreille	*le orecchia*	lés oreilles.
L'osso	l'os	*le ossa*	les os.
Il pa o	la paire	*le paja*	les paires.
Il pomo	la pomme	*le poma*	les pommes.
Il pugno	le poignet	*le pugna*	les poignets.
Lo stajo	le boisseau	*le staja*	les boisseaux.
Il riso	le rire	*le risa*	les ris.
L'uovo	l'œuf	*le nova*	les œufs.
Il rubbio	le muid	*le rubbia*	les muids.
Il vestigio	la trace	*le vestigia*	les traces.

A R T I C L E   I I I.

Différens degrés de signification des Noms.

LES Noms italiens ont la propriété singulière de contracter différentes extensions ou restrictions par la simple addition de quelques syllabes étrangères à leur forme primitive. Les nuances que réfléchissent ces terminaisons additionnelles donnent une grace et une fécondité étonnantes à la langue italienne. Cette faculté est ou *augmentative* ou *diminutive.*

Les AUGMENTATIFS consistent à changer la dernière lettre d'un Nom en *one,* *otto* ou *accio.* Exemple : *Sala,* salle ; sal*ONE,* sal*OTTO* ou sàl*OTTA,* sallon *ou* grande salle ; sal*ACCIA,* grande vilaine salle. — L'augmentatif *one* rend toujours le nom masculin, quand bien même son positif serait féminin. *Accio* et *otto* font *accia* et *otta* au féminin, et conséquemment *acce* et *otte* au plurier, suivant les règles que nous avons données des nombres et des genres. *Accio* est à-la-fois augmentatif et dépressif.

Les DIMINUTIFS sont principalement *ino,* *etto,* *ello,* *uccio,* *uzzo,* *ucciuolo.* Ils font *a* au féminin, *i* et *e* au plurier, toujours conformément à nos règles générales. *Ino* est spécialement consacré à la flatterie, à la mignardise, à la galanterie : *etto* et *ello* sont des diminutifs purs et simples.

B

Les trois autres expriment une sorte de pitié, d'ironie ou de plaisanterie, sans toutefois ridiculiser ni déprécier l'objet dont on parle.

E X E M P L E S :

Positif.	CASA.	Maison.
Augmentatifs simples.	CASONE. CASOTTO.	} grande Maison.
Augm. dépressif.	CASACCIA.	grande vilaine Maison.
Diminutifs simples.	CASETTO. CASETTA.	} petite Maison.
Diminutifs de cajolerie.	CASINO *ou* CASINA.	} jolie petite Maison.
Diminutifs d'ironie, de plaisanterie et de compassion.	CASUCCIA, CASUZZA. CASUCCIUOLA.	Maisonnette, *ou* drôle de petite Maison, *ou* pauvre petite barraque.

En général les diminutifs n'expriment aucune espèce de dédain ni de mépris. On les varie presque à l'infini, et l'on employe assez indifféremment les uns ou les autres pour exprimer la même idée, sans autre règle que le goût et l'agrément de l'oreille.

Par exemple, du mot *vecchio*, veillard, on peut faire indifféremment *vecchino*, *vecchietto*, *vecchiettino*, *vecchiarello*, *vecchiarellino*, *vecchiuzzo*, pour exprimer un petit vieillard.

De *bastone*, bâton, l'on fait *bastoncino*, *bastoncello*, *bastoncellino*, mais non pas *bastonino*, *bastonetto*, *bastonello*, etc.

De *porta*, porte, on ne peut pas faire *portina*, *portella*, etc. mais bien *porticella*, *porticellina*, petite porte.

De *campana*, cloche, on fait *campanelino*, clochette ou petite cloche, et non pas *campanino*, etc.

Observations générales sur les Noms.

1º. IL est permis de retrancher la dernière voyelle d'un Nom lorsque la lettre précédente est une *l* ou un *r*. Exemple :

Il cuor, ou *il cor fedele*, le cœur fidèle ; au lieu de *cuore* ou *core*. — *Il fil di lino*, le fil de lin ; au lieu de *filo*, — *il carnoval passato*, au lieu de *carnovale*, le carnaval passé ; — *il fior tenero*, la tendre fleur ; au lieu de *fiore*.

2°. Ce retranchement ne peut se faire qu'au singulier, jamais au plurier. Il ne peut même avoir lieu au singulier lorsque le mot finit la phrase. Ainsi l'on dira forcément au plurier *i teneri fiori*, ou *i fiori teneri*, les tendres fleurs ; et au singulier *il teneri fiori*, non *fior*, parce que *fiore* termine le sens de la phrase.

3°. On ne peut jamais retrancher la lettre *a* quand le mot qui suit commence par une consonne. Ainsi l'on dira *parola scelta*, et non *parol scelto*, parole choisie.

4°. Enfin les Noms qui se déclinent avec l'article *lo*, parce qu'ils commencent par une *s* suivie d'une consonne, ne peuvent, dans aucuns cas que ce soit, souffrir devant eux aucun mot quelconque qui finisse par une consonne. Lors donc qu'on ne peut se dipenser de les faire précéder par un mot de cette nature, tel, par exemple, que les prépositions *per* pour ou par, *in* dans, *con* avec, etc. il est nécessaire d'ajouter un *i* à l's initiale du Nom, et de dire *per isdegno*, par mépris ; *in iscuola*, dans l'école ; *con istudio*, avec étude, etc. jamais *per sdegno*, *in scuola*, *con studio*, etc.

CHAPITRE II.

Des Noms de nombre.

Il y a en italien, comme en français, quatre sortes de nombres : savoir, les *cardinaux*, les *ordinaux*, les *collectifs*, et les *distributifs*.

Le nombre CARDINAL exprime les quantités numériques, comme *un*, *deux*, *trois*, etc.

Le nombre ORDINAL indique la place que l'objet dont on parle occupe dans l'ordre numérique, comme *premier*, *second*, *troisième*, etc.

Le COLLECTIF résume les quantités numériques en dixaines, centaines, etc.

Et le DISTRIBUTIF les divise en quarts, moitiés, tiers, etc.

§. Ier.

Table des Nombres cardinaux avec leurs divers signes représentatifs.

Uno, una.	1	I.	Dieci-nove.	19	XIX.	
Duo, duoi.	2	II.	Vinti.	20	XX.	
Tre.	3	III.	Trenta.	30	XXX.	
Quattro.	4	IV.	Quaranta.	40	XL.	
Cinque.	5	V.	Cinquanta.	50	L.	
Sei.	6	VI.	Sessanta.	60	LX.	
Sette.	7	VII.	Settanta.	70	LXX.	
Otto.	8	VIII.	Ottanta.	80	LXXX.	
Nove.	9	IX.	Nonanta.	90	XC.	
Dieci.	10	X.	Cento.	100	C.	
Undici.	11	XI.	Docento.	200	CC.	
Dodici.	12	XII.	Trecento.	300	CCC.	
Tredici.	13	XIII.	Quattro-cento.	400	CCCC.	
Quattordici.	14	XIV.	etc. etc. etc. jusqu'à			
Quindici.	15	XV.	Mile.	1000	M ou CIↃ.	
Sedici.	16	XVI.	Duemila,	2000	MM.	
Dieci-sette.	17	XVII.	etc. jusqu'à			
Dieci-otto.	18	XVIII.	Miglione	Million.	CCCCIↃↃↃↃ.	

Observations.

1°. Les Nombres cardinaux sont indéclinables, à l'exception de *mile*, mille, et de *miglione*, million, qui font au plurier *mila* et *miglioni*; mais le mot *cento*, cent, qui est déclinable en français, ne l'est point en italien.

2°. Il est d'usage en français de mettre dans les Nombres combinés, la conjonction *et* devant l'unité depuis vingt jusqu'à soixante, et devant les autres Nombres depuis soixante jusqu'à quatre-vingt. Cette exception n'a point lieu en italien. L'on dit *vingti uno*, *trenta uno*, etc. comme s'il y avait en français, vingt-un, trente-un, etc. et de même *sessanta*, *due*, *tre*, etc. etc. comme soixante-un, deux, trois, etc. sans conjonction.

3°. On dit aussi comme en français :

Una volta. Une fois.		Et ainsi de suite, en ajoutant
Due volte. Deux fois.		*volte* ou *fiate* à chaque nom-
ou		bre. Remarquez que le mot
Una fiata, *Due fiate*, etc.		*fiata* est de trois syllabes.

(13)

§. II.

Table des Nombres ordinaux.

Primo	Premier.	*Decimo settimo*	Dix-septième.
Secondo	Second.	*Decimo octavo*	Dix-huitième.
Terzo	Troisième,	*Decimo nono*	Dix-neuvième.
Quarto	Quatrième.	*Vintesimo*	Vingtième.
Quinto	Cinquième,	*Trentesimo*	Trentième.
Sesto	Sixième.	*Quarantesimo*	Quarantième.
Settimo	Septième.	*Cinquantesimo*	Cinquantième.
Ottavo	Huitième.	*Sessantesimo*	Soixantième.
Nono	Neuvième.	*Settantesimo*	Soixante-dixième.
Decimo	Dixième.	*Ottantesimo*	Quatre-vingtieme.
Undecimo	Onzième.	*Nonantesimo.*	Quatre-vingt-dixième.
Dodecimo	Douzième.	*Centesimo*	Centième.
Decimo-terzo	Treizième.	*Millesimo*	Millième.
Decimo-quarto	Quatorzième.	*Penultimo*	Pénultième.
Decimo-quinto	Quinzième.	*Antepenultimo*	Antépénultième.
Decimo-sesto	Seizième.	*Ultimo*	Dernier.

Observations.

1º. Les Nombres ordinaux se combinent entre eux.
On dit *vintesimo primo, secondo, terzo*, et ainsi de suite
par tous les Nombres, mot à mot vingtième, premier, second,
troisième, etc. pour exprimer vingt-unième, deuxième,
troisième, etc.

2º. Ils sont déclinables, changent l'*o* en *a*, au féminin,
font *i* et *e* au plurier suivant la règle générale. Exemple :

Il ventesimo, la ventesima. Le vingtième, la vingtième.
I vintesimi, le ventesime. Les vingtièmes.

De même pour les nombres combinés.

Il ventesimo primo, la ventesima prima.
I ventesimi primi, le ventesime prime, etc. etc.

3º. Les Nombres ordinaux servent à remplacer les
Nombres ordinaux français après les noms de papes, de
rois, de princes, etc. On dit *Carolo primo, Georgio terzo*, etc.
Charles un, Georges trois, etc.

4º. Les adverbes ordinaux ne se forment des Nombres
ordinaux que pour les deux suivans : *primieria MENTE, se-
condaria MENTE*, premièrement, secondement ; quant aux
autres Nombres, l'on dit ; *in terzo luogo, in quarto luogo*,
et ainsi de suite, en ajoutant *luogo* à chaque Nombre ordinal,
pour exprimer troisièmement, quatrièmement, etc. etc.

§. III.

Des Nombres collectifs.

ILS se forment des Nombres cardinaux. Exemple : *decina*, dixaine ; *dozzina*, douzaine ; *quindicena*, quinzaine ; *vintina*, vingtaine ; *trentina*, trentaine ; *quarantena*, quarantaine ; *sessantena*, soixantaine ; *settantena*, *ottantena*, *nonantena*, etc. etc. *centinajo*, ou *centinaja*, centaine ; *migliajo*, millier. Ils sont déclinables suivant la règle générale des autres Noms.

§. IV.

Des Nombres distributifs.

ILS se forment du mot *parte* partie, ajouté aux Nombres ordinaux. Exemple :

La *terza parte*, etc. le tiers ; *la quarta parte*, le quart, etc.

On dit cependant *la meta*, la moitié, ou *la mezza parte* ; *la decima*, la dixme ; *la quinta*, le quint.

Mais on se sert simplement des Nombres ordinaux au feminin pour exprimer en musique les intervalles harmoniques connus en français sous les noms de seconde, tierce, quarte, quinte, sixte, septième, et octave, qui semblent être empruntés et servilement imités de *seconda*, *terza*, *quarta*, *sesta*, *settima*, et *octava*, des Italiens.

CHAPITRE III.

De l'Adjectif.

L'ADJECTIF est ainsi appelé, parce qu'on l'ajoute aux noms pour exprimer les qualités qui leur sont propres, ou que l'on juge à propos de leur attribuer. D'après cette destination, il est naturel qu'ils aient avec les substantifs un rapport intime de genre et de nombre ; aussi ont-ils, comme les noms avec lesquels ils figurent dans le discours, un masculin, un féminin, un singulier et un plurier.

Les Adjectifs italiens n'ont que deux terminaisons *e* et *o*, leur plurier se termine en *i*. Exemple : *grande*, grand ; *grandi*, grands ; *dotto*, savant ; *dotti*, savans.

Ceux en *e* sont masculins et féminins. Exemple : *l'uomo prudente*, l'homme prudent ; *gli uomini prudenti*, les

hommes prudens ; *la donna amabile*, la femme aimable ;
le donne amabili, les femmes aimables.

Cette règle est sans exception.

Quant à ceux en *o*, pour les rendre féminins, il faut
changer *o* en *a* au singulier, et *i* en *e* au plurier. Exemple,
l'uomo ricco, l'homme riche ; *gli uomini ricchi*, les hommes
riches. — *La donna ricca*, la femme riche ; *le donne ricche*,
les femmes riches, etc.

Cette règle est également sans exception.

Degrés de signification et de comparaison.

INDÉPENDAMMENT de la propriété attachée aux mots
italiens d'étendre ou de restreindre leur signification par le
moyen des augmentatifs et des diminutifs, propriété qui
est commune aux Adjectifs, il en est une autre plus particulièrement inhérente à cette partie du discours ; c'est celle
des *comparaisons*.

Comme l'unique fonction de l'Adjectif est d'exprimer les
qualités, il est certain qu'une qualité quelconque, attribuée
à un objet, peut être comparée à la même qualité attribuée à un autre objet. Or, dans la balance comparative de
cette qualité entre plusieurs objets où elle se trouvera
exister, il y aura nécessairement un de ces trois résultats ;
savoir, égalité, infériorité ou supériorité. Conséquemment il doit y avoir dans l'expression des qualités compa-
rables trois degrés de comparaison ; plus, moins, et égalité.

1º. Le comparatif en plus et en moins s'exprime en
italien comme en français par *piu*, plus ; *meno*, moins.
Exemple : *Piu ricco*, plus riche ; *meno dotto*, moins savant, etc.

EXCEPTION.

Les quatre Adjectifs suivans s'écartent de la règle générale.

POSITIFS.		COMPARATIFS.	
Buono	bon.	*Megliore*	meilleur.
Cattivo	mauvais.	*Peggiore*	pire *ou* plus mauvais.
Piccolo	petit.	*Minore*	moindre *ou* plus petit.
Grande	grand.	*Maggiore*	plus grand.

Ainsi que les adverbes qui en dérivent.

POS.		COMP.	
Bene	bien.	*Meglio*	mieux.
Male	mal.	*Peggio*	pis *ou* plus mal.
Poco	peu.	*Meno*	moins.

2°. Le *que*, qui suit en français le comparatif, ne s'exprime point en italien, lorsque la comparaison se fait avec un nom ou avec un pronom ; mais ce nom ou ce pronom se met au génitif.

EXEMPLES:

Più bianco della *neve*,	plus blanc *que* la neige.
Più dotto di *Cicerone*,	plus savant *que* Cicéron.
Più savio di *me*,	plus sage *que* moi.
Meno caldo del *sole*,	moins chaud *que* le soleil.
Meno ricco di *Paolo*,	moins riche *que* Paul.
Meno contento di *lui*,	moins satisfait *que* lui.

Mais si la comparaison se fait entre deux Adjectifs, entre deux adverbes ou entre deux verbes, alors ce n'est plus une qualité comparée avec la même qualité entre deux individus, mais bien deux qualités ou deux actions opposées et rivales, entre lesquelles il s'agit de déterminer l'excès en plus ou en moins. Dans ce cas, le *que* français s'exprime par CHE.

EXEMPLES:

Paolo è più ricco che *povero*,	Paul est plus riche *que* pauvre.
Il mio vestito è più rosso che *nero*,	mon habit est plus rouge *que* noir.
Vale meglio tardi che *mai*,	vaut mieux tard *que* jamais.
Pensa più che *non parla*,	il pense plus *qu'*il ne parle.
Meno largo che *profondo*,	moins large *que* profond.
Mangia meno che *non beve*,	il mange moins *qu'*il ne boit.

3°. On peut donner un nouveau degré d'extension ou de restriction aux Adjectifs, en y ajoutant l'un ou l'autre de ces trois adverbes, VIA, ASSAI, MOLTO. Exemple :

La virtu è via più stimata, ou assai *più stimata*, ou molto *più stimata della richezza*. La vertu est *bien* plus, ou *beaucoup* plus, ou *infiniment* plus estimée que la richesse.

4°. Quant aux comparatifs, dont le résultat est égalité, on les exprime ordinairement en français par *si*, *aussi*, *tant*, *autant*, suivis de *que*. Les Italiens les expriment très-rarement ; ils se contentent de traduire le *que* par QUANTO. Exemple :

Mangia quanto *beve*, il mange *autant* qu'il boit : *La casa vostra e grande* quanto *la mia*, votre maison est aussi grande que la mienne.

Nous reviendrons sur cette matière, lorsque nous traiterons de la Syntaxe.

Du

Du Superlatif.

LE Superlatif porte au plus haut degré la signification de l'adjectif. On doit distinguer en grammaire deux Superlatifs ; savoir, l'absolu, comme TRÈS-GRAND ; et le relatif, comme LE PLUS GRAND, etc.

Le Superlatif absolu ne suppose aucune comparaison ; c'est une expression simplement exagérative.

Le Superlatif relatif ne compare pas toujours. Lorsqu'en parlant de deux choses, l'on dit : celle-là est la plus grande, celle-ci est la plus petite, il est évident qu'on ne parle point au *superlatif*, mais bien au *comparatif* en plus et en moins ; mais lorsqu'on dit vaguement, en parlant d'une chose, c'est *la plus* belle, la plus *étonnante* qu'on puisse voir, il est bien certain qu'il n'y a point ici d'expression comparative, mais seulement une expression superlative, qui porte au plus haut degré la qualité attribuée à l'objet dont on parle, relativement aux autres objets de son espèce.

Il y a en général fort peu de circonstances où le superlatif puisse être strictement considéré comme un degré de comparaison.

Le Superlatif absolu se forme en italien, en changeant la dernière lettre de l'adjectif en *issimo*.

EXEMPLES :

POSITIF.		SUPERLATIF ABSOLU.	
Bello,	beau.	*Bellissimo*,	très-beau.
Belli,	beaux.	*Bellissimi*,	très-beaux.
Bella,	belle.	*Bellissima*,	très-belle.
Belle,	belles.	*Bellissime*,	très-belles.

L'on peut dire aussi *assai bello*, très-beau ; et si l'on veut exagérer davantage, appliquer la finale exagérative *issimo* au mot *assai*, comme *assaissimo* bella, etc. etc..

Quant au Superlatif relatif, il s'exprime comme en français, par les articles définis ajoutés aux comparatifs *più*, plus, et *meno* moins.

EXEMPLES :

POSITIFS.				SUPERLATIFS RELATIFS.			
Grande,	grand,	*il*	*più*	*Grande*,	le	plus	grand.
Grande,	grande,	*la*		*Grande*,	la		grande.
Grandi,	grands,	*i*	ou	*Grandi*,	les	ou	grands.
Grandi,	grandes,	*le*	*meno*	*Grandi*,	les	moins	grandes.

C

Observations sur les Adjectifs.

1º. Les Adjectifs suivans perdent leur dernière syllabe lorsqu'ils précèdent, au singulier seulement, des mots qui commencent par une consonne.

EXEMPLES:

Un libro,	un livre,		*uno.*
Buon pane,	bon pain,		*buono.*
Bel cavallo,	beau cheval,	et non pas	*bello.*
Gran coraggio,	grand courage,		*grande.*
San Pietro,	Saint Pierre,		*Santo.*
Quel cane,	ce chien,		*quello.*

2º. Lorsqu'au contraire ils précèdent un mot qui commence par une voyelle, ce n'est plus la syllabe entière qu'il faut retrancher, mais seulement la dernière voyelle, que vous remplacerez de cette manière, par une apostrophe.

EXEMPLES:

Bell' aspetto,	beau coup-d'œil,		*bel.*
Grand' ingegno,	grand esprit,	et non pas	*gran.*
Sant' Antonio,	Saint Antoine,		*San.*
Quell' uomo,	cet homme,		*quell.*

3º. Ce retranchement de lettre ou de syllabe ne peut avoir lieu en aucune circonstance devant les noms féminins quels qu'ils soient, ni même devant les noms masculins lorsqu'ils sont au plurier. *Grande* seul est excepté ; car quoique l'on dise et écrive souvent *gli grandi uomini, le grande donne,* etc. on pourrait, sans pécher contre les règles, dire et écrire : *Gran uomini, gran donne,* etc.

4º. Enfin, aucun retranchement ne doit se faire aux adjectifs, sans même en excepter *grande,* lorsqu'au lieu de précéder les noms, ils en sont eux-mêmes précédés. — Ainsi l'on ne peut, sous aucun prétexte que ce soit, se dispenser de dire et écrire : *Un uomo grande, bello, buono, santo.* — *Un anima grande, bella, buona, santa,* etc. etc.

CHAPITRE IV.

Des Pronoms.

Les Pronoms sont ainsi appelés, parce que dans le discours ils tiennent la place des Noms.

Il y en a de cinq sortes ; Savoir,

Pronoms
{
personnels.
possessifs.
relatifs.
indicatifs.
indéterminés.
}

ARTICLE Ier.

Des Pronoms personnels.

SINGULIER.	*PLURIER.*
N. *Io*, je *ou* moi.	*Noi*, nous.
G. *Di me*, de moi.	*Di noi*, de nous.
D. *Mi* ou *a me*, me ou à moi.	*A noi* ou *ci* nous ou à nous.
Ac. *Mi* ou *me*, me *ou* moi.	*Noi* ou *ci*, nous.
Ab. *Da me*, de *ou* par moi.	*Da noi*, de *ou* par nous.

SING.	*PLUR.*
N. *Tu*, tu *ou* toi.	*Voi*, vous.
G. *Di te*, de toi.	*Di voi*, de vous.
D. *Ti* ou *a te*, te ou à toi.	*Vi* ou *à voi*, vous ou à vous.
Ac. *Ti* ou *te*, te *ou* toi.	*Vi* ou *voi*, vous.
Ab. *Da te*, de *ou* par toi.	*Da voi*, de *ou* par vous.

SING.	*PLUR.*
N. *Egli* ou *esso*, il *ou* lui.	*Eglino* ou *essi*, eux.
G. *Di lui*, de lui.	*Di loro*, d'eux.
D. *Gli* ou *a lui*, lui *ou* à lui.	*A loro*, à eux ou leur.
Ac. *Lo* ou *lui*, le *ou* lui.	*Li* ou *loro*, les *ou* eux.
Ab. *Da lui*, de *ou* par lui.	*Da loro*, de *ou* par eux.

SING. FEM.	*PLUR. FEM.*
N. *Ella* ou *essa*, elle.	*Elleno* ou *esse*, elles.
G. *Di lei*, d'elle.	*Di loro*, d'elles.
D. *Le* ou *a lei*, lui *ou* à elle.	*A loro*, à elles, ou leur.
Ac. *La* ou *lei*, la *ou* elle.	*Le* ou *loro*, les *ou* elles.
Ab. *Da lei*, de *ou* par elle.	*Da loro*, de *ou* par elles.

Observations.

Io, *je*, désigne la première personne, ou celle qui parle. — Tu, *tu*, désigne la seconde, ou celle à qui on parle. — Egli et Ella, *il* et *elle*, désignent la troisième, ou celle dont on parle.

Il ne faut pas s'étonner si la première et la seconde personne n'ont point distinction de genres ; il eût été inutile de leur en assigner une, parce qu'étant présentes dans le discours, elles ne peuvent mutuellement se méconnaître. La troisième a le genre féminin, parce que pouvant être absente ou inconnue des interlocuteurs, il a fallu pourvoir à ce qu'ils ne pussent s'y méprendre.

Il y a encore un autre Pronom personnel, que l'on peut appeler réfléchi ; c'est le Pronom *se* ou *se stesso*, soi ou soi-même, qui est distingué également par les deux genres, parce qu'il représente la troisième personne.

SING. MASCULIN.

		ou se stesso.			*ou soi-même.*
N.	*Se*,		soi.	*Se stessi*, eux-mêmes.	
G.	*Di se*,		de soi.	*Di se stessi*, d'eux-mêmes.	
D.	*Si* ou *a se*,		se ou à soi.	*A se stessi*, à eux-mêmes.	
Ac.	*Si* ou *se*,		se ou soi.	*Se stessi*, eux-mêmes.	
Ab.	*Da se*,		de ou par soi.	*Da se stessi*, de ou par eux-mêmes.	

PLUR. FÉMININ.

SING. FÉM.

		ou se stesso.			*ou elle-même.*
N.	*Se*,		se.	*Se stesse*, elles-mêmes.	
G.	*Di se*,		de soi.	*Di se stesse*, d'elles-mêmes.	
D.	*Si* ou *a se*,		se ou à soi.	*A se stesse*, à elles-mêmes.	
Ac.	*Si* ou *se*,		se ou soi.	*Se stesse*, elles-mêmes.	
Ab.	*Da se*,		de ou par soi.	*Da se stesse*, de ou par elles-mêmes.	

PLUR. FÉM.

ARTICLE II.

Des Pronoms possessifs.

Ce sont ceux qui désignent la possession et la propriété. Il y en a pour chacune des trois personnes. Ils s'accordent en genre et en nombre, comme en français, non pas avec la personne qui possède, mais avec la chose possédée ; ils sont en cela assimilés aux adjectifs.

SING. MASC.

		PLUR.	
Il mio,	mon *ou* le mien.	*I miei,*	mes *ou* les miens.
Il tuo,	ton *ou* le tien.	*I tuoi,*	tes *ou* les tiens.
Il suo,	son *ou* le sien.	*I suoi,*	ses *ou* les siens.
Il nostro,	nôtre *ou* le nôtre.	*I nostri,*	nos *ou* les nôtres.
Il vostro,	vôtre *ou* le vôtre.	*I vostri,*	vos *ou* les vôtres.
Il loro,	leur *ou* le leur.	*I loro,*	leur *ou* les leurs.

SING. FÉM.

		PLUR.	
La mia,	ma *ou* la mienne.	*Le mie,*	mes *ou* les miennes.
La tua,	ta *ou* la tienne.	*Le tue,*	tes *ou* les tiennes.
La sua,	sa *ou* la sienne.	*Le sue,*	ses *ou* les siennes.
La nostra,	nôtre *ou* la nôtre.	*Le nostre,*	nos *ou* les nôtres.
La vostra,	vôtre *ou* la vôtre.	*Le vostre,*	vos *ou* les vôtres.
La loro,	leur *ou* la leur.	*Le loro,*	leur *ou* les leurs.

Observations.

On voit que les Pronoms possessifs se déclinent, non pas comme les personnels avec l'article indéfini, mais comme les substantifs avec l'article défini. — Ainsi l'on ne peut pas dire, comme en français *mio*, *di mio*, *a mio capello*, mon, de mon à mon chapeau; mais on dira toujours *il mio*, *del mio*, *al mio*, etc., comme s'il y avait *le mon*, *du mon au mon*, etc.

Cette règle est générale; elle n'a d'exception qu'à l'égard des mots qui expriment une parenté ou une alliance très-proche, comme père, mère, frère, sœur, oncle, tante, mari et femme, ou bien une qualité prééminente, comme majesté, altesse, sainteté, excellence et seigneurie.

Dans ces cas seulement on employera les pronoms possessifs sans article comme en français, et l'on dira *mio padre*, *di mia madre*, *a sua sorella*, etc. etc., mon père, de ma mère, à ma sœur, etc.; mais si le nom est au pluriel, il faudra nécessairement faire usage de l'article défini.

ARTICLE III.

Des Pronoms relatifs.

On s'en sert après les noms et les pronoms, soit personnels, soit possessifs. Ils y ont effectivement un rapport tel, qu'il semble qu'ils en soient une suite nécessaire, puisque c'est d'eux qu'ils tirent uniquement leur signification.

SING. MASC.			SING. FEM.		
Il		qui *ou* lequel.	La		qui, laquelle.
Del		de qui *ou* duquel, dont.	Della		de qui, de laquelle, dont.
Al	*quale*	à qui, auquel.	Alla	*quale*	à qui, à laquelle.
Il		que, lequel.	La		que, laquelle.
Dal		de qui, dont, par qui, duquel, par lequel.	Dalla		de qui, dont, par qui. de laquelle, par laquelle.

PLUR.			PLUR.		
I		qui, lesquels.	Le		qui, lesquelles.
Dei		de qui, desquels, dont.	Delle		de qui, desquelles, dont.
Ai	*quali*	à qui, auxquels.	Alle	*quali*	à qui, auxquelles.
I		que, lesquels.	Le		que, lesquelles.
Dai		de qui, dont, par qui, desquels, par lesquels.	Dalle		de qui, dont, par qui, desquelles, par lesquelles.

Le Pronom suivant signifie également qui, que, lequel, laquelle, lesquels et lesquelles; il se décline avec l'article indéfini, et sert indifféremment pour les deux genres et les deux nombres.

Chi ou *che*, qui, lequel, laquelle, lesquelles.

Di chi, di cui, de qui, dont, duquel, desquels, de quoi, etc.

A chi, a cui, a che, à qui, à quoi, auquel, etc.

Che, que, quoi, lequel, laquelle, lesquels, etc.

Da chi, da che, dont, de qui, par qui, de quoi, par quoi, etc.

Observations.

1°. Le Pronom CHI n'est en usage que dans les interrogations. Dans les autres circonstances, on se sert de CHE.

2°. CHE s'emploie encore pour exprimer *lequel, laquelle*, etc. de préférence à *quale*.

3°. CUI a une construction particulière, au moyen de laquelle on le substitue élégamment à *quale*. Mais il ne peut s'employer qu'au génitif, placé entre l'article et le nom auquel cet article a rapport. Exemple :

Il DI CUI *padre*,	le père duquel,	*ou* dont le père.
La DI CUI *madre*,	la mère duquel,	*ou* dont la mère.
I DI CUI *libri*,	les livres duquel,	*ou* dont les livres.
Le DI CUI *sorelle*,	les sœurs duquel,	*ou* dont les sœurs.

Il sert pour les deux genres.

4°. A CUI n'est guères en usage.

(23)

ARTICLE IV.

Des Pronoms indicatifs.

Nous les nommons ainsi, parce qu'ils ne servent qu'à indiquer les objets selon leur éloignement ou leur proximité. Ces Pronoms, appelés démonstratifs par quelques grammairiens, sont assez nombreux en italien. Quoique la plupart paraissent sinonymes, ils n'en présentent pas moins à l'idée une infinité de nuances qui sont presque insensibles en français. Nous nous bornerons à analyser ici les principaux, sauf à développer plus particulièrement leurs propriétés dans la syntaxe.

1°.   *MASC.*   *FEM.*

Sing. *QUESTO*, ce, cet, celui.   *QUESTA*, cette, celle.
Plur. *QUESTI*, ces, ceux.   *QUESTE*, ces,   celles.

Servent à désigner les objets rapprochés de la personne qui parle. On dit aussi *questo-qui*, *questa-qui*, etc. pour exprimer celui-ci, celle-ci, etc.

2°.   *MASC.*   *FEM.*

Sing. *QUELLO*.   *QUELLA.*
Plur. *QUELLI, QUEI, QUEGLI.*   *QUELLE.*

Même signification ; mais indiquent les objets éloignés de la personne qui parle et de celle à qui l'on parle. On dit également *quello-li*, *quella-li*, *etc.* pour exprimer celui-là, celle-là, etc.

3°.   *MASC.*   *FEM.*
Sing. *COTESTO, CODESTO.*   *COTESTA, CODESTA.*
Plur. *COTESTI, CODESTI.*   *COTESTE, CODESTE.*

Même signification ; mais expriment des objets à-la-fois éloignés de celui qui parle, et rapprochés de celui à qui l'on parle.

4°.   *MASC.*   *FEM.*
Si. *COLUI, COSTUI, CODESTUI.*   *Colei, costei, codestei.*
Pl. *COLORO, COSTORO, CODESTORO.* (des deux genres.)

Toujours même signification que les précédens, mais

avec de certaines nuances que nous expliquerons en leur lieu.

5°. *CIO*, ceci, cela. — *IL CHE*, ce qui, ce que.

Tous ces Pronoms se déclinent avec l'article indéfini.

ARTICLE V.

Des Pronoms indéterminés.

MASC. FEM.

NISSUNO, *NISSUNA*. } personne, nul, nulle, aucun.
VERUNO, *VERUNA*. } aucune, pas un, pas une.

Ces Pronoms n'ont point de plurier.

QUALCHE, des deux genres et des deux nombres. } quelque, quelques.

MASC. SING. FEM.
} quelqu'un, quelqu'une.
ALCUNO, *ALCUNA*.

PLUR. FEM.
} quelques-uns, quelques-unes.
ALCUNI et *ALCUNE*, et
ALQUANTI, *ALQUANTE*.

Ces Pronoms sont également sans plurier.

On dit aussi, sous la même signification, *QUALCHE DUNO*, *QUALCHE DUNA*, *TALUNO*, *TALUNA*, quelqu'un, quelqu'une.

Ciascuno, *ciascuna*, *ciascuni*, *ciascune*.
Ciascheduno, *ciascheduna*, *ciascheduni*, *ciaschedune*.
Ognuno, *ognuna*, *ognuni*, *ognune*.
Ogni, de tout genre et de tout nombre.

Ces 4 Pronoms signifient *chaque*, *chacun*, *chacune*, etc. Ils se déclinent avec l'article indéfini.

Qualunque, quelconque.
Qualunque siasi, quel qu'il soit.
Qualsisia, ou *qualsivoglia*, quel que ce soit.
Chicchesia, qui que ce soit.
Chiunque, quiconque.
Cotanto, ou *altretanto*, autant, tout autant.
Tutti due, *ambo*, *ambidue*, } Tous deux ou tous
Ambi, *ambidue*, *ambiduoi*, } les deux.
Amendue, au féminin *tutte due*, } Toutes deux ou
Ambe, *ambedue*, *amendue*. } toutes les deux.

Tutti-Quanti,

Tutti-Quanti, tous tant que—les uns et les autres.
Tutte-Quante, toutes tant que—les unes et les autres.
Altrui, autrui, *masc. et fém.*   point de plurier.

L'uno e l'altro, l'un et l'autre. }
L'una e l'altra, l'une et l'autre. } point de plurier.

On dit aussi *altri*, l'un, *altri*, l'autre ; *chi*, l'un, *chi*, l'autre : la même chose au féminin. Exemple :

Altri scrive, altri parla : ou *chi scrive, chi parla :* l'un écrit ; l'autre parle, etc. etc.

Nous nous étendrons davantage par la suite sur ces différentes tournures italiennes.

CHAPITRE V.

Du Verbe.

L e Verbe sert à exprimer l'action, la passion, l'existence et la condition des êtres. Il y a trois sortes de Verbes, l'actif, le passif et le neutre.

Le Verbe actif signifie purement et simplement agir ; mais comme toute action suppose un agent qui l'exerce et un sujet qui en reçoit l'impression, il est nécessaire que le Verbe actif soit précédé d'un nom ou d'un pronom qui désigne cet agent, et suivi d'un autre nom ou pronom qui exprime son sujet. Exemple :

Il Francese ama la libertà, le Français aime la liberté ; *il Francese* est l'agent, *la libertà* est le sujet.

Le Verbe neutre ne signifie autre chose qu'ÊTRE ou EXISTER dans telle ou telle situation. L'agent est à-la-fois actif et passif ; et, sous ce double rapport, il précède le Verbe. L'état d'existence, ou la condition de cet agent, s'exprime ordinairement par un adjectif qui suit le Verbe, à moins que ce Verbe n'exprime suffisamment de lui-même l'action et la passion, ou la manière d'exister, d'agir et de sentir de l'agent.

Par exemple dans ces phrases : *dormo, soffro, camino ;* je dors, je souffre, je marche ; et autres semblables, *je* est à-la-fois l'agent et le sujet, et le Verbe est neutre. —De même dans celle-ci : *muojo contento, sono ammalato,* re*to *debole*, etc. je meurs content, je suis malade, je reste faible, etc. le Verbe est également neutre; mais les mots *contento*, *ammalato*, *debole*, sont des adjectifs simples qui désiguent que j'existe dans telle et telle situation.

Le Verbe est appelé passif, lorsqu'au lieu d'un adjectif nominal simple, il est suivi d'un adjectif verbal; c'est-à-dire, dérivé d'un Verbe actif: le sujet prend la place de l'agent dans la construction de la phrase, et celui-ci se met après l'adjectif. Exemple: *Piettro è stato ferito da mio fratello*. Pierre a été blessé par mon frère. *Piettro* est le sujet, *mio fratello* est l'agent, et *ferito* est adjectif dérivé, ou participe du Verbe actif *ferire*, blesser. — Dans la construction active, on dirait: *Mio fratello a ferito Piettro*. Mon frère a blessé Pierre.

Le Verbe est aussi appelé réfléchi ou réciproque, lorsque le principe et le terme de l'action ont l'un sur l'autre une égale influence, comme *pentirsi*, se repentir; *dolersi*, se plaindre; *battersi*, se battre, etc. etc. Les deux premiers sont réfléchis, parce que le repentir et la douleur qu'ils expriment sont concentrés dans la personne qui se repent et se plaint; *battersi* est réciproque, parce qu'il suppose deux puissances agissant réciproquement l'une sur l'autre, attendu qu'un homme ne se bat pas seul.

La principale chose à considérer dans les Verbes, est leur conjugaison. Conjuguer un verbe, c'est lui adapter les diverses terminaisons qui sont propres aux modes, aux temps, aux personnes et aux nombres auxquels on l'emploie.

Il y a quatre modes. 1º. L'INFINITIF, qui exprime l'action d'une manière générale et indéterminée, comme *essere*, être; *parlare*, parler, etc. C'est, à proprement parler, la racine du Verbe dans sa forme originelle; 2o. L'INDICATIF, ainsi appelé, parce qu'il indique l'action d'une manière directe et positive, comme *sono*, je suis; *credeva*, je croyais; *feci*, je fis; *dormirò*, je dormirai. Ce mode a quatre temps ou époques; savoir, le présent, l'imparfait, le passé et le futur, parce qu'une action quelconque est ou présente, ou imparfaite, ou passée, ou future; 3o. L'IMPÉRATIF, ainsi nommé, parce qu'il commande, comme *mangi*, mange; *beva*, qu'il boive, etc. 4o. Enfin, le SUBJONCTIF, qui présente l'action sous un point de vue indirect, subordonnée à de certaines circonstances, comme *darei*, je donnerais, etc.

Toutes ces variations de modes, de temps, de personnes

et de nombres, s'opèrent par des altérations dans la terminaison des Verbes. Il en résulte une infinité de combinaisons qui rendent l'étude de la plupart des langues extrêmement difficile (1).

Il existe en outre plusieurs temps appelés composés, parce qu'en italien, comme en français, ils se forment des deux Verbes *avere* avoir, et *essere* être, que pour cette raison, l'on nomme auxiliaires. Nous commencerons donc par la conjugaison de ces deux Verbes. Il est d'autant plus nécessaire de les bien connaître, que sans leur secours il ne serait pas possible de conjuguer les autres.

ARTICLE Ier.

Des Verbes auxiliaires.

Conjugaison du Verbe auxiliaire AVERE, avoir.

Infinitif. *AVERE*, avoir.
Participe présent. *Avente*, ayant. Part. passé. *Avuto*, eu.
Gérondif. *Avendo, coll* ou *con avere, in* ou *nell' avere*, en ayant.

INDICATIF

PRÉSENT.		IMPARFAIT.	
Io ho ou *ò*,	j'ai.	*Io avevo* ou *aveva*,	j'avais.
Tu hai,	tu as.	*Tu avevi*,	tu avais.
Egli ou *ella ha* ou *à*,	il ou elle a.	*Egli* ou *ella aveva*,	il ou elle avait.
Noi abbiamo,	nous avons.	*Noi avevamo*,	nous avions.
Voi avete,	vous avez.	*Voi avevate*,	vous aviez.
Eglino ou *Elleno hanno*	ils ou elles ont.	*Eglino* ou *Elleno avevano*,	ils ou elles avaient.

(1) Par exemple, la Langue française est composée d'environ 3170 Verbes qui n'exigent pas moins de dix conjugaisons différentes; encore en reste-t-il 141 appelés irréguliers, parce qu'on ne peut les ranger dans aucune des dix classes régulières. La Langue italienne, beaucoup plus riche en Verbes, puisqu'elle en contient au moins le double, peut cependant se réduire à trois conjugaisons principales; il restera environ 100 Verbes irréguliers, dont la déviation sera facile à reconnaître.

PRÉTÉRIT.	*FUTUR.*

(1) *Ebbi*,	j'eus.	*Averò*	ou *avro*,	j'aurai.
Avesti,	tu eus.	*Averai*	—*avrai*,	tu auras.
Ebbe,	il eut.	*Averà*	—*avrà*,	il aura.
Avemmo,	nous eûmes.	*Averemo*	—*avremo*,	nous aurons.
Aveste,	vous eûtes.	*Averete*	—*avrete*,	vous aurez.
Ebbero,	ils eurent.	*Averanno*	—*avranno*,	ils auront.

IMPERATIF.	*SUBJONCTIF PRESENT.*

Abbi,	aie.	Che *Abbia*,	que j'aie.
Abbia,	qu'il ait.	—*Abbi*,	—tu aies.
Abbiamo,	que nous ayons.	—*Abbia*,	—il ait.
Abbiate,	ayez.	—*Abbiamo*,	—nous ayons.
Abbiano,	qu'ils aient.	—*Abbiate*,	—vous ayez,
		—*Abbiano*,	—ils aient.

IMPARFAIT CONDITIONNEL.	*PRETERIT.*

Averei, (2)	j'aurais.	Che *Avessi*,	que j'eusse.
Averesti,	tu aurais.	—*Avesti*,	—tu eusses.
Averebbe ou		—*Avesse*,	—il eût.
averia	il aurait.	—*Avess.mo*,	—nous eussions.
Averemmo,	nous aurions.	—*Aveste*,	—vous eussiez.
Avereste,	vous auriez.	—*Avessero*,	—ils eussent.
Averebbero ou			
averrano,	ils auraient.		

Quant aux temps composés, ils se forment, comme en français, par l'union du participe passé AVUTO eu, avec les temps simples. Exemple :

O avuto,	j'ai eu, etc.	*Aveva avuto*,	j'avais eu, etc.
Ebbi avuto,	j'eus eu, etc.	*Avrò avuto*,	j'aurai eu, etc.
Che Abbia avuto,	que j'aie eu, etc.	*Avrei avuto*,	j'aurais eu, etc.
— *Avessi avuto*,	— j'eusse eu, etc. etc.		

---

(1) Je ne mettrai plus les pronoms personnels, parce qu'il est peu d'usage de les exprimer, à moins que la complication du discours ne l'exige. La terminaison seule du Verbe suffit ordinairement pour indiquer la personne qui parle.

(2) On peut dire aussi par contraction *avrei, avresti, avrebbe, avremmo, avreste, avrebbero.*

(29)

Conjugaison du Verbe auxiliaire ESSERE, Être.

Infinitif. *ESSERE*, être.

Part. pas. *STATO*, été.
Gér. *ESSENDO-coll'* ou *con ESSERE*, *nell* ou *in ESSERE*, étant

INDICATIF

PRESENT.		IMPARFAIT.	
Sono,	je suis.	*Ero*,	j'étais.
Sei,	tu es.	*Eri*,	tu étais.
E,	il est.	*Era*,	il était.
Siamo,	nous sommes.	*Era amo*, (2)	nous étions.
Siete, (1)	vous êtes.	*Eravate*, (3)	vous étiez.
Sono,	ils sont.	*Erano*,	ils étaient.

PRÉTÉRIT.		FUTUR.	
Fui,	je fus.	*Sarò*,	je serai.
Fosti,	tu fus.	*Sarai*,	tu seras.
Fù,	il fut.	*Sarà*,	il sera.
Fummo,	nous fûmes.	*Saremo*,	nous serons.
Foste,	vous fûtes.	*Sarete*,	vous serez.
Furono,	ils furent.	*Saranno*,	ils seront.

IMPERATIF.		SUBJONCT. PRES.	
Sii,	sois.	Che *sia*,	*que* je sois.
Sia,	qu'il soit.	——*sia*, (4)	——tu sois.
Siamo,	soyons.	——*sia*,	——il soit.
Siate,	soyez.	——*siamo*,	——nous soyons.
Siano ou		——*siate*,	——vous soyez.
	qu'ils soient.		
Sieno,		——*siano*, (5)	——ils soient.

CONDITIONNEL.		PRETERIT.	
Sarei,	je serais.	Che *fossi*,	que je fusse.
Saresti,	tu serais.	——*fossi*,	——tu fusses.
Sarebbe,	il serait.	——*fosse*,	——il fût.
Saremmo,	nous serions.	——*fossimo*,	——nous fussions.
Sareste,	vous seriez.	——*foste*,	——vous fussiez.
Sarebbero,	ils seraient.	——*fossero*,	——ils fussent.

---

(1) Ou *sete*.

(2) Ou *eramo*.
(3) Ou *erate*.
(4) Ou *sii*.
(5) Ou *sieno*.

Les temps composés se forment du Verbe lui-même, en ajoutant son participe passè *stato* à ses autres temps ; ce qui est bien différent en français, où ce Verbe prend ses temps composés dans les temps simples d'*avoir*.

EXEMPLES :

Sono stato,	j'ai été.	*Era stato*,	j'avais été.
Fui stato,	j'eus été.	*Sarò stato*,	j'aurai été.
Chio sia stato,	que j'aie été.	*Sarei stato*,	j'aurais été.
Chio fossi stato,	que j'eusse été, etc. etc.		

REMARQUE.

LE participe *stato* est déclinable comme les noms, et s'accorde en genre et en nombre avec la personne. On dira donc *è stato*, il a été ; *è stata*, elle a été ; *sono stati*, ils ont été ; *sono state*, elles ont été ; et ainsi de suite, par tous les temps composés.

ARTICLE II.

Conjugaison des Verbes terminés en ARE.

Infinitif *AMARE* aimer.

Part. prés. *AMANTE*, aimant. Part. pas. *AMATO*, aimé. Ger. *AMANDO*, coll' ou con *AMARE*, nell' ou in *AMARE*, en aimant.

INDICATIF

PRÉSENT.		IMPARFAIT.	
Amo,	j'aime.	*Amava* (1),	j'aimais.
Ami,	tu aimes.	*Amavi*,	vous aimiez.
Ama,	il aime.	*Amava*,	il aimait.
Amiamo,	nous aimons.	*Amavamo*,	nous aimions.
Amate,	vous aimez.	*Amavate*,	vous aimiez.
Amano,	ils aiment,	*Amavano*,	ils aimaient.

(1) L'usage de terminer la première personne de l'imparfait en *a*, au lieu de la terminer en *o*, comme on le fesait autrefois, semble aujourd'hui avoir prévalu. Il n'y a presque plus d'écrivains qui la terminent en *o*. On ne peut rendre raison de cette innovation, qui peut donner lieu à des équivoques fréquens, par la ressemblance parfaite qu'il y a entre la première et la troisième personne de ce temps, dans tous les Verbes indistinctement. Il est même d'autant plus facile de s'y méprendre, qu'il est fort rare que l'on emploie les pronoms personnels devant les Verbes.

PRÉTÉRIT.   FUTUR.

Amai,	j'aimai.	*Amerò,*	j'aimerai.
Amasti,	Tu aimas.	*Amerai,*	tu aimeras.
Amò,	il aima.	*Amerà,*	il aimera.
Amammo,	nous aimâmes.	*Ameremo,*	nous aimerons.
Amaste,	vous aimâtes.	*Amerete,*	vous aimerez.
Amarono,	ils aimèrent.	*Ameranno,*	ils aimeront.

IMPÉRATIF.   SUBJONCTIF PRÉSENT.

Ama,	aimes.	*Chiò Ami,*	que j'aime.
Ami,	qu'il aime.	—*Ami,*	—tu aimes.
Amiamo,	aimons.	—*Ami,*	—il aime.
Amate,	aimez.	—*Amiamo,*	—nous aimions.
Amino,	qu'ils aiment.	—*Amiate,*	—vous aimiez.
		—*Amino,*	—ils aiment.

CONDITIONNEL.   PRÉTÉRIT.

Amerei,	j'aimerais.	*Chiò Amassi,*	que j'aimasse.
Ameresti,	tu aimerais.	—*Amassi,*	—tu aimasses.
Amerebbe,	il aimerait.	—*Amasse,*	—il aimât.
Ameremmo,	nous aimerions.	—*Amassimo,*	—nous aimassions.
Amereste,	vous aimeriez.	—*Amaste,*	—vous aimassiez.
Amerebbero,	ils aimeraient.	—*Amassero,*	—ils aimassent.

Les temps composés se forment, comme en français, avec ceux du Verbe auxiliaire A V O I R. Exemple :
O amato, j'ai aimé. *Aveva amato,* j'avais aimé, et ainsi de suite pour tous les autres temps.

Irréguliers de cette Conjugaison.

De 3504 Verbes italiens qui se terminent en *are,* il n'y en a que quatre irréguliers. Savoir, *andare,* aller; *dare,* donner; *fare,* faire ; et *stare,* rester. Ces quatre Verbes sont même réguliers dans plusieurs de leurs temps, ainsi qu'à l'infinitif, à l'exception du Verbe *fare,* dont le gérondif est *facendo,* et le participe passé *fatto,* et non *fato.*

INDICATIF PRÉSENT.

Vado,	*vai,*	*va,*	*andiamo,*	*andate,*	*vanno.*	Je vais, etc.
Do,	*dai,*	*da,*	*diamo,*	*date,*	*danno.*	Je donne, etc.
Fo,	*fai,*	*fa,*	*facciamo,*	*fate,*	*fanno.*	Je fais, etc.
Sto,	*stai,*	*sta,*	*stiamo,*	*state,*	*stanno.*	Je reste, etc.

IMPARFAIT.

Facevo, facevi, faceva, facevamo, facevate, facevano.
Je fesais, etc. L'imparfait des trois autres est régulier.

PRÉTÉRIT.

Diedi, desti, diede, demmo, deste, dieddero } Je donnai, etc.
Detti, desti, dette ou diè, -- -- dettero }

Feci, facesti, fece, facemmo, faceste, fecero } Je fis, etc.
Fei, festi, fè, femmo, feste, ferono }

Stetti, stesti, stette, stemmo, steste, stettero Je restai, etc.

FUTUR.

Il est régulier dans les quatre Verbes, et se conjugue
comme *amare.*

IMPERATIF.

Va, vada, andiamo, andate, vadano. Vas, etc.
Da, dia, diamo, date, dieno. Donnes, etc.
Fa, faccia, facciamo, fate, facciano. Fais, etc.
Sta, stia, stiamo, state, stieno. Restes, etc.

SUBJONCTIF PRESENT.

Vada, vada, vada; andiamo, andiate, vadano. Que j'aille, etc.
Dia, dia, dia; diamo, diate, dieno. Que je donne, etc.
Faccia, faccia, faccia; facciamo, facciate, facciano. Que je fasse, etc.
Stia, stia, stia; stiamo, stiate, stieno. (1) Que je reste, etc.

CONDITIONNEL.

Darei, daresti, darebbe, daremmo, dareste, darebbero. Je donnerais, etc.

Les trois autres se conjuguent de même, excepté ANDARE,
dont le conditionnel est régulier.

PRÉTÉRIT.

Dessi, dessi, desse; dessimo, deste, dessero. Je donnasse, etc.
Facessi, facessi, facesse; facessimo, faceste, facessero. Je fisse, etc.
Stessi, stessi, stesse, stessimo, steste, stessero. Je restasse, etc.

Le prétérit d'ANDARE est régulier.

(1) On dit aussi *stiano.*

Observations

Observations générales sur les Verbes en A R E.

Tous les Verbes de cette conjugaison font le participe en *ato*, comme *amato*, à l'exception seulement du Verbe *fare*, faire, qui, comme nous l'avons remarqué, fait *fatto*, probablément pour le distinguer du mot *fato*, destin.

Cependant, il n'est pas rare de trouver, dans les meilleurs ouvrages italiens, tant en prose qu'en vers, la plus grande partie de ces participes mutilés par une contraction, comme *manifesto*, au lieu de *manifestato*; *netto*, au lieu de *nettato*, etc. ce qui embarrasse d'autant plus les étrangers qu'il ne reste plus de signe distinctif entre la première personne de l'indicatif et le participe. On trouvera fréquemment *acconcio*, *adorno*, *asciutto*, *awezzo*, *carico*, *fermo*, *lacero*, *pago*, *privo*, *stanco*, *volto*, *trovo*, *vuoto*, etc. etc. au lieu de *acconciato*, *adornato*, *asciutato*, *awezzato*, *caricato*, *fermato*, *lacerato*, *pagato*, *privato*, *flancato*, *voltato*, *trovato*, *vuotato*, etc. etc.

Il n'y a qu'une longue habitude de la conversation et de la lecture des bons auteurs qui puisse former l'oreille et le goût à cet égard.

A R T I C L E   I I I.

Conjugaison des Verbes terminés en E R E.

Infinitif *P E R D E R E*, perdre.

Part. act. *Perdente*, perdant. Part. pas. *Perduto*, ou *perso*, perdu.

Gér. *Perdendo*, coll' ou con, nell' ou in perdere, en perdant.

I N D I C A T I F

P R E S E N T.		I M P A R F A I T.	
Perdo,	je perds.	*Perdeva*,	je perdais.
Perdi,	tu perds.	*Perdevi*,	tu perdais.
Perde,	il perd.	*Perdeva*,	il perdait.
Perdiamo,	nous perdons.	*Perdevamo*,	nous perdions.
Perdete,	vous perdez.	*Perdevate*,	vous perdiez.
Perdono,	ils perdent.	*Perdevano*,	ils perdaient.

PRÉTÉRIT.

Perdei,	perdetti,	persi,	je perdis.
Perdesti,			tu perdis.
Perdè,	perdette,	persè,	il perdit.
Perdemmo,			nous perdîmes.
Perdeste,			vous perdîtes.
Perderono,	perdettero,	persero,	ils perdirent.

FUTUR.

Perdero,	je perdrai.
Perderai,	tu perdras.
Perderà,	il perdra.
Perderemo,	nous perdrons.
Perderete,	vous perdrez.
Perderanno,	ils perdront.

IMPERATIF.

Perdi,	perds.
Perda,	qu'il perde.
Perdiamo,	perdons.
Perdete,	perdez.
Perdano,	qu'ils perdent.

SUBJONCTIF

PRÉSENT.

Chio perda,	que je perde.
——perda,	——tu perdes.
——perda,	——il perde.
——perdiamo,	——nous perdions.
——perdiate,	——vous perdiez.
——perdano,	ils perdent.

CONDITIONNEL.

perderei,	je perdrais.
perderesti,	tu perdrais.
perderebbe, (1)	il perdrait.
perderemmo,	nous perdrions.
perdereste,	vous perdriez.
perderebbero (2)	ils perdraient.

PRÉTÉRIT.

Chio perdessi,	que je perdisse.
——perdissi,	——tu perdisses.
——perdesse,	——il perdît.
——perdessimo,	——nous perdissions.
——perdeste,	——vous perdissiez.
——perdessero,	——ils perdissent.

Nous avons choisi pour modèle de cette conjugaison le Verbe *perderè*, parce qu'il réunit trois terminaisons au prétérit de l'indicatif ; savoir, *perdei, perdetti,* et *persi,* et deux au participe ; savoir, *perduto,* et *perso.*

Ce n'est pas que tous les Verbes erminés en ere aient la faculté de varier ainsi leurs terminaisons ; au cont ire ,

---

(1) Ou *perderia.*
(2) Ou *perderiano.*

ceux dont le prétérit se termine en *ei* ou *etti* sont en petit nombre, et leur participe ne se termine jamais en *so*, mais en *to*. — Ceux dont le prétérit se termine en *si*, sont plus nombreux, et leur participe se termine en *so* ou en *to*.

Nous allons donner la liste des uns et des autres, après avoir observé que, quelle que soit la terminaison du prétérit, elle n'influe que sur la première et la troisième personne du singulier, et sur la troisième du pluriel de ce temps, ainsi qu'on peut s'en convaincre en relisant attentivement le triple prétérit du Verbe *perdere*.

Première Table des Verbes en ERE, *dont le Prétérit se termine en* EI *ou en* ETTI, *et le Participe passif en* UTO.

Bevere, (1)	bevei ou etti,	bevuto,	boire.
Cedere,	cedei —etti,	ceduto,	céder.
Credere,	credei —etti,	creduto,	croire.
Fendere,	fendei —etti,	fenduto,	fendre.
Fremere,	fremei —etti,	fremuto,	frémir.
Gemere,	gemei —etti,	gemuto,	gémir.
Godere,	godei —etti,	goduto,	jouir.
Mietere,	mietei —etti,	mietuto,	moissonner.
Pascere,	pascei —etti,	pasciuto,	paître.
Pendere,	pendei —etti,	penduto,	pendre.
Ricevere,	ricvei —etti,	ricevuto,	recevoir.
Rilucere,	rilucei — (2),	—————	reluire.
Sedere,	sedei —etti,	seduto,	asseoir.
Splendere,	splendei—etti,	splenduto,	briller.
Serpere,	serpei —etti,	serputo,	glisser.
Stridere,	stridei —etti,	striduto,	murmurer.
Temere,	temei —etti,	temuto,	craindre.
Vendere,	vendei —etti,	venduto,	vendre.

(1) On dit aussi *Fere*.
(2) Ce Verbe n'a point de participe passif.

Ardere,	arsi,	arso,	brûler.
Accorrere,	accorsi,	accorso,	accourir.
Adducere,	addussi,	addotto,	alléguer.
Appendere,	appesi,	appeso,	attacher.
Attraere,	attrassi,	attratto,	attirer.
Assolvere,	assolsi,	assolto,	absoudre.
Assumere,	assunsi,	assunto,	prendre.
Attendere,	attesi,	atteso,	attendre.
Cingere,	cinsi,	cinto,	ceindre.
Chiedere,	chiesi,	chieso,	demander.
Chiudere,	chiusi,	chiuso,	fermer.
Cadere,	caddi,	caduto,	tomber.
Concedere,	concessi,	concesso,	accorder.
Conducere,	condussi,	condotto,	conduire.
Confondere,	confusi,	confuso,	confondre.
Connoscere,	connobbi,	conosciuto,	connaître.
Correre,	corsi,	corso,	courir.
Contrarre,	contrassi,	contratto,	contracter.
Crescere,	crebbi,	cresciuto,	croître.
Cuocere,	cossi,	cotto,	cuire.
Deducere,	dedussi,	dedotto,	déduire.
Difendere,	diffesi,	diffeso,	défendre.
Distinguere,	distinsi,	distinto,	distinguer.
Ergere,	ersi,	erto,	dresser.
Erigere,	eressi,	eretto,	ériger.
Estinguere,	estinsi,	estinto,	éteindre.
Friggere,	frissi,	fritto,	frire.
Inducere,	indussi,	indotto,	induire.
Imprimere,	impressi,	impresso,	imprimer.
Immergere,	immersi,	immerso,	plonger.
Leggere,	lessi,	letto,	lire.
Mettere,	missi,	messo,	mettre.
Muovere,	mossi,	mosso,	remuer.
Nascondere,	nascosi,	nascosto,	cacher.
Opprimere,	oppressi,	oppresso,	opprimer.
Percuotere,	percossi,	percosso,	frapper.
Perdere,	persi,	perso,	perdre.
Persuadere,	persuasi,	persuaso,	persuader.
Piangere,	piansi,	pianto,	pleurer.
Porgere,	porsi,	porto,	présenter.
Prendere,	presi,	preso,	prendre.

Premere,	*pressi*,	*premuto*,	presser.
Producere,	*produssi*,	*prodotto*,	produire.
Promettere,	*promisi*,	*promesso*,	promettre.
Ricorrere,	*ricorsi*,	*ricorso*,	recourir.
Riflettere,	*riflessi*,	*riflesso*,	réfléchir.
Riscuotere,	*riscossi*,	*riscosso*,	repousser.
Risolvere,	*risolsi*,	*r'soluto*,	résoudre.
Rendere,	*resi*,	*reso*,	rendre.
Ridere,	*risi*,	*riso*,	rire.
Rispondere,	*risposi*,	*risposto*,	répondre.
Rodere,	*rosi*,	*roso*,	ronger.
Rompere,	*ruppi*,	*rotto*,	briser.
Seducere,	*sedussi*,	*sedotto*,	séduire.
Scrivere,	*scrissi*,	*scritto*,	écrire.
Scotere,	*scossi*,	*scosso*,	ébranler.
Spingere,	*spinsi*,	*spinto*,	pousser.
Spargere,	*sparsi*,	*sparso*,	répandre.
Succedere,	*successi*,	*successo*,	succéder.
Svellere,	*svelsi*,	*svelto*,	arracher.
Traducere, (1)	*tradussi*,	*tradotto*,	traduire.
Tondere,	*tosi*,	*toso*,	tondre.
Torcere,	*torsi*,	*torto*,	tordre.
Vedere,	*veddi*,	*visto*, (2)	voir.
Vincere,	*vinsi*,	*vinto*,	vaincre.
Vivere,	*vissi*,	*vissuto*,	vivre.
Ungere,	*unsi*,	*unto*,	oindre.

Les Verbes *nascere*, naître ; *nuocere*, nuire, et *tacere*, taire, font au prétérit, *nacqui*, *nocqui*, *tacqui*, etc. ; et au participe, *nato*, *nosciuto*, *tasciuto*, etc.

IRRÉGULIERS *de cette Conjugaison.*

ON en compte environ dix-sept, dont les terminaisons diffèrent un peu de celles du Verbe *perdere* ; mais comme leur irrégularité n'affecte pas également les temps et les personnes de chacun de ces Verbes, il n'est pas possible de les assujétir à une règle générale. Nous nous bornerons donc à conjuguer ici les temps irréguliers ; ceux que nous passerons sous silence, seront exactement conformes au modèle que nous avons donné page 33.

---

(1) Ou *tradure*.
(2) Ou *veduto*.

Inf. COGLIERE ou *corre*, cueillir. Part. pas. *colto*, cueilli.

Ind. pr. *Coglio* ou *colgo*, *cogli*, *coglie*; *cogliamo*, *cogliete*, *cogliono* ou *colgono*, je cueille, etc.

Prét. *Colsi*, *cogliesti*, *colse*; *cogliemmo*, *coglieste*, *colsero*, je cueillis, etc.

Fut. *Corrò*, *corrai*, *corrà*; *corremo*, *correte*, *corranno*, je cueillerai, etc.

Imp. *Cogli*, *coglia* ou *colga*; *cogliamo*, *cogliete*, *cogliano* ou *colgano*, cueilles, etc.

Subj. prés. *Ch'io*, *coglia* ou *colga*, *etc.* que je cueille, etc.
Cogliamo, *cogliate*, *cogliano* ou *colgano*, que nous cueillons, etc.

Cond. *Correi*, *corresti*, *correbbe*; *corremmo*, *correste*, *correbbero*, je cueillerais, etc.

Pour les autres temps, voyez ci-devant *Perdere*. p. 34.

Inf. *DOVERE*, devoir. Part. pas. *Dovuto*, dû.
Ind. prés. *Devo*, *devi*, *deve*; *dobbiamo*, *dovete*, *devono* ou *debbono*, je dois, etc.
Fut. *Dorro*, *dorrai*, *dorrà*: *dorremo*, *dorrete*, *dorranno*, je devrai, etc. ou bien *dovrò*, *dovrai*, etc. comme *perdere*. page 33.
Imp. *Devi*, *debba*; *dobbiamo*, *dobbiate*, *debbano*, dois, etc.
Subj. prés. *Debba*, *debba*, *debba*, *dobbiamo*, *dobbiate*, *debbano*, que je doive, etc.
Cond. *Dovrei*, *etc.* je devrais, etc.

Inf. pr. GIACERE, être couché. Part. pas. *Giacciuto*, couché.
Ind. prés. *Giaccio*, *giaci*, *giace*; *giacciamo*, *giacete*, *giacciono*, je suis couché, etc.
Prét. *Giacqui*, *giacesti*, *giacque*, *giacemmo*, *giaceste*, *giacquero*, je fus couché ou je me couchai, etc.
Imp. *Giaci*, *giaccia*; *giacciamo*, *giacete*, *giacciano*, couches-toi ou sois couché, etc.
Subj. prés. *Ch'io giaccia*, *giaccia*, *giaccia*; *giacciamo*, *giacciate*, *giacciano*, que je sois couché, etc.

Inf. prés. *PARERE*, paraître. Part. pas. *PARSO*, paru.
Ind. prés. *Paio, pari, pare ; paiamo, parete, paiono,* je parais, etc.
Prét. *Parvi, paresti, parve ; parenimo, pareste, parvero,* je parus, etc.
Fut. *Parrò, parrai, parrà ; parremo, parrete, parranno,* je paraîtrai, etc.
Imp. *Pari, paia, paiamo, parete, paiano,* parais, etc.
Subj. pr. *Paia, paia, paia ; paiamo* ou *pariamo, paiate, paiano,* que je paraisse, etc.
Cond. *Parrei, parresti, parrebbe, parremmo, parreste, parebbero,* je paraîtrais, etc.

Inf. pr. *POTERE*, pouvoir. *POTUTO*, pu.
Ind. prés. *Posso, puoi, puo, possiamo, potete, possono* ou *ponno,* je puis, etc.
Fut. *Potrò, potrai, potrà ; potremo, potrete, potranno,* je pourrai, etc. point d'impératif.
Subj. prés. *Possa, possa, possa ; possiamo, possiate, possano,* que je puisse, etc.
Cond. *Potrei, potresti, etc.* je pourrais, etc.

Inf. *PONERE* ou *PORRE*, mettre. Part. pas. *Posto,* mis.
Ind. prés. *Pongo, poni, pone ; poniamo, ponete, pongono,* je mets, etc.
Prét. *Posi, ponesti, pose ; ponemmo, poneste, posero,* je mis, etc.
Fut. *Porrò, porrai, porrà ; porremo, porrete, porranno,* je mettrai, etc.
Imp. *Poni, ponga ; poniamo, ponete, pongano,* mets, etc.
Subj. prés. *Ch'io ponga, ponga, ponga ; poniamo, poniate, pongano,* que je mette, etc.
Cond. *Porrei, porresti, porrebbe ; porremmo, porreste, porrebbero,* je mettrais, etc.

Inf. *RIMANERE*, rester. Part. pas. *RIMASO*, resté.
Ind. prés. *Rimango, rimani, rimane ; rimaniamo, rimanete, rimangono,* je reste, etc.

Prét. *Rimasi, rimanesti, rimase; rimanemmo, rimaneste, rimasero,* je restai, etc.

Fut. *Rimarrò, rimarrai, rimarrà; rimarremo, rimarrete, rimarranno,* je resterai, etc.

Imp. *Rimani, rimanga; rimaniamo, rimanete, rimangano,* restes, etc.

Subj. pr. *Rimanga, rimanga, rimanga; rimaniamo, rimaniate, rimangano,* que je reste, etc.

Cond. *Rimarrei, rimarresti, rimarebbe; rimaremmo, rimarreste, rimarrebbero,* je resterais, etc.

———————

Inf. *S A P E R E*, savoir. Part. pas. *S A P U T O*, su.

Ind. pr. *So, sai, sa; sappiamo, sapete, sanno,* je sais, etc.

Prét. *Seppi, sapesti, seppe; sapemmo, sapeste, seppero,* je sus, etc.

Fut. *Saprò, saprai,* etc. je saurai, etc.

Imp. *Sappi, sappia; sappiamo, sapete, sappiano,* saches, etc.

Subj. pr. *Ch'io sappia,* etc. que je sache, etc.

Cond. *Saprei, etc.* je saurais, etc.

———————

Inf. *S C E G L I E R E*, choisir. *S C E L T O*, choisi.

Ind. pr. *Scelgo, scegli, sceglie; segliamo, scegliete, scelgono,* je choisis, etc.

Le prétérit, comme *cogliere*, cueillir, page 38.

Le futur, régulier.

Imp. *Scegli, sceglia; scegliamo, scegliate, scegliano,* choisis, etc.

Subj. pr. *Scelga, scelga, scelga; scegliamo, scegliate, scegliano,* que je choisisse, etc.

———————

Inf. *S C I O G L I E R E* ou *S C O R R E*, délier. Part. pas. *Sciolto*, délié.

Se conjugue exactement comme *cogliere* ou *corre,* cueillir. Le futur est regulier.

———————

Inf. *T A C E R E*, taire. Part. pas. *T A C C I U T O*, tu.
P I A C E R E, plaire. *P I A C C I U T O*, plu.
Même irrégularité que *G I A C E R E*, page 38.

Inf.

Inf. TENERE, *tenir*. Part. pas. *Tenuto*, tenu.

Ind. pr. *Tengo, tieni, tiene; teniamo, tenete, tengono*, je tiens, etc.

Prét. *Tenni, tenesti, tenne; tenemmo, teneste, tennero*, je tins, etc.

Fut. *Terrò, terrai, terrà; terremo, terrete, terranno*, je tiendrai, etc.

Imp. *Tieni, tenga; teniamo, teniate, tengano*, tiens, etc.

Subj. pr. *Tenga, tenga, tenga; teniamo, teniate, tengano*, que je tienne, etc.

Cond. *Terrei, terresti, terrebbe; terremmo, terreste, terrebbero*, je tiendrais, etc.

Inf. TOGLIERE ou TORRE, ôter. TOLTO, ôté.
Même irrégularité que *cogliere* ou *corre*, page 38.

Inf. TRAERE ou TRARRE, tirer. TRATTO, tiré.

Ind. pr. *Traggo, trai, trae; traiamo* ou *traggiamo, traete, traggono*, je tire, etc.

Prét. *Trassi, traesti, trasse; traemmo, traeste, trassero*, je tirai, etc.

Fut. *Trarrò, trarrai, trarra; trarremo, trarrete, trarranno*, je tirerai, etc.

Imp. *Trai, tragga; tragghiamo* ou *traiamo, traete, traggano*, tires, etc.

Subj. pr. *Tragga, tragga, tragga; tragghiamo* ou *traiamo, tragghiate* ou *traiate, traggano*, que je tire, etc.

Cond. *Trarrei, trarresti, trarrebbe, trarremmo, trarreste, trarrebbero*, je tirerais, etc.

Inf. VALERE, valoir. VALUTO, valu.

Ind. pr. *Vaglio, vali, vale; vagliamo, valete, vagliono*, je vaux, etc.

Prét. *Valsi, valesti, valse; valemmo, valeste, valsero*, je valus, etc.

Fut. *Varrò, varrai, varrà, varremo, varrete, varranno*, je vaudrai, etc.

Imp. *Vali, vaglia; vagliamo, valete, vagliano.*

Subj. pr. *Chio vaglia, vaglia, vaglia; vagliamo, vagliate, vagliano*, que je vaille, etc.

Cond. *Varrei, varresti*, etc. etc. je vaudrais, etc. etc.

F

Inf. VOLERE, vouloir. VOLUTO, voulu.
Ind. pr. *Voglio, vuoi, vuole, vogliamo, volete, vogliono,* je veux, etc.
Prét. *Volli, volesti, volle; volemmo, voleste, vollero,* je voulus, etc.
Fut. Comme *valere,* ci-dessus.
Point d'impératif.
Le pr. du subj. et le cond. comme *valere,* ci-dessus.

ARTICLE IV.

Conjugaison des Verbes terminés en IRE.

Infinitif. DORMIRE, dormir.

Part. act. *Dormente,* dormant. Pas. *Dormito,* dormi.
Gér. *Dormendo, coll'* ou *nell' dormire,* en dormant.

INDICATIF

PRÉSENT.		IMPARFAIT.	
Dormo,	je dors.	*Dormiva,*	je dormais.
Dormi,	tu dors.	*Dormivi,*	tu dormais.
Dorme,	il dort.	*Dormiva,*	il dormait.
Dormiamo,	nous dormons.	*Dormivamo,*	nous dormions.
Dormite,	vous dormez.	*Dormivate,*	vous dormiez.
Dormono,	ils dorment.	*Dormivano,*	ils dormaient.

PRÉTÉRIT.		FUTUR.	
Dormi,	je dormis.	*Dormirò,*	je dormirai.
Dormisti,	tu dormis.	*Dormirai,*	tu dormiras.
Dormì,	il dormit.	*Dormirà,*	il dormira.
Dormimmo,	nous dormîmes.	*Dormiremo,*	nous dormirons.
Dormiste,	vous dormîtes.	*Dormirete,*	vous dormirez.
Dormirono,	ils dormirent.	*Dormiranno,*	ils dormiront.

IMPÉRATIF.		SUBJONCTIF PRÉSENT.	
		Chio dorma,	que je dorme.
Dormi,	dors.	*Dorma ou i,*	tu dormes.
Dorma,	qu'il dorme.	*Dorma,*	il dorme.
Dormiamo,	dormons.	*Dormiamo,*	nous dormions
Dormite,	dormez.	*Dormiate,*	vous dormiez.
Dormano,	qu'ils dorment.	*Dormiano,*	ils dorment.

CONDITIONNEL.		PRÉTÉRIT.	
Dormirei,	je dormirais.	*Dormissi*,	je dormisse.
Dormireste,	tu dormirais.	*Dormissi*,	tu dormisses.
Dormirebbe,	il dormirait.	*Dormisse*,	il dormit.
Dormiremmo,	nous dormirions.	*Dormissimo*,	n. dormissions.
Dormireste,	vous dormiriez.	*Dormiste*,	v. dormissiez.
Dormirebbero,	ils dormiraient.	*Dormissero*,	ils dormissent.

Les temps composés se forment, comme à l'ordinaire, du Verbe AVERE, et du part. pas. DORMITO.

Conjuguez de même les seize Verbes suivans :

Aprire,	ouvrir.	*Aperto*,	ouvert.
Bollire,	bouillir.	*Bollito*,	bouilli.
Consentire,	consentir.	*Consentito*,	consenti.
Convertire,	convertir.	*Convertito*,	converti.
Coprire,	couvrir.	*Coperto*,	couvert.
Cucire,	cuire.	*Cucito*,	cuit.
Fuggire,	fuir.	*Fuggito*,	fui.
Mentire,	mentir.	*Mentito*,	menti.
Partire,	partir.	*Partito*,	parti.
Pentirsi,	se repentir.	*Pentito*,	repenti.
Seguire,	suivre.	*Seguito*,	suivi.
Servire,	servir.	*Servito*,	servi.
Sentire,	entendre.	*Sentito*,	entendu.
Soffrire,	souffrir.	*Sofferto*,	souffert.
Sortire,	sortir.	*Sortito*,	sorti.
Vestire,	habiller.	*Vestito*,	habillé.

Autre conjugaison des Verbes en IRE, *dont la premiere personne du présent de l'indicatif se termine en* ISCO.

Infinitif CAPIRE, comprendre.

Part. pas. *Capito*, compris. Gér. régulier.

INDICAT. PRES.		IMPERATIF.	
Capisco,	je comprends.		
Capisci,	tu comprends.	*Capisci*,	comprends.
Capisce,	il comprend.	*Capisca*,	qu'il comprenne
Capiamo,	nous comprenons.	*Capiamo*,	comprenons.
Capite,	vous comprenez.	*Capite*,	comprenez.
Capiscono,	ils comprennent.	*Capiscano*,	q. comprennent.

SUBJONCTIF

PRÉSENT.		PRÉTÉRIT.	
Chio capisca,	que je comprenne.	Capisci,	je comprisse.
--capisca,	--tu comprennes.	Capisci,	tu comprisses.
--capisca,	--il comprenne.	Capisce,	il comprît.
--capiamo,	--nous comprenions.	Capiscimo,	nous comprissions.
--capiate,	--vous compreniez.	Capiscite,	vous comprissiez.
--capiscano,	--ils comprennent.	Capissero,	ils comprissent.

Les autres temps sont réguliers et se conjuguent comme *dormire*. Le participe de cette classe de Verbes se termine toujours en *ito*.

On compte en italien cent six Verbes qui suivent cette règle. En voici la table alphabétique. (1)

Table des Verbes en IRE, *dont le participe est* ITO, *et le présent de l'indicatif* ISCO. †

Abbellire,	embellir.	Attutire,	appaiser.
Abbolire,	abolir.	Awilire,	avilir.
Abborrire,	abhorrer.	Awizzire,	se flétrir.
Addolcire,	adoucir.	Balbutire,	balbucier.
Aderire,	adhérer.	Bandire,	bannir.
Allegirire,	alléger.	Bianchire,	blanchir.
Ammollire,	ammolir.	Blandire,	caresser.
Ammonire,	avertir.	Bollire, †	bouillir.
Ammorbidire,	amortir.	Capire,	comprendre.
Ammutalire,	assourdir.	Colorire,	colorer.
Anneghittire,	hennir.	Colpire,	frapper.
Annobilire,	annoblir.	Compatire,	compâtir.
Apparire,	paraître.	Compire,	parfaire.
Appetire,	desirer.	Concepire,	concevoir.
Ardire,	oser.	Condire,	assaisonner.
Arrichire,	enrichir.	Custodire,	garder.
Arrossire,	rougir.	Differire,	différer.
Arrostire,	rôtir.	Digerire,	digérer.
Arruginire,	rouiller.	Diminuire,	diminuer.
Assalire,	attaquer.	Distribuire,	distribuer.
Asseguire,	obtenir.	Esaudire,	exaucer.
Attribuire,	attribuer-	Eseguire,	exécuter.
Attuire,	embrouiller.	Fallire,	faillir.

---

(1) Ceux marqués d'une † peuvent aussi se conjuguer régulièrement comme *dormire*.

(45)

Favorire,	favoriser.	*Mentire*, †	mentir.
Ferire,	blesser.	*Nutrire*,	nourrir.
Finire,	finir.	*Offerire*,	offrir.
Fiorrire,	fleurir.	*Ordire*,	ourdir.
Fiorbire,	fourbir.	*Patire*,	pâtir.
Gioire,	se réjouir.	*Perire*,	périr.
Guarire,	guérir.	*Polire*,	polir.
Gradire,	plaire.	*Punire*,	punir.
Imbrunire,	brunir.	*Rapire*,	ravir.
Imbruttire,	enlaidir.	*Riverire*,	respecter.
Impallidire,	pâlir.	*Sbigottire*,	effrayer.
Impaurire,	avoir peur.	*Scaturire*,	sourdir.
Impazzire,	délirer.	*Schernire*,	mépriser.
Impedire,	empêcher.	*Schiorire*,	s'éclaircir.
Impoltronire,	léziner.	*Scoprire*, †	découvrir.
Impoverire,	s'appauvrir.	*Sepelire*,	ensevelir.
Incodardire,	s'intimider.	*Sfuggire*,	éviter.
Incredulire,	devenir cruel.	*Sguernire*,	dégarnir.
Infistollire,	se gâter.	*Smarrire*,	épouvanter.
Inghiottire,	engloutir.	*Soffrire*, †	souffrir.
Ingrandire,	aggrandir.	*Spedire*,	dépêcher.
Intenerire,	attendrir.	*Stordire*,	étourdir.
Intepidire,	se refroidir.	*Stupire*,	s'étonner.
Intisichire,	maigrir.	*Supplire*,	supplier.
Invaghire,	s'enmouracher.	*Svanire*,	s'évanouir.
Invelenire,	empoisonner.	*Tradire*,	trahir.
Languire,	languir.	*Ubbidire*,	obéir.
Largire,	prodiguer.	*Unire*.	unir.

Parmi les Verbes insérés dans la Table ci-dessus, on en distingue six qui, bien qu'ils suivent la règle générale, ont encore une terminaison de plus au prétérit, et un participe différent des autres. SAVOIR:

INF.	*PRÉT.*			*PART.*
Apparire,	*apparj*	ou	*apparsi*,	*apparso*.
Comparire,	*comparj*	ou	*comparsi*,	*comparso*.
Offerire,	*offerj*	ou	*offersi*,	*offerto*.
Proferire,	*proferj*	ou	*profersi*,	*proferto*.
Soffrire,	*soffrj*	ou	*soffersi*,	*sofferto*.
Sepelire,	*sepelj*			*sepolto* ou *sepolito*.

IRRÉGULIERS *de ces deux Conjugaisons.*

Nous n'en connaissons que six ; encore leur irrégularité

ne porte-t-elle que sur un petit nombre de leurs terminaisons. Ces Verbes se conjuguent de la manière suivante :

INFINITIF.

Dire,	dire.	*Detto*,	*dicendo.*
Morire,	mourir.	*Morto*,	*morendo.*
Salire,	monter.	*Salito*,	*salendo*,
Udire,	entendre.	*Udito*,	*udendo*,
Venire,	venir.	*Venuto*,	*venendo.*
Uscire,	sortir.	*Uscito*,	*uscendo.*

INDICATIF PRÉSENT.

Dico, dici, dice ; diciamo, dite, dicono, je dis, etc.

Muoio (1), *muori, muore ; muoiamo, morite, muiono*, je meurs, etc.

Salgo ou *saglio, sali, sale ; sagliamo, salite, salgono* ou *sagliono*, je monte, etc.

Odo, odi, ode ; udiamo, udite, odono, j'entends, etc.

Vengo, vieni, viene ; veniamo, venite, vengono, je viens, etc.

Esco, esci, esce ; usciamo, uscile, escono, je sors, etc.

IMPARFAIT.

Diceva, dicevi, diceva ; dicevamo, dicevate, dicevano, je disais, etc.

Les cinq autres sont réguliers.

PRÉTÉRIT.

Dissi, dicesti, disse ; dicemmo, diceste, dissero, je dis, etc.

Venni, venisti, venne ; venimmo, veniste, vennero, je vins, etc.

Les quatre autres sont réguliers.

FUTUR.

Verrò, verrai, verrà ; verremo, verrete, verranno, je viendrai, etc.

Les cinq autres sont réguliers.

IMPÉRATIF.

Di, dica ; diciamo, dite, dicano, dis, etc.

Muori, muoja ; muoiamo, morite, muoiano, meurs, etc.

Sali, salga ou *saglia ; saliamo, salite, salgano*, montes, etc.

-----

(1) On peut dire aussi *moro, mori*, etc. comme dans *aprire*.

(47)

Odi, oda; udiamo, udiate, odano, entends, etc.
Vieni, venga; veniamo, venite, vengano, viens, etc.
Esci, esca; usciamo, uscite, escano, sors, etc.

S U B J O N C T I F   P R É S E N T.

Ch'io dica, dica, dica; diciamo, diciate, dicano, que
je dise, etc.

Ch'io muoia, muoia, muoia; moriamo, moriate, moriano,
que je meure, etc.

Ch'io salga, salga, salga; (ou *saglia, saglia, saglia,*)
saliamo, saliate, salgano ou *sagliano,* que je monte, etc.

Ch'io oda, oda, oda; udiamo, udiate, odano, que j'en-
tende, etc.

Ch'io venga, venga, venga; veniamo, veniate, vengano,
que je vienne, etc.

Ch'io esca, esca, esca; usciamo, usciate, escano, que
je sorte.

C O N D I T I O N N E L.

Verrei, verresti, verrebbe; verremmo, verreste, verrebbero,
je viendrais, etc.

Les cinq autres sont réguliers.

P R É T É R I T.

Dicessi, dicessi, dicesse; dicessimo, diceste, dicessero,
je disse, etc.

Les cinq autres sont réguliers.

Observations générales sur les Verbes en IRE.

1°. LES poëtes italiens ne s'assujétissent pas scrupu-
leusement aux règles; ils emploient souvent *offro* pour
offerisco; langue, pour *languisce; muge,* pour *mugisce,* etc.
Nous prévenons le lecteur que de pareilles licences ne sont
pas admises en prose.

2°. Il y a plusieurs Verbes en *ire,* que l'on peut terminer également en *are,* comme *colorire, inanimire, indu-*
rire, etc. qui se convertissent en *colorare, inanimare, in-*
durare, etc. etc. Lorsqu'on emploie ces Verbes sous l'une
ou l'autre de ces terminaisons, il faut former leur temps
régulièrement, selon la conjugaison dans laquelle ils se
trouvent placés par leur nouvelle terminaison.

3°. Les poëtes, pour leur commodité, ont adopté deux
Verbes imparfaits; savoir, *GIRE, IRE* ou *IR,* aller, qu'ils
substituent au Verbe *ANDARE,* quand le mètre l'exige.

Nous nommons ces Verbes imparfaits, parce qu'ils ne sont pas susceptibles d'être conjugués à tous les temps, comme les Verbes parfaits ou entiers. On ne les emploie que sous les formes suivantes :

Gite, vous allez.

Giva, j'allais ; *givi*, tu allais ; *giva*, *gia* ou *iva*, il allait.

Givamo, nous allions ; *givate*, vous alliez ; *givano*, *ivano* ou *ivan*, ils allaient.

Gj, *gisti*, *gi* ou *gè* ; *gimmo*, *giste*, *girono*, j'allai, tu allas, etc.

Girò ou *irò*, — *girai* ou *irai*, — *girà* ou *irà* ; *giremo* ou *iremo*, *girete* ou *irete* ; *giranno*, *iranno* ou *iran*, j'irai, tu iras, etc.

Gite ou *ite*, etc. allez.

Gissi, *gissi*, *gisse* ; *gissimo*, *giste*, *gissero*, que j'allasse, etc.

Hors ces temps , qui sont les seuls usités , il faut se servir du Verbe ANDARE , qui n'est qu'irrégulier , mais non pas incomplet , (voyez page 31 et suivante.)

ARTICLE V.

Du Verbe réfléchi ou réciproque.

IL n'y a point d'autre différence grammaticale entre ces deux espèces de Verbes, que celle que nous avons indiquée page 26. Ils se conjuguent, comme en français, avec les pronoms personnels *mi*, *ti*, *si*, etc. *me*, *te*, *se*, etc. de la manière suivante.

INFINITIF.

Dolersi, se plaindre. — *Dolutosi*, s'étant plaint *ou* après s'être plaint. — *Dolendosi*, en se plaignant.

INDICATIF.

Pr. Mi *doglio* ou mi *dolgo*, ti *dogli* ou ti *duoli*, si *duole* ; ci *dogliamo*, vi *dolete*, si *doglieno* ou si *dolgono*, je *me* plains, etc.

Imp. Mi *doleva*, etc. je *me* plaignais, etc.

Prét. Mi *dolsi*, etc. je *me* plaignis, etc.

Fut. Mi *dorrò*, etc. je *me* plaindrai, etc.

IMPÉRATIF.

Duoliti, *dolgasi*, *dogliamoci*, *doletevi*, *dolgansi*, plains-toi, etc.

SUBJONCTIF.

Subjonctif.

Pr. *Ch'io* Mi *dolga*, etc. que je *me* plaigne, etc.
Cond. Mi *dorrei*, etc. je *me* plaindrais, etc.
Prés. *Ch'io* Mi *dolessi*, etc. que je *me* plaignisse, etc.

Les temps composés se forment, de même qu'en français, avec le Verbe ESSERE, être. Exemple :

Mi *sono doluto*, etc. je *me* suis plaint, etc.
M' *era doluto*, etc. je m'étais plaint, etc.
Mi *sarei doluto*, etc. je *me* serais plaint, etc.
Mi *fossi doluto*, etc. je *me* fusse plaint, etc.

Remarquez seulement que les participes italiens étant déclinables, il faut dire au plurier *doluti* pour le masculin, *doluta* au singulier, et *dolute* au plurier, s'il s'agit du genre féminin, conformément à la règle générale des adjectifs.

Observations.

1°. LES pronoms *mi*, *ti*, *ci*, etc. se mettent toujours après le Verbe à l'infinitif, quoiqu'en français ils le précèdent. Cette règle est sans exception. — Ainsi, vous direz *parlarmi*, *crederti*, *consolarci*, *amarvi*, etc. etc. me parler, te croire, nous consoler, vous aimer, etc. etc. et non pas *mi parlare*, *ti credere*, *ti consolare*, *vi amare*, etc. C'est la même chose pour l'impératif.

2°. La voyelle qui termine l'infinitif doit être supprimée, de manière que le Verbe et le pronom ne forment qu'un seul mot. Cette règle est également sans exception.

3°. A l'égard des autres temps, il est indifférent de placer le pronom avant ou après le Verbe ; mais si celui-ci est à la troisième personne *singulier* du prétérit ou du futur, il faut doubler la consonne initiale du pronom. — Par exemple, en faisant précéder le pronom, on écrira, *si consolò*, *si pentirà* : il se consola, il se repentira ; mais si on le fait suivre, il faudra écrire d'un seul mot : *consolossi*, *pentirassi*, parce que *consolò* et *pentirà* sont terminés par une voyelle accentuée.

ARTICLE VI.

Des Verbes impersonnels.

Ce sont ceux qui ne s'emploient qu'à la troisième personne de chaque temps ; comme :

Piove, il pleut. — *Lampeggiava*, il éclairait. — *Nevicò*, il neigea. — *Grandinerà*, il grêlera, etc. etc.

Ces Verbes, quoiqu'impersonnels de leur nature, prennent quelquefois un caractère actif ; car on dit dans l'une et l'autre langue, *quando il gran Giove tuona*, quand le grand Jupiter tonne, etc.

La plupart des Verbes impersonnels veulent être accompagnés d'un nom, d'un pronom ou d'un Verbe pour compléter le sens de leur signification. Exemple : *Conviene fare* ou *di fare*, il est à propos de faire. — *Accaderà che*, il arrivera que. — *Bisogna dire*, il faut dire, etc. etc.

Tous ces Verbes se conjuguent en italien comme en français, à l'exception de *basta*, il suffit, lequel est susceptible du plurier, lorsqu'il a rapport à plusieurs objets. Exemple : *Basta di* ou *che*, il suffit de ou que — *Uno basta* ou *basta uno*, un suffit, ou il suffit d'un. — *Due bastano* ou *bastan due*, il suffit de deux, etc. etc.

§. Ier.

Du Verbe impersonnel, C'EST.

Ce Verbe est personnel en italien. On le conjugue dans toute son étendue, de la manière suivante :

Son ou *sono io*,	c'est moi.
Sei tu,	c'est toi.
È egli ou *ella*,	c'est lui ou elle.
Siamo noi,	c'est nous.
Siete voi,	c'est vous.
Sono eglino ou *elleno*.	c'est ou ce sont eux ou elles.

§. II. etc. etc.

Du Verbe impersonnel, IL EST.

Lorsqu'il est suivi d'un adverbe ou d'un adjectif, il s'emploie à la troisième personne du singulier ; mais s'il est

(51)

accompagné d'un nom , il devient susceptible des deux nombres.

E X E M P L E S :

È bene , il est bien.
È convenevole , il est à propos.
È vero , il est vrai.
È gente , il est des gens.
Sono uomini , il est des hommes.
È un ora , il est une heure.
Sono le due , il est deux heures.
Sarà mezza notte , il sera minuit.
Saranno le tre , *le quattro* , *le cinque* , etc. , il sera trois , quatre , cinq heures , etc.

Si au lieu du Verbe affirmatif IL EST, on se sert de quelque expression indéterminée , telle que IL PEUT ÊTRE, IL DOIT ÊTRE , etc. Les Verbes POUVOIR , DEVOIR , et autres de cette nature, devenant à leur tour impersonnels, seront, en italien, soumis à la règle précédente, et l'on dira :

Può essere un ora , il peut être une heure.
Deve essere mezzo dì , il doit être midi.
Possono essere le sei , il peut être six heures.
Debbono essere le sette , *le otto* , *le nove* , *le dieci* , *le undici* , etc. il doit être sept , huit , neuf , dix , onze heures , etc.

Dans ces exemples nous supprimons le mot *ore* , heures , parce qu'il est d'usage de ne le point exprimer en italien , dans le cas où il peut être aisément sous - entendu. Par exemple , si on demande : *Che ora è ?* Quelle heure est-il ? On peut répondre , *è una* , *son le due* , etc. parce que le retranchement du mot *ora* , heure , ne laisse aucune incertitude sur l'objet dont il s'agit.

Il en est de même pour tous les temps simples et composés.

§. I I I.

Du Verbe impersonnel , IL Y A.

On le traduit en italien par le Verbe ESSERE, être ; comme dans le paragraphe précèdent.

E X E M P L E S :

È un uomo ,   il y a un homme.
Sono donne ,   il y a des femmes.
Sono due ou *più anni* , il y a 2 ou plusieurs années, etc.

Et ainsi de suite pour tous les temps.

Quand il ne s'agit que de nombre ou de temps, le pronom Y ne s'exprime point ; mais s'il est question de lieu, il devient une espèce d'adverbe pronominal indicatif, qui se rend en italien par CI si le lieu dont on a parlé est très-proche, et par VI s'il est éloigné. Ces deux monosyllabes subissent l'élision, lorsque le mot qui suit commence par une voyelle.

Exemple *pour les temps simples.*

S I N G.	*P L U R.*	
C'è ou *v'è,*	*ci* ou *vi sono,*	il y a.
C'era ou *v'era,*	*c'erano* ou *verano,*	il y avait.
Ci fù ou *vi fù,*	*ci* ou *vi furono,*	il y eut.
Ci sarà ou *vi sarà,*	*ci* ou *vi saranno,*	il y aura.

À l'égard des temps composés, il faut faire accorder le participe *stato* en genre et en nombre, avec la chose dont on parle.

Sing. mas.	*C'è* ou *v'è* stato,	
Plur. mas.	*Ci* ou *vi sono stati,*	il y a eu.
Sing. fém.	*C'è* ou *v'è* stata,	
Plur. fém.	*Ci* ou *vi sono state,*	

De même encore, si, comme il a été observé plus haut, on fait précéder le Verbe IL Y A de quelqu'autre Verbe indiquant incertitude, doute ou présomption, ce nouveau Verbe devenu impersonnel, sera sujet à la même règle.

E X E M P L E S :

S. m.	*Ci* ou *vi può* essere stato,	il peut,
P. m.	*Ci* ou *vi possono* essere steti,	il doit y
S. f.	*Ci* ou *vi deve* essere stata,	avoir eu, etc.
P. f.	*Ci* ou *vi debbono* essere state,	

Combinaison de Il y a *avec* En.

Nous supposons toujours qu'il est question de lieu. Dans ce cas Y EN s'exprimera par *cene,* si le lieu est proche, et par *vene* s'il est éloigné. Il y aura de même élision sur l'e final, si le mot suivant commence par une voyelle.

Exemple *pour les temps simples.*

SING.	PLUR.	
Cen' ou *ven'è,*	*Cen'* ou *vene sono,*	il y en a.
Cen' ou *ven'erà,*	*Cen'* ou *ven' erano,*	—avait.
Cene ou *vene fù,*	*Cene* ou *vene furono,*	—eut.
Cene ou *vene sarà,*	*Cne* ou *vene saranno,*	—aura.
Cene ou *vene s'a,*	*Cene* ou *vene siano,*	—ait.
Cene ou *vene sarebbe,*	*Cene* ou *vene sarebbero,*	—aurait.
Cene ou *vene fosse,*	*Cene* ou *vene fossero,*	—ût.

(53)

Ajoutez *stato* ou *stata*, *stati* ou *state*, selon le nombre et le genre des noms qui suivent ou qui sont sous-entendus, vous aurez tous les temps composés.

Nous avons remarqué, page 49, que les pronoms italiens suivent toujours l'infinitif du Verbe avec lequel ils s'amalgament de manière à ne former qu'un seul et même mot; conséquemment il faut dire, selon l'éloignement ou le rapprochement des lieux :

Essercene ou *esservene*, y en avoir.

Essendocene ou *essendovene*, y en ayant.

Essercene ou *esservene stato*, *stata*, *stati*, *state*, y en avoir eu, etc.

Essendocene ou *esssendovene stato*, *stata*, *stati*, *state*, y en ayant eu, etc.

§. I V.

Combinaison des Verbes avec ON.

ON est une abbréviation du mot *homme*. Il rend les Verbes impersonnels. Exemple : On croit, on publie, etc. c'est comme si on disait : hommes croient, hommes publient, etc. — Les Italiens se sont long-temps servis du mot *uom* dans ce sens. On trouve fréquemment, dans les anciens auteurs, *uom dice*, *uom crede*, etc. pour exprimer on dit, on pense, etc. — Aujourd'hui cette manière de parler est tombée en désuétude. On y a substitué les tournures suivantes :

Exemples *pour les temps simples.*

Si dice	ou *dicesi,*	on	dit.
Si diceva	— *dicevasi,*	on	disait.
Si disse	— *dissesi,*	on	dit.
Si dirà	— *dirassi,* (1)	on	dira.
Che si dica,		qu'on	dise.
Si direbbe,		on	dirait.
Che si dicesse,		qu'on	dit.

Ou bien encore :

È,	*sta*	ou *viene detto*	⎞	Mot à mot il est, il reste,
Era,	*stava*	— *veniva detto*	⎟	ou il vient, dit, etc. etc.
Fù — *stette*	— *venne detto*	⎟	*Nota.* Cette manière
Sarà,	*starà*	— *verrà detto*	⎠	est la plus élégante.
etc. etc.				

______

(1) Ici l's est doublée, conformément à la regle 3, page 49.

Exemples pour les temps composés.

È   ou *siè*   *stato detto*,   on a   dit ou il a   été dit.
Era ou *erasi*   *stato d'tto*,   on avait dit — il avait été dit.
Fù ou *fussi*   *stato detto*,   on eut   dit — il eut   été dit.
Sarà ou *sarassi stato detto*,   on aura   dit — il aura   été dit.
Et ainsi de suite.

Si le Verbe rendu impersonnel par sa combinaison avec
ON est suivi d'un ou de plusieurs noms, il devient, comme
les autres Verbes italiens, susceptible des deux genres et
des deux nombres.

E X E M P L E S :

Sing. m. *Si vede — vedesi* ou *è veduto un uomo*, on voit un
homme.
Sing. f. *Si chiama — chiamasi* ou *è chiamata la sorella*,
on appelle la sœur.
Plur. m. *Si biasimano*, ou *biasimansi*, ou *sono biasimati
g'i sposi*, on blâme les maris.
Plur. f. *Si lodano — lodansi*, ou *sono lodate le spose*, on
loue les femmes.

De même pour les temps composés.

S. m.   *È ou si è stato fabricato il duomo*, on a bâti le
temple.
S. f.   *E ou si è stata demolita la chiesa*, on a démoli
l'église.
P. m.   *Sono stati mandati i musicanti*, on a mandé les
musiciens.
P. f.   *Sono s'ate dispacciate le ballerine*, on a renvoyé
les danseuses.

Et ainsi de suite pour toutes les variations des Verbes.

ON *combiné avec* EN.

Sene parla, — ou plus élégamment, *sene viene parlato*,
on en parle.
Sene parlava — *sene veniva parlato*, on en parlait.
Sene parlò — *parlossene* — *sene venne parlato*, on en parla.
Sene parlerà — *parlerassene* — *sene verrà parlato*, on en
parlera.
Sen' è, sen' era, sene fù, sene sarà, etc. etc. *parlato*, on
en a, avait, eut, aura, etc. parlé.

Il reste encore bien des observations à faire sur les diverses manières de rendre en italien les Verbes accompagnés de la particule ON ; mais comme elles appartiennent plus particulièrement à la syntaxe, nous y renvoyons le lecteur.

ARTICLE VII.

Conjugaison des Verbes avec négation.

NE s'exprime par le monosyllabe NON, PAS ou POINT, par *PUNTO* ou *MICA*. Dans ce cas NON précède toujours le Verbe; *punto* et *mica* le suivent.

Mica représente le vieux mot français MIE. Il n'est en usage que dans le style burlesque. *Punto* est peu usité. NON suffit seul pour compléter la négation. Il précède toujours le Verbe dans les diverses combinaisons dont il est susceptible.

EXEMPLES :

Non parlo, je ne parle pas.
Non ò detto, je n'ai pas dit.
Non sono sodisfatto, je ne suis pas satisfait.
Non sono stato pagato, je n'ai pas été payé.
Non mi consolo, je ne me console pas.
Non mi sono ricordato, je ne me suis pas souvenu.
Non basta, il ne suffit pas.
Non son'io, ce n'est pas moi.
Non c'è ou *non v'è*, il n'y a pas.
Non c'è ou *non v'è stato*, il n'y a pas eu.
Non si teme, on ne craint pas.
Non sene vede, on n'en voit pas.
Non è stato domandato, on n'a pas demandé.
Non sen'è stato dato, on n'en a pas donné.

La même chose pour tous les temps, tous les modes et toutes les espèces de Verbes.

ARTICLE VIII.

De l'interrogation.

ELLE consiste, comme en français, à mettre le pronom après le Verbe dans les temps simples, entre l'auxiliaire et le participe dans les temps composés. Exemple :

Son'io ? suis-je ? *Non posso io ?* ne puis-je pas ? *ò io parlato ?* ai-je parlé ? *Non ò io detto ?* n'ai-je pas dit ? etc.

Mais il est rare que les Italiens fassent usage des pronoms

nominatifs *io*, *tu*, etc. : lorsqu'ils s'en servent, ils les placent indifféremment devant ou après les Verbes ; il y a même une infinité de circonstances où il est plus élégant et plus énergique de les mettre après que devant.

Par exemple, *io tremo*, *tremo io*, et *tremo*, signifient également, je tremble ; et si l'on veut exprimer : tremblai-je ? est - ce que je tremble ? etc. on ne peut le faire que par *tremo io ?* ou *tremo ?*

De même encore les Verbes impersonnels n'étant jamais accompagnés de pronoms, ceux - ci il pleut, il ne pleut pas, etc. seront rendus par *piove*, *non piove*, etc. ; et pleut-il ? ne pleut-il pas ? par *piove ? non piove ?* etc.

Il est donc certain qu'en matière d'interrogation, les Italiens n'ont point d'autres signes caractéristiques, que la ponctuation de l'écrivain, ou l'infléxion de la voix de la personne qui parle.

Ainsi ces interrogations françaises : — Est - ce qu'il est vrai ? par laquelle on annonce la certitude qu'un fait est faux, et la surprise où l'on serait qu'il fût vrai : — Est-ce qu'il n'est pas vrai ? par laquelle on énonce clairement l'opinion contraire : — N'est - ce pas que ? par laquelle on interpelle la personne interrogée de confirmer un fait sur lequel on n'a aucune espèce de doute, n'ont point d'expression correspondante en italien.

A R T I C L E I X.

Combinaison des Verbes avec les pronoms personnels et conjonctifs.

Si l'on a lu avec attention le chap. IV, on a dû remarquer que les pronoms de la première et de la seconde personne, *mi*, *ti*, *ci*, *vi* (me, te, nous, vous) représentent à la fois le datif et l'accusatif de *io*, *tu*, *noi*, *voi* (je, te, nous, vous). Ceci est commun aux deux langues. — Les pronoms de la troisième personne, au contraire, ont leur nombre, leur genre et leur cas parfaitement distincts. *Gli* et *le* (lui) au singulier. *Loro* (leur) au pluriel, constituent le datif. *Lo*, *la*, *li*, *le* (le, la, les) forment l'accusatif. — Les trois premiers conviennent particulièrement aux êtres animés, les quatre autres sont communs aux personnes et aux choses.

Les Grammairiens appellent ces pronoms CONJONCTIFS ; ils rangent dans cette classe les adverbes pronominaux indicatifs Y et EN. — Les uns et les autres se combinent avec les Verbes de plusieurs manières différentes.

1º. Isolément,

(57)

1°. Isolément, comme : me, te, nous, vous, lui et leur parler. — Le, la, les envoyer; — y aller; — en revenir, etc. etc.

2°. Conjointement, comme : me le, la lui, nous les, vous y, leur en porter, etc. etc.

3°. Confusément, comme : le leur y, vous y en porter, etc.

Ces diverses combinaisons ne sont pas plus compliquées en italien qu'en français; cependant elles ne laissent pas de présenter quelques difficultés. Nous allons tâcher de les eclaircir par les exemples suivants:

Conjugaison du Verbe MANDARE, envoyer, sous tous ses rapports avec les pronoms conjonctifs.

PREMIÈRE COMBINAISON *avec un seul pronom.*

Ti mando,	je t'envoye.
Mi mandi,	tu m'envoyes.
Gli ou *le manda,*	il *ou* elle lui envoye.
Vi mandiamo,	nous vous envoyons.
Ci mandate,	vous nous envoyez.
Mandano loro,	ils *ou* elles leur envoyent.

Dans cet exemple, les pronoms sont au datif. Ils suivent le le même ordre qu'en francais, c'est-à-dire, qu'ils précèdent immédiatement le Verbe. LORO seul est excepté; dans toutes les circonstances possibles, il doit se mettre après.

Il en sera de même pour tous les temps simples et composés; à l'exception de l'impératif et de l'infinitif, où les pronoms doivent suivre le Verbe et s'amalgamer avec lui de la manière déjà indiquée page 49, et que nous développerons plus particuliérement dans le cours de ces exemples.

DEUXIÈME COMBINAISON, *avec en.*

Ne mandava,	j'en envoyais.
Ne mandavi,	tu en envoyais.
Ne mandava,	il *ou* elle en envoyait.
Ne mandavamo,	nous en envoyions.
Ne mandavate,	vous en envoyiez.
Ne mandavano,	ils en envoyaient.

TROISIÈME COMBINAISON, *avec y.*

Ci	ou	*vi*	*mandai,*	j'y envoyai.
Ci	ou	*vi*	*mandasti,*	tu y envoyas.
Ci	ou	*vi*	*mandò,*	il *ou* elle y envoya.
Ci	ou	*vi*	*mandammo,*	nous y envoyâmes.
Ci	ou	*vi*	*mandaste,*	vous y envoyâtes.
Ci	ou	*vi*	*mandarono,*	ils *ou* elles y envoyèrent.

H

Ici les monosyllabes *ci* et *vi* présentent un équivoque assez singulier à la troisième personne ; car *ci* et *vi mandò*, *ci* et *vi mandarono* expriment à la fois il y envoya, ils y envoyèrent, il nous et il vous envoya, ils nous et ils vous envoyèrent. Ces sortes de doubles sens ne sont pas rares dans la langue italienne. Nous reviendrons sur cette matiere en traitant de la Syntaxe. -- Quant à la différence qu'il y a entre *ci* et *vi*, considérés comme pronoms indicatifs de lieu, voyez ci-devant page 52.

QUATRIÈME COMBINAISON, *avec y et en conjoints.*

cene	*Mandero*,	j'y en enverrai.
	Manderai,	tu y en enverras.
	Manderà,	il y en enverra.
ou	*Manderemo*,	nous y en enverrons.
	Manderete,	vous y en enverrez.
vene	*Manderanno*,	ils y en enverront.

CINQUIÈME COMBINAISON, *avec en et un pronom personnel.*

tene	*Manderei*,	je t'en enverrais.
mene	*Manderesti*,	tu m'en enverrais.
gliene	*Manderebbe*,	il lui en enverrait.
vene	*Manderemmo*,	nous vous en enverrions.
cene	*Mandereste*,	vous nous en enverriez.
ne	*Manderebbero loro*,	ils leur en enverraient.

Cette derniere combinaison fournit encore un nouveau double sens, en ce que *cene* et *vene* signifient à la fois *y en*, *nous-en*, et *vous en*.

SIXIÈME COMBINAISON *avec deux pronoms, l'un au datif, l'autre à l'accusatif.*

Che telo	*mandassi*,	que je te l'envoyasse.
melo	*mandassi*,	tu me l'envoyasses.
Glielo ou *gliela mandasse*,		il le ou la lui envoyât.
veli	*mandassimo*,	nous vous les envoyassions.
celi	*mandaste*,	vous nous les envoyassiez.
lo, la, li, le mandassero loro,		ils, le, la, les, leur envoyassent.

Ici les pronoms changent l'*i* en *e*, et ne forment, avec les accusatifs, qu'un seul et même mot. *Loro* est toujours excepté, conformément à la regle générale indiquée sous le premier exemple. Il ne faut pas perdre de vue que dans les combinaisons de ce genre, le pronom accusatif est toujours placé apres le pronom datif. Quoique cet ordre soit interverti en français à la troisième personne, puisqu'on dit le lui, la leur, etc., et non pas lui le, leur la, etc., cette transposition ne peut avoir lieu en italien.

SEPTIÈME COMBINAISON, *à l'infinitif.*

Transposez les pronoms, après le Verbe, dans le même ordre qu'ils le précèdent dans les combinaisons précédentes.

EXEMPLES.

Mandarmi-mandarti, etc. m'envoyer, t'envoyer, etc.
Mandarlo-mandarli, etc. l'envoyer, les envoyer, etc.
Mandarne, en envoyer.
Mandarci ou *mandarvi*, y envoyer.
Mandarcene ou *mandarvene*, y en envoyer.
Mandarmene-mandarcene, etc. m'en, nous en envoyer, etc.
Mandarmelo-mela-meli-mele, me, le, la, les envoyer, etc.
Mandarlo-la-li-le loro, le, la, les, leur envoyer, etc.

La même chose pour les autres temps de l'infinitif, ainsi que pour l'impératif : (voyez au surplus ce que nous avons dit sur cette matière, pages 48 et 49.)

Observations.

1º. Faites précéder chacune de ces combinaisons du monosyllabe NON, le Verbe sera conjugué négativement pour tous les temps simples et composés. Terminez-les, au contraire, par les pronoms personnels nominatifs qui leur sont propres, ou simplement par un (?), vous aurez le Verbe conjugué interrogativement. (Voyez p. 55.)

2º. L'amphibologie qui résulte de la parfaite ressemblance de *ci* et *vi* signifiant y, avec *ci* et *vi* signifiant vous et nous,—de *cene* et *vene* signifiant y en, avec *cene* et *vene* signifiant nous en et vous en, continuera de subsister à l'infinitif et à l'impératif comme dans les autres temps ; mais l'usage et ce qui précède dans le discours, suffisent ordinairement pour remédier à cette imperfection de la langue.

3º. Il existe encore en français une autre combinaison qui manque en italien ; c'est celle de deux pronoms avec y, comme le leur y porter, leur y en porter, etc. Les Italiens regardent comme superflu d'exprimer y dans ces sortes de circonstances. Ils supposent que la personne à qui on parle est suffisamment instruite du lieu dont on l'entretient, et qu'il serait inutile de le lui désigner par une expression surabondante.

4º. Il faut en général éviter autant qu'il est possible la rencontre de plusieurs pronoms conjonctifs. Comme ces pronoms forment entre eux, lorsqu'ils précèdent le Verbe, et avec le Verbe lorsqu'ils le suivent, un seul et même mot, il en résulterait souvent des polisyllabes d'une longueur démesurée ; ce qui n'a pas lieu en français, chaque pronom formant un mot séparé. Il est donc rare de combiner plus de deux pronoms avec un Verbe à la fois, tandis que les Français en combinent facilement jusqu'à quatre, comme dans cette phrase : nous vous les y montrerons, nous vous y en fournirons, etc. etc.

Le surplus de ce qui concerne les Verbes sera traité dans la syntaxe.

CHAPITRE VI.

Des Adverbes.

L'ADVERBE est un mot indéclinable qui sert à exprimer les diverses circonstances qui accompagnent les noms, les adjectifs et les verbes. Il est à ces parties du discours ce que l'adjectif est au nom. Il détermine les nuances et les modifications dont les choses, les qualités et les actions sont susceptibles.

Il y a des Adverbes pour tous les rapports.

1°. De temps, comme :

Quando, quand.	*Adesso*, actuellement.	*Sempre*, toujours.
Ieri, hier.	*Domani*, demain.	*Mai*, jamais.
Oggi, aujourd'hui.	*Spesso*, souvent.	etc. etc.

Les uns servent à interroger, les autres à répondre. Quelques-uns servent également à la demande et à la réponse. Il y en a de particuliers pour le présent, pour l'imparfait, pour le prétérit, pour le futur ; d'autres communs à l'imparfait et au prétérit, quelquefois même au présent ; d'autres enfin qui peuvent s'employer à tous les temps. Nous indiquerons leurs différentes propriétés dans la syntaxe.

2°. De lieu, comme :

Ove et *dove*, où.	*Qui* et *quà*, ici.
Onde et *donde*, d'où.	*Là* et *li*, là.
Costi et *costà*, là *et* ici.	*Lassù*, ici et là-haut.
Dapertutto, par-tout.	*Laggiù*, ici *et* là-bas.
Altrove, ailleurs.	*Fuori*, dehors.
Dentro, dedans.	*Soprà*, dessus.

Et autres semblables.

Les Adverbes de cette classe interrogent et répondent comme les précédens, ou bien ils ne font qu'indiquer le lieu, selon sa distance ou sa proximité. Quoique plusieurs d'entre eux n'aient qu'une seule et même signification en français, ils présentent souvent des idées bien différentes. C'est encore à la syntaxe qu'il appartient de traiter de ces variétés.

3°. D'affirmation , de négation et d'interrogation , comme :

Si , oui.   *Certo* , certes.   *Veramente* , vraiment.
No , non.   *Perche?* pourquoi?   *Quanto ?* combien ?
Nulla , néant.   *Come?* comment ?   *Niente* , rien.
etc. etc.

4°. De qualité , de quantité , de manière , etc , comme :

Bene , bien.   *Molto* , beaucoup.
Male , mal.   *Assai* , très.
Peggio , pis.   *Più* , plus.
Poco , peu.   *Volontieri* , volontiers.
Meno , moins.   *A posta* , exprès.
Tosto , tôt.   *Francamente* , franchement.
Presto , vîte.   *Saviamente* , sagement.
Adagio , à l'aise.   *Bestialmente* , brusquement.
Lento , lentement.   etc. etc.

Les Italiens divisent et subdivisent à l'infini leurs Adverbes. On en compte plus de quarante especes dans la Grammaire d'Antonini: savoir , Adverbes de mouvement , de desir , de défense , d'exhortation, d'assemblage , d'exception , d'extension , de restriction , d'excês , de doute , de choix , d'ordre , de division , de convention , de distinction , de bienveillance , d'imprécation . de priere , de douleur , de joie , de crainte , de mécontentement, de condition , de jurement , d'exclamation , de susprise , etc. etc. Toutes ces distinctions et sous distinctions purement spéculatives et métaphysiques ne sont d'aucune utilité pour la pratique. Il serait superflu d'en fatiguer le lecteur.

Formation des Adverbes.

1°. L'Adverbe est simple ou composé. — Simple , quand il ne forme qu'un seul mot, comme *insieme* , ensemble ; *correttamente* , correctement , *piano* , à petit bruit, etc. etc. — Composé, quand il est formé de deux ou plusieurs mots, comme de deux noms, d'un nom et d'un pronom, d'un nom et d'un verbe , d'un pronom et d'un verbe , de deux Adverbes , d'un Adverbe et d'un verbe, quelquefois même d'un Adverbe , d'un pronom et d'un verbe ; tels que : *Tutta via* , toutes fois, *in* ou *ad un tratto* , tout-à-coup ; *fuor di modo* , étrangement, *quando che sia* , quoique ; *cioè* , savoir, *più tosto* , plutôt, etc. etc.

2°. En général, on peut former de presque tous les adjectifs italiens autant d'Adverbes simples, en ajoutant à leur terminaison féminine la finale *mente*, comme nous le pratiquons en français, en y ajoutant la finale MENT.

EXEMPLES:

ADJECTIFS FÉMININS.   *ADVERBES.*

Sana,	saine.	*Sanamente,*	sainement.
Dotta,	savante.	*Dottamente,*	doctement.
Certa,	certaine.	*Certamente,*	certainement.
Vera,	vraie.	*Veramente,*	vraiment.
Devota,	dévote.	*Devotamente,*	dévotement.
Ardita,	hardie.	*Arditamente,*	hardiment.
Felice,	heureuse.	*Felicemente,*	heureusement.

3°. Cette faculté ne se borne pas aux positifs ; elle a lieu de même à l'égard des superlatifs.

EXEMPLES:

Sanissima,	très-saine.	*Sanissimamente,*	très-sainem.
Altissima,	très-haute.	*Altissimamente,*	très-hautem.
Massima,	très-grande.	*Massimamente,*	sur-tout.
Ottima,	très-bonne.	*Ottimamente,*	très-bien.
Pessima,	très-mauvaise.	*Pessimamente,*	très-mal.
Rarissima,	très-rare.	*Rarissimamente,*	très-rarem.

etc. etc.

4°. Si l'adjectif convertible en adverbe est terminé par *le* ou par *re*, il faut supprimer l'e final.

EXEMPLES:

Crudele,	cruelle.	*Crudelmente,*	cruellement.
Mortale,	mortelle.	*Mortalmente,*	mortellement.
Probabile,	probable.	*Probabilmente,*	probablement.
Particolare,	particulière.	*Particolarmente,*	particulièrem.
Singolare,	singulière.	*Singolarmente,*	singulièrem.

Il n'y a d'exception à cette règle que pour *molle* et *folle*, qui font *mollemente* et *follemente*, mollement et follement, sans doute à cause des deux *l*, qui, sans la médiation de l'*e*, rendraient impossible la prononciation du mot. Quelques auteurs écrivent *umilemente*, humblement ; mais cette licence est tout au plus tolérable en poésie libre ; on doit dire *umilmente*, suivant la règle générale.

(63)

5o. Plusieurs adjectifs font l'office des Adverbes sans changer leur terminaison , comme *forte*, fortement; *dolce*, doucement ; *sicuro* , sûrement ; *soave* , agréablement ; *allegro* , gaiement ; *presto* , vîtement ; *prestissimo* , très-vîtement ; *giusto* , justement, etc. etc. : au lieu de *fortemente*, *dolcemente* , *sicuram nte* , *soavemente* , *allegramente*, *prestamente*, *prestissimamente* , *giustamente*, etc. etc. Dans ce cas , on les emploie au masculin et non pas au féminin. Nous disons de la même manière en français , parler *haut* , penser *juste*, couler *bas* , travailler *fort* , etc.

6°. Quoique la plupart des grammairiens aient donné l'appellation d'adverbe à tout mot déclinable , qui a la propriété de figurer dans le discour sans gouverner, et sans être gouverné , il n'en est pas moins certain qu'en italien , comme en français , il y a beaucoup d'adverbes qui entraînent avec eux un régime. Nous disons dans l'une et l'autre langue, *indépendentemente di* ou *da*, indépendamment de, *preferevo'mente a*, préférablement à , etc. *vicino a* près de , *dietro a*, derrière , etc. etc. Cette propriété semble appartenir plus particulièrement aux adverbes de lieu, de temps, et à ceux qui sont formés d'adjectifs dérivés des Verbes. Ceux - ci conservent presque toujours le régime attribué aux Verbes, d'où dérivent les adjectifs dont ils sont formés. Comme ce régime n'est pas le même dans les deux langues , nous en traiterons plus amplement dans la syntaxe.

7°. Enfin , tel adverbe italien qui est indéclinable lorsqu'il est accollé à un adjectif ou à un Verbe, cesse de l'être lorsqu'il est joint à un Nom ; dans ce cas , il devient en quelque sorte adjectif. Tels sont les adverbes de quantité, *molto* beaucoup , *poco* peu , *quanto* , combien , etc. etc.

E X E M P L E S.

Parlare molto , *poco* , *quanto* , etc. parler beaucoup, peu, autant que , etc.

Un uomo poco ricco,	un homme peu riche.
Una donna molto amabile,	une femme très-aimable.
Sposi tanto gelosi,	des maris aussi jaloux.
Molti uomini,	beaucoup d'hommes.
Poche donne,	peu de femmes.
Tante richezze,	tant de richesses.
Quanti denari?	combien d'argent ?

CHAPITRE VII.

Des Prépositions.

ELLES ne diffèrent de l'adverbe, qu'en ce qu'elles sont toujours suivies d'un régime quelconque, sans lequel elles ne présenteraient aucun sens déterminé. Elles sont comme les adverbes, simples ou composées. *Per*, pour ; *in*, dans ; *con*, avec ; *trà*, entre, etc. sont des prépositions simples. *Al lato di*, à côté de ; *in mezzo a*, au milieu de, etc. sont des prépositions composées.

TABLE des principales Prépositions avec le régime qui leur convient.

Accanto di ou *a* ——, à côté de.
Addosso a ——, sur.
Al dispetto di (1) ——, en dépit de.
All'intorno di et *a* —— autour, à l'entour de.
Allato di et *a* ——, à côté de, joignant à.
All incontro di ——, à la rencontre de.
Al modo ou *alla moda di* ——, à la manière de.
Affianchi di ——, aux côtés, aux trousses de.
Al coperto da ——, à l'abri de.
Appresso di ——, auprès, près, proche, après, chez.
In casa di, (2) chez.
Appo di ——, auprès de.
A proposito di ——, à propos de.
A riserva di ——, à la réserve de.
Aspetto di ——, vis-à-vis.
A spese di, (3) aux dépens de.
Attorno il, —— autour de.
Attraverso il, —— à travers de.
Avanti a et *il*, —— avant, devant, auparavant.

---

(1) Lorsque cette préposition est suivie d'un pronom personnel, on peut faire usage du pronom possessif qui lui correspond. Ainsi au lieu de *al dispetto di me*, *dite*, *di lui*, etc. on dira *al dispetto mio*, *tuo*, *suo*, etc. ; en dépit de moi, de toi, de lui, etc. etc.

(2) Même observation que la précédente. Exemple : *in casa mia*, *tua*, *sua nostra*, *vostra loro* : chez moi, toi, lui, nous, vous, eux, etc. etc.

(3) Même chose : *A spese mie*, *tue*, *sue*, etc. à mes, à tes, à ses dépens, etc. etc.

Salvo

(65)

Circa a et *il,* — environ, touchant.
Come —, comme.
Con —, avec.
Contro et *contra di* ou *il* —, contre.
Da (synonime de *a casa* ou *in casa di*), chez.
Dattorno a —, autour de.
Davanti a —, avant, devant, auparavant, au-devant de.
Dentro di, a et *il* —, dans, dedans,
Dietro di, a et *il,* derrière le, en arrière de , etc.
Dilà di et *da* —, au-delà de.
Diquà di et *da* —, en deçà de.
Dinanzi a —, devant le.
Dintorno a —, autour, à l'entour de.
Di nascosto di et *a* —, en cachette de.
Di rimpetto di, a, il —, vis-à-vis de ou le.
Dopo ou *doppo di* et *il* —, après.
Eccetto —, hormis, excepté.
Fuori d. —, hors dehors.
Giù da —, au bas, en bas de.
In, dans, en.
Inanzi a —, devant, avant.
In casa di (comme *a casa*), chez.
In circa —, environ.
In fin ou *in fino a* —, jusques.
Infra —, parmi.
In mezzo di et *a* —, au milieu, entre.
In quanto a —, à l'égard de, touchant le.
Insin et *insino a* —, jusques.
In riparo a —, en réparation de.
Intorno di et *a* —, à l'entour, au tour, environ, touchant.
Inverso —, vers et envers.
Lontano di, a, il dal —, loin de.
Lungi di, it, dal —, loin de.
Lungo di, a, il —, le long de.
Malgrado di —, malgré.
Ne —, en, dans.
Non ostante —, malgré, nonobstant.
Oltre di —, outre.
Per, pour, et par.
Presso di et *a* —, près, proche, après, chez.
Prima di —, avant, auparavant.
Quanto a —, quant à.
Riguardo ou *risguardo a* —, quant à, à l'égard de.
Rispetto di et *a* (1), par égard pour.

---

(1) On dit *rispetto vostro, suo, loro,* etc. par égard pour vous, lui,
eux, etc. au lieu de *rispetto di voi, di lui, di loro,* etc.

I

Salvo (2), hormis, excepté, sauf.
Secondo il —, selon ou suivant le.
Senza di et *il* —, sans le.
Sin et *sino a* —, jusqu'à.
Soprà di et *il* —, sur, dessus le.
Sotto di et *a* —, sous, dessous.
Tra a et *il* —, entre.
Verso di et *il* —, envers, vers, environ.
Vicino di et *a* —, près, proche, etc.

Il y a encore une autre espèce de Prépositions, qui ne signifient rien d'elles mêmes ; mais qui, combinées avec certains adjectifs et certains verbes, augmentent, diminuent ou changent totalement leur signification primitive. Telles sont les suivantes :

Arci-duca	-archi-duc,	*Fras-tagliare*,	hacher, ou taillader, ou tailler maladroitement.
Arci-diacono	-archi-diacre,		
Arci-preste	-archi-prêtre,		
Arci-vescovo	-arch -evêque,	*Erastornare*,	renverser.
Dispiacere	déplaire,	*Mis-leale*,	déloyal.
Disfare	défaire,	*Mis-fatto*,	-méfait.
Discontinuare	disconvenir ;	*Ri-fare*,	-refaire.
		Ri-comminciare,	-recommencer.

Les Grammairiens appellent ces prépositions inséparables, on ne sait trop pourquoi ; car elles ne sont qu'un accident très - étranger, qu'il n'est pas plus difficile de retrancher que d'ajouter. Il eût peut-être été plus exact de les nommer adjectives, ou plutôt altérantes, puisque leur effet est réellement d'altérer la signification naturelle des mots auxquels on les adapte.

CHAPITRE VIII.

Des Conjonctions.

Ce sont encore des mots invariables, dont la propriété est d'abréger le discours en résumant plusieurs phrases dans une seule.

Elles diffèrent peu des prépositions. Elles sont simples comme *mà*, mais ; *o*, ou ; *se, si* ; *e*, et, etc., ou bien composées comme *benche*, quoique ; *conciosia cosa che*, comme

---

(2) Quelques auteurs ont employé *salvo* adjectivement ; comme *salva la fortuna*, etc. sauf la fortune, etc. ; mais il faut dire *salvo la fortuna*, *salvo le richezze*, etc. etc.

ainsi soit què, etc. Quelques-unes ont aussi un régime que nous ferons connaître dans la Syntaxe.

Table des principales Conjonctions.

Acciochè ou *affinche*, — afin que.
Adunque, — donc.
Anche, — aussi, même, encore.
Ancora, — encore, même.
Al fine ou *infine*, — enfin.
Anzi ou *al contrario*, — au contraire.
Benche, — bien que, encore que, quoique.
Conciòsiacosache, — comme ainsi soit que.
Con patto che, — à condition que.
Con tutto ciò, — avec tout cela.
Cosi poço come, — non plus que.
Cosi, — tant, autant, ainsi, si, aussi.
Dache, — depuis que.
Dato che, — ceci posé, supposé que.
Dimaniera ou *di sorte che*, ensorte que.
Dove che, — au lieu que.
E et ed, — et.
Imperrochè, — car.
In quanto —, en tant que.
In somma ou *in fine*, — enfin, bref.
Mà, — mais.
Mentre, — tandis que, pendant que.
O — *osia* — *obene* — *owero*, — ou, ou bien.
Oltre che, — outre que.
Onde, — pourquoi, c'est pourquoi, partant, etc.
Perche, car, parce que, pourquoi.
Però, pourtant, néanmoins.
Perciò che —, d'autant que.
Per temo che, — de peur que.
Poiche, — puisque.
Purche, — pourvu que.
Quanto, — autant que.
Quando auche, — quand même, quand bien même.
Quantunque, — bien que, quoique.
Se, — si.
Sebbene, — bien que.
Stante che, — vu que, attendu que.
Subitò che, — dès que, aussi-tôt que.

Les Grammairiens ayant reconnu que dans le résumé de plusieurs phrases en une, il se rencontre souvent des idées disparates, ont cru devoir distinguer deux sortes de conjonctions, les unes *copulatives*, les autres *disjonctives*. Par exemple, dans cette phrase : Vous *et* moi nous partirons, *mais* je resterai, *et* vous reviendrez. — Le premier *et* est copulatif, et *mais*, ainsi que le deuxième *et* sont disjonctifs.

Sans examiner si ces mots *conjonction copulative*, ne sont pas un pléonasme, et ceux-ci *conjonction disjonctive*, un contresens, nous observerons que les Italiens ont encore renchéri sur cette manie des distinctions, et qu'ils ont divisé leurs conjonctions en *adversatives*, *exceptives*, *restrictives*, *conditionnelles*, *continuatives*, *électives*, *diminutives*, *causatives*, *illusives*, *conclusives*, *dubitatives*, *adjonctives*, *définitives*, *explétives*, *redondantes*, etc. etc.

CHAPITRE IX.

Des Interjections.

Les Interjections sont ainsi appelées, parce qu'elles interviennent spontanément dans le discours pour exprimer quelque mouvement subit de douleur, de joie, d'enthousiasme, d'admiration, de mépris ou de colère, comme :

Aiuto ! à l'aide ! au secours !
All'armi ! aux armes !
Al fuoco ! au feu !
Animo ! courage.
Alto ! halte !
Avoi ! badate ! Garré !
Bravo (1), bravo.

Cospetto ! } Pardieu, morbleu, tudieu, ventrebleu,
Corpo di bacco ! } Par la sang bleu, ventre-saint-gris, etc.

Deh ! eh ! hé !
Hai lasso ! hélas !
Ahime ! ohime ! ah ! hélas !
Silenzio ! zitto ! paix ! chut !
Oh ! puh ! oibo ! via via ! fi !

---

(1) *Bravo* se décline en italien. Si l'on applaudit à un acteur, on dit *bravo*. - Si à une actrice, *brava*. — Si à plusieurs acteurs, *bravi*. Si à plusieurs actrices, *brave*. On dit aussi dans le même sens *viva ! eviva !*

Fin du premier Livre.

MÉTHODE ITALIENNE.

LIVRE SECOND.

Contenant la SYNTAXE.

La SYNTAXE n'est autre chose que l'art de donner aux différentes parties du discours l'ordre et l'arrangement nécessaires, pour qu'il en résulte des phrases régulières et conformes au génie d'une Langue.

Deux choses sont principalement à considérer dans la Syntaxe italienne : la *Concordance* et le *Régime*.

La CONCORDANCE est l'accord absolu de l'article avec le nom, — du nom avec l'adjectif, — du verbe avec son sujet, — du relatif avec son antécédent.

Le RÉGIME est l'influence d'un verbe, d'un adjectif ou d'une préposition, sur un nom, en le forçant d'être à tel ou tel cas, — d'un nom, d'un pronom, d'une préposition ou d'une conjonction sur un verbe, en exigeant qu'il soit à tel nombre, à telle personne, à tel mode ; — d'un nom sur un adjectif, voulant tantôt qu'il le précède et tantôt qu'il le suive ; enfin des verbes sur les adverbes, et de ceux-ci sur eux-mêmes, les uns ayant le pas sur les autres dans le langage.

CHAPITRE PREMIER.

De la SYNTAXE, *ou Construction des Noms.*

DANS l'analyse des Noms (page 2 et suiv.) nous avons suffisamment expliqué de quelle manière ils sont déclinés par la médiation des monosyllabes *il, lo, la, i, gli* et *le,* correspondans à nos articles français le , la , les. — *Di*, *a* et *da* sont de simples particules ou prépositions que l'on combine avec ces articles , pour déterminer le cas où est le nom qui les suit. *Di* désigne le génitif, *a* le datif, et *da* l'ablatif.

Il nous reste à faire connaître les circonstances où le nom veut être accompagné de l'article , celles où il convient de lui appliquer telle ou telle préposition , et conséquemment celles où la particule adaptée doit être combinée ou non combinée avec l'article.

ARTICLE Ier.

Des CAS *et de leurs signes.*

LES Noms ont cinq cas : savoir , le Nominatif, le Génitif , le Datif , l'Accusatif et l'Ablatif.

Le nominatif et l'accusatif sont appelés *cas directs*. L'article pur et simple est leur signe commun. On ne les distingue que par la place qu'ils occupent dans le discours. Le nominatif commence ordinairement la phrase, l'accusatif la finit. Celui-là précède les verbes , celui-ci les suit. Le premier est le principe , l'agent ou la cause efficiente de toute espèce d'action , le second en est le terme.

Le génitif et le datif sont , au contraire, appelés *cas obliques* , parce qu'ils n'expriment que les rapports intermédiaires qui se rencontrent entre le principe d'une action et son terme. Le génitif marque ceux de génération , de dépendance , de cohésion , d'affinité , de continuité , de propriété. Le datif désigne ceux qui l'atteignent , sous le point de vue d'appartenance , d'attribution , etc.

Quant à l'ablatif , il implique une idée de scission , de séparation , de division , de distinction , de retranchement, de suppression , d'éloignement , de solution de continuité. Les relations qu'il exprime sont appelées par les Grammairiens RAPPORTS D'EXTRACTION. Ce cas prend en français le même signe que le génitif, ou plutôt les français n'ont point d'ablatif.

Il en résulte un problême de Syntaxe assez difficile à résoudre pour les personnes qui ne connaissent point la Langue latine ; c'est celui de savoir quand de, du, de la, des, signes communs du génitif et de l'ablatif français , doivent être traduits par *di, del, dello, della, dei, degli, delle*, signes du génitif italien, ou par *da, dal, dallo, dalla, dai, dagli, dalle*, signes de l'ablatif.

1º. Lorsque plusieurs noms ou pronoms sont liés entre eux par des rapports prochains de cohésion, d'adhésion, de connexité, d'analogie, de propriété, de consanguinité d'alliance, ou autres semblables, qui les rendent en quelque sorte dépendans les uns des autres, le génitif français doit être rendu par le génitif italien.

E X E M P L E S :

La bontà delle *leggi.*   La bonté *des* lois.

La stabilità dei *governi.*   La stabilité *des* gouvernemens.

L'uscio della *casa* del *padre,* della *sposa* di *mio fratello è fatta* d'una *specie* di *quercia, laquale cresce nelle selve* della *parte occidentale* della *Corsica, vicino all'abitazione* del *governatore* di *quest' isola.* — La porte *de la* maison *du* père, *de la* femme *de* mon frère, est faite *d'une* espèce *de* chêne qui croît dans les forêts *de la* partie occidentale *de la* Corse, tout prés *de* l'habitation du gouverneur *de* cette Isle.

I libri della *libreria nationare* di *Francia sono assai più riccamente legati* di (1) *quei* della *biblioteca* del *Vaticano.* — Les livres *de la* bibliothèque nationale *de* France sont bien plus richement reliés que ceux *de la* bibliothèque *du* Vatican.

Elizabetta, regina d'*Inghilterra, era figlia* di *Enrico ottavo* (2) e *sorella* della *regina Maria, sposa* di *Philippo secondo, il quale era figlio* di *Carlo quinto.* — Elizabeth, reine d'Angleterre, était fille de Henri huit, et sœur *de la* reine Marie, femme *de* Philippe deux, lequel était fils *de* Charles cinq.

II. Les noms ou pronoms qui expriment entre eux des rapports éloignés, tels que division, distance, éloignement, différence, séparation, antipathie, désunion, délivrance, incohérence, affranchissement, dégagement, exemption, etc. régissent à l'ablatif les substantifs qui désignent l'objet divisé, séparé, éloigné, etc.

Par exemple, dans ces phrases :

La liberazione dei *prigioneri,* la délivrance *des* prisonniers.

L'allontanamento delle *gran città,* l'éloignement *des* grandes villes.

---

(1) Non pas *che,* suivant la règle 2, page 16.

(2) Au lieu de *otto,* (règle 3, page 13.)

La distanza delle *ville*, la distance *des* villages.

La divizione delle *terre*, le partage *des* terres, etc.

Les mots *prigioneri*, *città*, *ville*, *terre*, sont au génitif, parce qu'ils expriment les objets délivrés, éloignés, distans et divisés ; mais dans celles-ci :

La liberazione dai *carceri*, la délivrance *des* prisons.

L'esilio dalle *città*, l'exil *des* villes.

Il bandimento dalla *republica*, le bannissement *de la* République.

L'immunità dai *dazj*, l'exemption d'impôts et autres semblables, on emploie l'ablatif, parce qu'il s'agit du terme de la délivrance, de l'exil, du bannissement et de l'exemption. Effectivement, ce ne sont pas les prisons qui sont délivrées, les villes qui sont exilées, la République qui est bannie, les impôts qui sont exempts ; mais ce sont des prisonniers qui sont mis en liberté, des exilés et des bannis qui sont éloignés des villes et de la République, des individus ou des communes qui sont affranchis d'impôts, etc.

III. En matière d'action, de passion, d'impulsion, de désir, etc. si le génitif français peut être remplacé par le mot PAR, on se servira en italien du signe de l'ablatif : dans le cas contraire, on emploiera le génitif.

E X E M P L E S :

Non lo farò da me stesso, perche sono osservato dai miei compagni, e sarei rimproverato dal padrone.	Je ne le ferai pas de moi-même, parce que je suis observé *de* mes camarades, et je serais réprimandé *du* maître.
Mosso da gelosia.	Mu *de* jalousie.
Penetrato da dolore.	Pénétré *de* douleur.
Amato dai parenti.	Aimé *de* ses parens.
Lodato da molti.	Loué *de* plusieurs.
Creduto da tutti.	Cru *de* tous.
Curioso di sapere.	Curieux *de* savoir.
Dillettanse di musica, e massimamente della musica italiana.	Amateur *de* musique, et sur-tout *de la* musique italienne.

Cependant, on pourrait dire au génitif : *Morto di fame, di sete,* — *di caldo,* — *di freddo*, etc. mort *de* faim, *de* soif, — *de* chaud, — *de* froid, etc. etc. quoique le DE français, dans ces occasions, puisse être exprimé par PAR.

Mais

Mais cette exception ne peut avoir lieu, lorsque le nom est accompagné de l'article ; il faut absolument dire avec le signe de l'ablatif, *morto dalla fame*, *dalla sete*, *dal freddo*, *dal caldo*, etc. *Penetrato dal dolore*, pénétré *de* douleur, etc. etc.

IV. Il en est de même à l'égard des noms qui expriment le terme de départ, venue, retour, arrivée. Lorsque ces noms prennent l'article, on doit les mettre à l'ablatif; lorsqu'ils ne prennent point l'article, on peut les laisser au génitif.

Ainsi l'on dira sans l'article :

La mia partita di *Napoli*, mon départ *de* Naples.
Il suo ritorno di *Roma*, son retour *de* Rome.
La loro venuta di *Francia*, leur venue *de* France.
Il nostro arrivo di *Spagna*, notre arrivée *d*'Espagne.

Et avec l'article :

Partita dalle *Indie*, départ *des* Indes.
Ritorno dal *Messico*, retour *du* Mexique.
Venuta dalle *isole*, venue *des* Isles.
Arrivo dai *monti*, arrivée *des* montagnes, etc. etc.

V. Après le mot *uscita*, sortie, on met indifféremment le génitif ou l'ablatif. Exemple :

Nella mia uscita di ou da *Pariggi*, dello *ou* dallo *stato* di *Venezia*, del *ou* dal *Perù*, etc. Lors de ma sortie *de* Paris, *de* l'état de Venise, *du* Pérou, etc.

Alla loro prima uscita della *ou* dalla *città*, *se ne andarono direttamente al Vesuvio.* A leur première sortie *de la* ville, ils s'en allèrent directement au Vésuve.

Dans ces phrases, et autres de ce genre, il s'agit de l'action de sortir d'un lieu quelconque, lequel lieu est le terme de la sortie. Si l'on disait, par exemple, la sortie de Paris par les Champs-Elysées, etc. il ne faudrait pas se servir de l'ablatif, parce que ce n'est pas Paris qui sort, mais d'où l'on sort. Ceci est un corrollaire de la règle 2.

VI. Les Français emploient souvent le signe du génitif, pour exprimer ce à quoi une chose est propre. Cette propriété des choses s'exprime en italien par le signe de l'ablatif. Exemples :

Un vestito da *signore*, un habit *d*'homme.
Scarpe da *donna*, des souliers *de* femme.

K

VII. Le signe de l'ablatif sert aussi à exprimer le commencement d'une chose dont *a*, signe du datif, est la fin. Exemples :

Da *matina a sera*,	*Du* matin au soir.
Da *Pariggi a Roma*,	*De* Paris à Rome.
Passare da *vita a morte*,	Passer *de la* vie à la mort.

VIII. On s'en sert encore très-élégamment au lieu de la particule EN dans les manières de parler suivantes :

Da *galant'uomo*, foi *d'*honnête homme, ou *en* galant homme.

Da *vero Republicano*, en franc Républicain.

Vi parlo, da *sincero amico*, je vous parle *en* ami sincère.

IX. Le datif n'exprime pas toujours en français le rapport d'appartenance et d'attribution, il sert encore à exprimer le mouvement et le repos. Dans le premier cas, les Italiens le rendent à la lettre ; dans le second, ils lui substituent la préposition *in*. Exemples :

Andare a *Londra*,	Aller *à* Londres.
Vivere in *Pariggi*,	Vivre *à* Paris.
Stare in *Roma*,	Demeurer *à* Rome.

X. Le même cas sert aussi à désigner le mobile, l'usage et la destination des choses.

Exemples :

Molino da *vento*, moulin *à* vent, *ou* qui est mu par le vent.

Polvere da *canone*, poudre *à* canon, *ou* à l'usage du canon.

Figliuola da *maridare*, fille *à* marier, *ou* en état d'être mariée.

Casa da *vendere*, maison *à* vendre, *ou* destinée à être vendue.

Scatola da *tobacco*, boîte *à* tabac, *ou* propre à contenir du tabac.

Pazzo da *catena*, fou *à* lier.

Ladro da *impiccare*, voleur *à* pendre.

On dit encore dans le style familier :

L'uomo dal cesto, l'homme *au* panier.

La donna dalle *awenture*; la femme aux aventures, etc.

(75)

ARTICLE II.

De l'usage des Articles.

LES Italiens donnent généralement l'Article à tous les noms qui le prennent en français. Il y a à cet égard peu de différence entre les deux langues.

I. Les noms de pays, de républiques, d'empires, de royaumes, de provinces, d'états, de départemens, de cantons, de sections, etc. autres que ceux qui tirent leur dénomination du nom de leur métropole ou de leur chef-lieu, prennent l'Article dans les cas directs ; ils l'admettent rarement dans les cas obliques.

On dira donc avec l'Article :

La Francia, *la Corsica*, *l'Inghilterra*, *il Milanese*, *il Bolognese*, la France, la Corse, l'Angleterre, le Milanez, le Boulonnais, etc. etc.

Mais on ne dira pas :

Il Napoli, *la Genoa*, *la Venezia*, *il Marocco*, *l'Algero*, le Naples, la Gênes, la Venise, le Maroc, l'Alger, etc. quoique ce soient des noms d'états, parce qu'ils portent le nom de leur ville capitale, et qu'ils sont conséquemment dans la classe des noms propres.

De même aussi l'on dira dans les cas obliques :

L'oro di et non del *Levante*, l'or du Levant.
Le produzioni di Francia, les productions de la France.
Il commerzio d'Inghilterra, le commerce de l'Angleterre.

II. Les noms propres de rivières et de fleuves reçoivent l'article. Exemple :

Il Nilo, le Nil.   *La Sena*, la Seine.
Il Reno, le Rhin.   *Il Ligeri*, la Loire.

Mais s'ils sont précédés du mot *fiume*, fleuve ou rivière, ils n'admettent ni article ni préposition. Exemple :

Il fiume - Sena, - Rodano, - Garonna, - Albia, etc.

La rivière de Seine, le fleuve du Rhône, la rivière de Garonne, d'Albe, etc.

III. Il en est de même des noms propres de montagnes, lorsqu'ils sont précédés du mot *monte*. Exemple :

Il monte, — Potosi, — Calvario, etc. La montagne de Potosi, du Calvaire, etc. *Il pico, — Teneriffa*, le pic de Ténériffe, etc.

K 2

Il est peut-être plus conforme au génie des deux langues de supprimer le mot *monte*, et de dire simplement : *il Vesuvio*, le Vésuve ; *l'Appennino*, l'Appennin, etc. etc. parce que si l'usage permet de dire, *i Monti Pirenei*, les Monts Pyrénées, etc. il ne souffre pas qu'on dise *i Monti Alpi*, *i Monti Cevenni*, les Monts Alpes, les Monts Cévennes, etc. etc.

IV. Lorsqu'on parle d'un lieu quelconque pour désigner qu'on y va, qu'on y est allé, qu'on en revient, qu'on en est revenu, qu'on y reste, qu'on s'y est arrêté, qu'on a l'habitude de le fréquenter, ou autres circonstances à-peu-près semblables, on peut se dispenser de l'Article, et ne se servir que de la préposition.

EXEMPLES :

Andare in città, in chieza, a corte (1), etc.	Aller *à la* ville, *à l'*église, *à la* Cour, etc.
Pratticare a palazzo,	Fréquenter *le* palais.
Passeggiare in piazza,	Se promener *sur la* place.
Scendere in cantina,	Descendre *à la* cave.
Stare in bottega,	Rester *dans la* boutique.
Uscire di casa,	Sortir *de la* maison.
Fermarsi in camera,	S'enfermer *dans la* chambre.

Mais s'il s'agissait de particulariser d'une manière quelconque le lieu dont on parle, il faudrait nécessairement combiner la préposition avec l'Article.

EXEMPLES :

Andare nella città alta,	Aller *à la* ville haute.
Nella città bassa, nella chieza nuovamente fabricata ; alla corte di Napoli, etc.	*A la* ville basse, *à l'*église nouvellement bâtie, *à la* cour de Naples, etc.
Uscire della casa vicina, del Palazzo dogale, della camera commune, etc. (2).	Sortir *de la* maison-voisine, *du* palais *du* Doge, *de la* chambre commune, etc.

Observez qu'on pourrait dire sans l'Article : *Vengo di chieza San Marco, di casa Litti, Borghi,* etc. etc. Je sors de l'église Saint-Marc, de la maison Litti, Borghi, etc. parce que, dans ces circonstances, les mots *chieza* et *casa*

____

(1) *V.* la règle 9, de l'art. précédent.
(2) *V.* à l'art. précédent, règle 5.

ne sont qu'explétifs, et que le *di* se rapporte directement aux noms propres *San Marco*, *Litti* et *Berghi*, qui ne prennent point d'Article.

V. La même chose a lieu à l'égard des noms de pays, d'états, etc. On dit sans Article :

Vivere in *Francia*,   Vivre *en* France.
Andare in *Ispagna*, (1)   Aller *en* Espagne.
Uscire d'*Inghiterra*, etc. Sortir *d'*Angleterre, etc.

Mais il faut dire avec la préposition combinée :

Vivere nell' *Indio*, nella *Cina*, nel *Messico*. (2)
Vivre *aux* Indes, *à la* Chine, *au* Mexique.
Andare al *Giappone*, al *Congo*, al *Canada*.
Aller *au* Japon, *au* Congo, *au* Canada.
Uscire del *Piemonte*, del *Milaneze*, del *Ferrarese*, etc.
Sortir *du* Piémont, *du* Milanez, *du* Ferrarois, etc.

Cette exception se réduit, dans l'une et l'autre langue, à environ une cinquantaine de mots.

VI. Les noms propres des personnes ne prennent point l'Article. Cette règle est générale pour les noms d'hommes, non pour ceux de femmes. On dit dans le style familier *la Cecca*, *la Pippa*, *la Nanna*, etc. Fanchon, Philippine, Marie-Anne, etc. comme nous disons en français la Camargo, la le Maure, etc. mais on ne peut pas dire *il Piettro*, *il Paolo*, etc. le Pierre, le Paul, etc.

D'un autre côté, on peut accompagner de l'Article les noms de famille comme : *il Medici*, *il Boccacio*, *il Petrarca*, etc. Médicis, Boccace, Pétrarque, etc. mais non pas *il Dante*, quoique nous disions en français le Dante, parce que *Dante* est un nom propre. Si l'on voulait désigner ce poëte par son nom de famille *Alghieri*, on dirait avec l'Article *l'Alghieri*.

Cette particularité est fondée sur ce que le nom propre n'appartenant qu'à la personne qui le porte, n'a pas besoin d'une définition qui en limite le sens, au lieu que celui de famille étant commun à tous les membres qui la composent, on ne pourrait désigner clairement celui de ces membres qui s'est rendu célèbre, si on ne le particularisait par le moyen de l'Article, dont la fonction grammaticale est de définir.

---

(1) Et non pas *Spagna*, règle 4, page 11.
(2) Règle 9, page 74.

VII. On peut adapter l'article aux noms propres, même des personnes, lorsqu'ils sont accompagnés d'une épithète, ou lorsqu'ils sont pris dans un sens figuré. Exemple :

Il gran Pompejo, il buono Mithridate, *l'eloquente Cicerone.* Le grand Pompée, le bon Mithridates, l'éloquent Cicéron.

Il Cesare, il Tiberio, etc. pour désigner les portraits de César, de Tibère, etc. par tel ou tel peintre.

Il Virgilio, l'Aretino, il Dante, etc. pour indiquer telle édition de Virgile, d Aretin, de Dante, etc.

VIII. Les noms de dignités et de professions prennent l'Article, comme en français, lorsqu'ils précèdent les noms propres. Exemple :

Il principe Giuseppe, le prince Joseph.
Il duca N., le duc N. — *Il conte H,* le comte H.
L'avocato Goldoni, l'avocat Goldoni ; *l'abbate Antonini,* l'abbé Antonini, etc. etc.

Il ne faut excepter que le mot *papa*, pape, parce qu'il est seul de son espèce. Exemple : *Papa Clemente, papa Innocenzio, papa Sisto* ; le pape Clément, Innocent, Siste, etc. etc.

Ces mêmes noms perdent l'Article lorsqu'ils sont précédés des mots *signore* et *signora*, monsieur et madame.

E X E M P L E S :

Signor presidente,	M.	*le* président.
Signor avocato,	M.	*l'* avocat.
Signora duchezza,	Mad.	*la* duchesse.
Signora contessa,	Mad.	*la* comtesse.
Signori amministratori,	MM.	*les* administrateurs.
Signori giudici,	MM.	*les* juges.

On dit aussi avec l'article, devant le mot *signore :*

Il signor direttore, i signori commissarj, etc. ce qui répond aux expressions françaises : le citoyen directeur, les citoyens commissaires, etc. etc.

IX. Les combinaisons DU, DE LA, DES, que les Grammairiens français ont distinguées sous le nom d'*articles par-*

titifs, ne s'expriment point en italien dans les circonstances suivantes : SAVOIR,

1°. Lorsque les substantifs sont précédés d'un verbe, comme :

Date e mi pane, carne, vino danaro, vi servirò ; donnez-moi du pain, de la viande, de l'argent, je vous servirai.

Volete-bezzi o roba ? Voulez-vous de l'argent ou des marchandises ?

Non mangio legumi, e non bevo aqua. Je ne mange point de légumes, et je ne bois point d'eau.

Si l'on disait : *della carne, del pane, del vino,* etc. ce ne serait plus de la viande, du pain, du vin, etc. dans un sens illimité, mais seulement une portion déterminée de ces denrées, d'après une quantité ou une qualité spécifiée ou sous-entendue.

2°. Lorsqu'ils sont précédés ou suivis d'adjectifs, comme : *Alessandro ha comprato bei cavalli ;* Alexandre a acheté de beaux chevaux.

Connosco persone onorate ; je connais des personnes honnêtes, etc.

3°. Lorsqu'ils sont précédés d'une particule ou d'une préposition, comme :

Con tobacco vino aquavita e donne, avec du tabac, du vin, de l'eau-de-vie et des femmes.

Conversare con dotti et savj ; converser avec des savans et des sages.

Operare da cattivi principj, agir sur de faux principes.

Questo è simile ad oro, a smalto, a marmo, ad alabastro, a diamante ; ceci ressemble à de l'or, à de l'émail, à du marbre, à de l'albâtre, à du diamant.

4°. Lorsqu'ils sont précédés des adverbes de quantité, soit qu'on puisse, ou non, les convertir en adjectifs (1), comme :

Assai ou *Molto denaro,*	Beaucoup d'argent.
Tropp'ambizione,	Trop d'ambition.
Meno cerimonie,	Moins de façons.
Meno fatica,	Moins de fatigue.
Più favole,	Plus de sornettes.
Tanta pena,	Tant de peines.
Tanti ladri,	Tant de voleurs.
Quanto tempo,	Combien de temps.
Quante volte,	Combien de fois.
Tanti ducati quanti,	Autant de ducats que de
zecchini,	séquins.

____

(1) V. à cet égard ce que nous avons dit page 63 de la 1re. partie.

(80)

X. Lorsque les Articles indéfinis *de* ou *des* peuvent être représentés par le pronom indéterminé AUCUN, QUELQUE, QUELQU'UN, on est libre en italien de les supprimer, de les rendre à la lettre, ou de les traduire par *Alcuno* (1). Exemples :

Vi sono forestieri, ou dei, ou alcuni forestieri, i quali narrano cose, ou delle, ou alcune cose stupende, alle quali non è possibile di dar fede.

Il y a *des* étrangers qui racontent *des* choses merveilleuses, auxquelles il n'est pas possible d'ajouter foi.

Si redono donne ou delle, ou alcune donne molto belle, lequali fansi brutte, per troppo acconciarsi, on voit *de* très-jolies femmes se rendre laides à force de se parer.

XI. On se sert très-élégamment de l'Article devant l'infinitif des verbes, au lieu de la préposition *di.* Exemple :

È facile il criticare, ma difficile il fare ; il est facile *de* critiquer, mais difficile *de* faire.

È tedioso lo studiare, il est ennuyeux *d'*étudier.

Dans ces tournures, très-fréquentes en italien, l'infinitif du verbe se change en quelque sorte en nom substantif, comme en français le dîner, le souper, le boire, le manger, le dormir, etc. etc.

XII. Enfin, quel que soit le nombre des noms qui se succèdent dans une phrase, si le premier prend l'Article, il est indispensable de le donner à tous ceux qui le suivent. Exemple :

I fiori, i frondi, le erbe, le ombre, gli antri, le onde, i valli, i colli, la luna e le stelle sono perfettamente dipinti in questo quadro.

Les fleurs, les feuilles, les herbes, les ombres, les cavernes, les rivières, les vallons, les collines, la lune et les étoiles sont parfaitement peints dans ce tableau.

De même dans le sens contraire, si le premier nom n'a point l'Article, on ne le donnera point aux autres. Exemple :

In questo quadro si vedono campi, soldati, armi, cavalli, greggi, monti, fiumi, prati, alberi, etc. etc.

Dans ce tableau on voit *des* camps, *des* soldats, *des* armes, *des* chevaux, *des* troupeaux, *des* montagnes, *des* rivières, *des* prés, *des* arbres, etc. etc.

____

(1) Page 24 de la première Partie.

ARTICLE III.

(81)

ARTICLE III.

Elision des Articles.

LES voyelles qui ne se combinent point naturellement ensemble dans le même mot, ne peuvent se rencontrer accidentellement dans deux mots différens

Aa, *ao*, *au*, *ee*, *ii*, *ou*, *oi*, *oo* et *ou* sont des voyelles incompatibles qui ne forment jamais une diphtongue italienne.

Ae, *ai*, *ei*, *ia*, *ie*, *io*, *iu*, sont des voyelles compatibles qui se rencontrent fréquemment en état de combinaison dans un même mot.

L'incompatibilité des voyelles paraît être la base sur laquelle est fondée la doctrine des élisions. Ainsi *A* doit s'éliser devant *a*, *o* et *u* ; mais il peut subsister devant *e* et *i*.

E s'élisera devant *e*, non pas devant *i*.

I sera conservé devant les autres voyelles, excepté *i*.

O enfin disparaîtra devant toutes les voyelles de l'alphabet.

Cette règle, qu'on peut regarder comme fondamentale, est cependant sujette à quelques exceptions, relativement aux articles.

I. *Il*, article masculin, perd *i* après la lettre *e*, quoique la rencontre de ces deux voyelles ne soit pas proscrite. Exemple :

È'l viver lieto, il est doux de vivre.

E'l piu garbato signore che si possa vedere, c'est le plus galant homme qu'on puisse voir.

Là do e'l padrone commanda, *bisogna che'l servitore ubbidisca*, où le maître ordonne, il faut que le serviteur obéisse.

Après *a*, comme : *quando commanda*, *'l capitano*, quand le capitaine commande, etc. *supra' l tutto* sur le tout.

Après *o*, conformément à la règle générale des incompatibilités. Exemple : *Passato' l fiume*, *passato' l pericolo*, le fleuve passé, le danger est passé, etc. mais si l'o qui entraîne l'élision de l'*i* est accentué, l'article doit rester dans son entier. Ainsi l'on dira : *pas o' l fiume*, pour exprimer je passe la rivière, et *passò il fiume* pour exprimer il passa la rivière. — Dans ce dernier exemple, l'accent mis sur l'o décompose la combinaison *oi* ; ce n'est

L

plus une diphtongue , ce sont deux articulations parfaitement distinctes. D'ailleurs, en élisant *i*, l'on ne pourrait plus distinguer si le verbe *passo* est à la première personne du présent de l'indicatif, ou à la troisiéme du prétérit.

Après les prépositions *non* , *con* , *in* , *per* , on ne supprime pas seulement l'*i*, mais on retranche encore l'*n* et l'*r*. On dit et on écrit *no'l col* , *ne'l* , *pe'l* , *etc.* on peut même se dispenser de l'apostrophe.

II. Lo , autre article masculin , s'élise constamment devant toutes les voyelles. Exemple : *L'amore* , *l'eccellente* , *l'innocente* , *l'onore* , *l'ultimo* , et non pas *lo amore* , *lo eccelente* , *lo innocente* , *lo onore* , *lo ultimo* , etc. etc. l'amour, l'innocent, l'excellent, l'honneur, le dernier, etc. etc.

Cependant, lorsque le mot suivant commence par *im* ou par *in*, il y a des écrivains qni laissent subsister l'article en entier , et qui rejettent l'élision sur l'*i* initial du mot suivant. Exemple :

Lo'mpero pour *l'impero* , l'empire.

Lo'ngannatore pour *l'ingannatore* , le trompeur , etc.

Mais cet usage est proscrit par les bons auteurs, et il faut à cet égard observer la règle générale.

III. L'article féminin LA s'élise au singulier devant toutes les voyelles, soit qu'elles soient compatibles ou non. Cette règle est sans exception pour ce qui concerne les noms substantifs ; mais elle ne l'est pas relativement aux adjectifs.

Par exemple , tous les adjectifs terminés en *e* sont à-la-fois masculins et féminins (1). Si ces adjectifs commencent par la lettre *i*, il sera impossible , en élisant l'article, de distinguer à quel genre ils sont ; car cette expression *l'innocente* signifiera également l'innocent et l'innocente. Or , le genre du mot *innocente* ne pouvant être précisé que par l'article qno'n y adapte, on doit préférer l'élision de l'*o* à celle de l'*a*, parce que *oi* est incompatible et *ai* ne l'est pas. On dira donc au masculin *l'innocente* et non pas *lo innocente*, et au féminin *la innocente* , au lieu de *l'innocente*.

Cette exception ne peut avoir lieu au plurier , puisque *gli* désigne le masculin , et *le* le féminin.

____

(1) Voyez ci-devant page 5.

IV. La lettre *I* ayant une affinité particulière avec les quatre autres voyelles de l'alphabet, il s'ensuit que l'article masculin *gli* ne s'élise jamais que devant *i*. On dira donc sans élision *gli amori*, *gli eretici*, *gli odori*, *gli uomini*, etc. mais on dira avec l'élision *gl'imperadori*, *gl'instanti*, *gl'imperj*, *gl'ingannatori*, etc. et non pas *gli'mperadori*, *gli'nstanti*, *gli'mperj*, *gli'ngannatori*, par la raison qu'on ne dit plus au singulier *lo'mperadore*, *lo'nstante*, etc. (Voyez ci-dessus, règle 2.)

V. Après les prépositions *con*, *in* et *per*, les articles se combinent de la manière suivante :

Con lo, et non pas *collo*, quand le mot suivant commence par une *S* suivie d'une autre consonne. Exemple :

Con lo scuolare, *con lo studio*, etc. avec l'écolier, avec l'étude : au plurier, *cogli*, etc.

Coll' et non pas *con lo* ou *con la* quand le mot commence par une voyelle. Exemple : *coll' amico*, avec l'ami ; *coll' amica*, avec l'amie ; *colle amiche*, avec les amies, parce que *la* ne s'élise point au plurier. (Voyez page 2.)

Nello, *nella*, *negli*, *nelle*, dans le, dans la, dans les, sauf l'élision, suivant les règles précédentes :

Per lo, *per la*, *per gli*, *per le*, par le, par la, par les ; et non pas *pello*, *pelli*, *pella*, *pelle*. Ces expressions triviales seraient tout au plus supportables dans la bouche de certains personnages de comédie, pour rendre la scène ridicule ou burlesque.

CHAPITRE II.

De l'Adjectif.

I. L'ADJECTIF s'accorde en genre et en nombre avec le nom auquel il se rapporte. Exemple :

L'uomo savio, l'homme sage ; *gli uomini savj*, les hommes sages.

La donna gelosa, la femme jalouse ; *le donne gelose*, les femmes jalouses.

Si le substantif est sous-entendu, l'Adjectif prend l'article, le genre et le nombre que le nom aurait eu, s'il eût été exprimé ; conséquemment on dira : *il savio*, le sage ; *i savj*, les sages ; *la gelosa*, la jalouse ; *le gelose*, les jalouses, etc. etc.

(84)

Dans ces circonstances, et autres semblables, les règles qui concernent les noms, dans le chapitre précédent, doivent être communes aux Adjectifs ; car l'Adjectif est un nom.

II. Lorsque l'Adjectif est commun à deux ou plusieurs substantifs de différens nombres, il s'accorde toujours avec le dernier. Exemple :

Gli occhj e la bocca aperta, les yeux et la bouche ouverte.

La bocca e gli occhj apertj, la bouche et les yeux ouverts.

Cette règle est sans exception dans les cas où les substantifs sont immédiatement suivis de leurs Adjectifs ; mais s'ils en sont séparés, le genre masculin l'emporte, et l'Adjectif doit être au plurier. Exemple :

L'oro, l'argento, i diamanti, le gioje, le perle, le pietre preziose, stavano sparsi nella camera, etc. l'or, l'argent, les diamans, les bijoux, les perles, les pierres précieuses, étaient épars dans la chambre, etc.

III. Souvent lorsque plusieurs noms sont séparés de leur Adjectif commun par un des temps simples ou composés du verbe *essere* être, le bon goût exige qu'on les résume en un seul mot avec lequel on fait accorder l'adjectif. Exemple :

La bellezza, la gioventù, gli onori, la gloria, la rinomanza, l distinzio.   le dignità sono COSE incerte e caduche, la beauté, la jeunesse, les honneurs, la gloire, la renommée, les distinctions et les dignités sont *des choses* incertaines et périssables.

IV. Il est assez indifférent de placer les Adjectifs italiens avant ou après leurs substantifs ; cependant le génie de la Langue semble exiger que le substantif les suive. Il faut à cet égard consulter l'oreille et l'usage.

Lorsqu'on fera précéder les Adjectifs, on observera s'il existe entre eux une certaine analogie, ou si au contraire leur signification est incompatible. Dans le premier cas, l'article onné au premier Adjectif servira pour tous les autres, sans qu'il soit nécessaire de le répéter ; dans le second, on répétera l'article à chaque Adjectif. Exemples :

I vasti, sani ed arditi concetti, les conceptions vastes, saines et hardies.

(85)

I grandi e di piccoli personnaggi, les grands et *les* petits personnages.

Gli antichi ed i moderni popoli, les peuples anciens et modernes.

Dans la première phrase, il y a analogie entre les Adjectifs, car la hardiesse et la grandeur des idées n'empêchent pas qu'elles ne soient sainement conçues ; dans l'autre, au contraire, il y a incompatibilité, parce qu'on ne peut être à-la-fois ancien et moderne.

V. Lorsqu'un nom est accompagné de son article, on ne le répète point devant le superlatif qui s'y rapporte. Exemple :

Quel magistrato è l'uomo più giusto che si possa vedere ; ce magistrat est l'homme *le* plus juste qu'on puisse voir, (et non pas *il più.*)

Le donne-più amabili non sono senza diffetti, les femmes *les* plus aimables ne sont pas exemptes de défauts, (et non pas *le più.*)

VI. Les Italiens parlent rarement à la seconde personne. Ils substituent aux pronoms personnels *tu* et *voi* le mot *vossignoria*, syncope de *vostra signoria*, votre seigneurie. Au pluriel ils disent *le signorie loro*, leurs seigneuries ; ou bien simplement au singulier *ella*, et au pluriel *elle*. Dans ce cas, ils font accorder l'Adjectif en nombre seulement avec le mot qui exprime le titre, et en genre avec le nom sous entendu de la personne à qui ils parlent. Exemple :

Masc.   *Vossignoria, ou ella e troppo generoso ,* vous êtes trop généreux ; *et au pluriel, le signorie loro, ou elle son troppo generosi.*

Fem.   *V. S. ou ella e troppo generosa ,* vous êtes trop généreuse ; *et au pluriel, le signorie loro, ou elle son troppo generose ,* vous êtes trop généreuses.

On pourrait à toute rigueur faire accorder l'Adjectif avec le titre seulement au pluriel, et dire, pour les deux genres, *le signorie loro son troppo generose ,* vous êtes trop généreux *ou* généreuses ; mais cette licence ne peut s'étendre aux Adjectifs de nation et de pays, et l'on dira toujours au masculin, *le signorie loro sono Italiani, Francesi, Tedeschi,* etc. etc. vous êtes Italiens, Français, Allemands, etc.

et au féminin *Italiane, Tedesche, Spagnole*, etc. Italiennes, Allemandes, Espagnoles, etc. etc.

Si l'Adjectif relatif au titre est de la nature de ceux appelés verbaux, participes ou dérivés des verbes, il s'accordera toujours avec le mot qui exprime le titre, sans avoir aucun égard au sexe de la personne. Exemple :

Sing. *V. S. è venuta a tempo*, vous êtes venu *ou* venue à propos.

Plur. *Le signorie loro sono venute a posto*, vous êtes venus *ou* venués à point, etc.

On dit aussi : *vostra altezza, eccellenza, eminenza*, etc. mais ces expressions, et autres flagorneries de ce genre, ne forment point d'exception à la règle qu'on vient de lire.

VII. Les Adjectifs de dimension suivis de DE en français, rejettent en italien cette particule. Exemple :

Atto-tre piedi, largo-due, longo-sei, profondo-quattro, etc. haut *de* trois pieds, large *de* deux, long *de* six, profond *de* quatre, etc.

Ces Adjectifs s'emploient souvent au lieu de leurs substantifs. On dit : *l'alto delle mura*, la hauteur des murailles, pour *altezza* — *il caldo del sole*, la chaleur du soleil ; pour *il calore*, etc.

VIII. L'Adjectif de nombre *uno, una*, un, une, n'a point de plurier, en tant quil exprime un nombre cardinal ; le nom qui le suit reste toujours au singulier, quoiqu'en français il soit au plurier. Exemples :

Vinti uno cavallo, et non *cavalli*, vingt un-chevaux ; — *trenta uno scudo*, et non *scudi*, trente-un écus ; — *quaranta una, cinquanta una doppia*, quarante-une, cinquante-une pistoles, et non pas *doppie*.

Ce même Adjectif ne s'exprime point dans les circonstances où il peut être aisément sous-entendu ; c'est-à-dire, lorsque sa présence n'est quexplétive en français, et nullement nécessaire à l'intelligence de la phrase. Exemples :

Quello è uomo da bene, celui-là est *un* homme de bien.

Questo è uomo da cattivi costumi, celui-ci est *un* homme de mauvaises mœurs.

Fatelo d'altra maniera, faites le *d'une* autre manière.

E banchiere, orologiajo, sartore, maniscaldo, legnajuolo,

fornajo , *intagliatore* , *vetrajo* , *facchino* , etc. c'est *un* banquier, *un* horloger, *un* maréchal , *un* tailleur, *un* menuisier, *un* boulanger , *un* graveur , *un* vitrier, *un* portefaix, etc. etc.

On sent que dans ces phrases, et autres semblables, le mot ʊɴ n'exprime aucun nombre ; il serait une rédondance inutile, puisqu'un homme ne peut être deux banquiers, deux horlogers, etc. etc.

Dans cette phrase, au contraire :

Vi stavanoo, un beccajo, una comare, due ricamatori, tre celderaj, quattro pasticieri, un tintore, e dun mulattiere, etc. Il y avait *un* boucher, *une* sage-femme, *deux* brodeurs, *quatre* patissiers, *un* teinturier et *deux* muletiers. Le mot *un* devient nécessaire pour indiquer le nombre des individus dont il est question, conséquemment on ne peut se dispenser de l'exprimer.

IX. Les nombres cardinaux prennent élégamment une forme adjective dans les expressions suivantes :

Sono due le spezie dei nomi , *cinque quelle dei pronomi, tre quelle dei verbi*, etc. mot à mot, les espèces *des* noms sont deux, celles *des* pronoms cinq, et celles *des* verbes trois, — au lieu de , — *ci sono due spezie di nomi* , *cinque di pronomi e tre di verbi*. — Il y a trois espèces de noms, cinq de pronoms et trois de verbes.

Cette manière est préférable à la tournure française ; elle est en même temps plus conforme au génie de la Langue italienne, qui ne permet pas que l'on exprime *Y* l'orsqu'il n'est pas question de lieu. Voyez ce qui a été dit à ce sujet, page 52 de la première Partie.

X. En matière de comparaison les Italiens expriment le *que* français par *di* , lorsque la comparaison se fait entre deux noms, ou entre deux pronoms, et par *che* quand elle a lieu entre deux Adjectifs, entre deux adverbes, ou entre deux verbes. (Voyez ci-devant page 16.) Mais il arrive souvent en français que la comparaison paraît se faire entre un nom et un verbe, tandis que réellement elle se fait entre un nom et un pronom sous-entendu.

Par exemple dans cette phrase : vous m'avez rendu un meilleur service *que* je n'espérais, il est évident que la comparaison du service dont il s'agit, porte sur un service que je n'attendais pas, et que la phrase ne dit rien autre chose, sinon que le service rendu est meilleur que *celui* que j'espérais : donc la comparaison est réellement faite avec le pronom *celui* non exprimé, mais sous-entendu, et non pas avec le verbe *espérer*. Il faut, dans ces sortes de phrases, rétablir en italien le pronom supprimé en français, et dire : *V. S. m'ha fatto un migliore servizio di quello non isperava*, mot à mot, vous m'avez rendu un service meilleur que celui *que* j'attendais. (1) Si l'on disait *che non isperava*, la phrase présenterait une idée toute différente ; le *che* étant un pronom relatif, la traduction littérale serait : *vous m'avez rendu un meilleur service lequel je n'attendais pas*. Alors la comparaison n'existerait plus.

XI. Enfin les phrases comparatives suivantes ont la même construction en italien qu'en français.

Più un idropico beve, più à sete.
Plus un hydropique boit, plus il a soif.
Più studio, meno imparo.
Plus j'étudie, moins j'apprends.

Le donne sono tanto più amabili, quanto affettano meno di comparirle. (2)

Les femmes sont d'autant plus aimables qu'elles affectent moins de le paraître.

Convengono tanto meno ad una bella donna gli ornamenti, che non possono se non oscurare la sua bellezza, ed i suoi vezzi naturali :

La parure convient d'autant moins à une jolie femme, qu'elle ne peut que ternir sa beauté et ses charmes naturels.

---

(1) On verra dans le chapitre suivant pourquoi le QUE n'est point exprimé après *quello*, et pourquoi l'on emploie la négation *non*. Quant à *isperava*, au lieu de *sperava*, c'est une suite de l'observation 4 page 11.

(2) C'est-à-dire *di comparire tali*, de paraître telles ; ici le pronom *le* est au pluriel féminin : en français, il est indéclinable : nous donnerons en son lieu la raison de cette différence.

CHAPITRE III

CHAPITRE III.

De la construction des Pronoms.

ARTICLE Ier.

Des Pronoms personnels.

1º. Les Italiens ne s'en servent que quand leur présence est absolument indispensable pour l'intelligence du discours. (*Voy.* p. 28 et 56.)

Ceux de la troisième personne ne s'expriment jamais dans les phrases interrogatives, lorsque le verbe est accompagné d'un nom. — Ainsi au lieu de dire, comme en français :

Mon père est-*il* de retour ? Votre sœur est-*elle* malade ? — Les ennemis sont-*ils* nombreux ? — Les armées sont-*elles* en présence ? et autres phrases semblables, — on dira sans pronoms :

È tornato mio padre ? — È ammaláta vostra sorella ? — Sono numerosi i nemici ? — Sono in presenza gli eserciti ? etc. etc.

On pourrait même employer la forme affirmative avec le simple signe interrogatif, et dire : *I nemici sono numerosi ? — Gli eserciti sono in presenza ?* etc.

2º. Quoique le verbe c'EST, impersonnel en français, soit personnel en italien, et que, sous ce rapport, il doive être accompagné des pronoms nominatifs *io*, *tu*, *egli*, etc. (*voy.* p. 51) on peut néanmoins lui adapter à la troisième personne *lui*, *lei* et *loro*.

EXEMPLES :

È lui ou *egli*.	C'est lui.
È lei ou *ella*.	C'est elle.
Sono loro ou *essi*.	C'est *ou* ce sont eux.
Sono loro ou *esse*.	C'est *ou* ce sont elles.

3º. Quand on emploie ce verbe en français pour répondre à une question, on peut le supprimer en italien, et répondre simplement par le pronom. On pourra se servir à la troisième personne de *lui*, *lei*, *loro*, ou bien

M

leur substituer *colui*, *colei*, *costui*, *costei*, *coloro* et *costoro*, suivant les circonstances indiquées page 23.

E X E M P L E S :

Q. *Chi batte ?*	Qui est-ce qui frappe ?
R. *Io*, *tu*, *noi*, *voi*, *etc.*	C'est moi, c'est toi, c'est nous, c'est vous, etc.
Chi ha fatto questo?	Qui est-ce qui a fait cela ?
Lui, *colui*, *costui*.	C'est lui.
Lei, *colei*, *costei*.	C'est elle.
Loro, *coloro*, *costoro*.	C'est *ou* ce sont eux *ou* elles.

4°. Si les Pronoms personnels précédés du verbe c'est sont suivis du relatif QUI ou QUE, on les exprimera par *quello*.

E X E M P L E S :

Sono quello *che*.	C'est *moi* qui *ou* que.
Sei quella *che*.	C'est *toi* qui *ou* que.
E quello *che*.	C'est *lui* qui *ou* que.
E quella *che*.	C'est *elle* qui *ou* que.
Siamo, *sete*, *sono*, quelli *ou* quelle *che*.	C'est nous, c'est vous, c'est *ou* ce sont eux *ou* elles qui *ou* que.

5°. Dans les cas obliques, on n'exprimera ni le verbe, ni *quello*, ni le relatif *che*; mais on prendra la tournure suivante :

A me tocca ou *toccami di parlare*.	C'est à moi qu'il appartient de parler.
A voi bisogna volgersi.	C'est à vous qu'il faut s'adresser.
A noi ed a loro si manderanno le mercanzie,	C'est à eux et à nous qu'on enverra les marchandises.
A voi si farà il pagamento.	C'est à vous qu'on fera le paiement.

6°. Les Pronoms de la troisième personne lui, elle, eux et elles, suivis du mot *même*, se traduisent ainsi :

E desso.	C'est lui-même.
E dessa.	C'est elle-même.
Sono dessi.	Ce sont eux-mêmes.
Sono desse.	Ce sont elles-mêmes.

7º. Lorsqu'ils suivent un verbe précédé en français du mot SE, il ne faut point exprimer le SE, mais traduire simplement les Pronoms, comme il a été indiqué page 20.

E X E M P L E S :

Il savio basta a se flesso.   Le sage *se* suffit à lui-même.
Et non pas *si basta*.

Non conviene ad una bella donna di lodare se stessa.   Il ne convient pas à une jolie femme de *se* louer elle-même.
Et non pas *lodarsi*.

I furbi spesso ingannano se stessi, nel voler ingannare gli altri.   Les fripons *se* trompent souvent eux-mêmes, en voulant tromper les autres.
Et non pas *s'ingannano*.

8º. Mais si le verbe n'est point précédé de SE ; s'il se présente sous une forme active, soit que le terme de son action soit exprimé ou sous-entendu, les pronoms qui sont au nominatif en français prendront en italien le signe de l'ablatif.

E X E M P L E S :

Vale meglio operare da se stesso, che di fidarsi ad altrui.   Il vaut mieux agir soi-même que de se fier à autrui.

Le Amazoni reggevano da se stesse i loro stati.   Les Amazones gouvernaient elles-mêmes leurs états. (1)

9º. Le Pronom conjonctif masculin LE se remplace élégamment à l'accusatif singulier par *l'*article IL, lorsque le verbe commence par une consonne simple, comme :

Il vedo, je le vois. — *Il farò,* je le ferai. — *Il vogliamo,* nous le voulons, etc. etc.

Mais si le verbe commence par une voyelle, ou par une *S* suivie d'une consonne, on suivra la règle générale des articles ; car en français comme en italien, les Pronoms conjonctifs ne sont autre chose que les articles employés sous une forme pronominale. (*Voy.* p. 56 et suiv.)

---

(1) Dans ces exemples, le pronom n'exprime qu'un rapport intermédiaire entre le principe et le terme des verbes agir et gouverner. On ne pourrait tout au plus le considérer que comme un supplément de nominatif, mais non pas comme un accusatif ; car il serait absurde de dire qu'un Pronom réfléchi ou réciproque est le terme d'un verbe qui n'est ni réfléchi ni réciproque.

M 2

Article II.

Des Pronoms possessifs.

1°. Les Français en distinguent deux espèces. Savoir, les Absolus, comme mon, ma, mes, etc., et les Relatifs, comme le mien, la mienne, les miens, etc. Ces derniers sont les seuls qui prennent l'article. Les Italiens n'en reconnaissent qu'une espèce, qu'ils accompagnent toujours de l'article. (*Voyez page 21.*)

Exemples :

Ditemi il vostro parere, vi dirò il mio.	Dites-moi *votre* sentiment, je vous dirai *le mien.*
O venduto il mio cavallo; avete ancora il vostro?	J'ai vendu *mon* cheval, avez-vous encore *le vôtre ?*
Mi piace più la mia che la casa loro.	Ma maison me plaît plus que *la leur.*
Non vorrei barattare i miei co'i suoi libri.	Je ne voudrais pas troquer mes livres contre *les siens.*

2°. Souvent après le verbe Être, ces Pronoms se trouvent remplacés en français par les pronoms personnels, accompagnés du signe du datif. Ce remplacement ne se fait point en italien ; mais dans ces circonstances on se sert des Pronoms possessifs adjectivement et sans article.

Exemples :

Questo capello è mio.	Ce chapeau est *à moi.*
Queste bagatelle sono vostre.	Ces bagatelles sont *à vous.*
Vorrei che fossero mie.	Je voudrais qu'elles fussent *à moi.*

3°. Pour exprimer un de mes, un de tes, etc., on dit avec les mêmes pronoms, toujours adjectivement et sans article :

Un mio *amico.*	Un *de mes* amis.
Una tua *sorella.*	Une *de vos* sœurs.
Un suo *staffiere.*	Un *de ses* domestiques.
Un nostro *compagno.*	Un *de nos* camarades.
Una vostra *chiave.*	Une *de vos* clefs.
Una loro *tavola.*	Une *de leurs* tables.

Dans ces exemples, les Pronoms français sont absolus ;

(93)

s'ils étaient relatifs, il faudrait les traduire à la lettre et dire : *Un dei miei, dei tuoi, dei suoi, delle nostre,* etc.

Plusieurs Grammairiens prétendent qu'on doit se servir de la traduction littérale, lorsqu'il s'agit d'objets possédés en propriété, comme terres, maisons, meubles et autres effets.

4°. Les Pronoms possessifs perdent l'article au singulier lorsqu'ils précèdent immédiatement des noms de parenté, de dignité, etc. (*Voyez* page 21) mais s'ils suivent ces noms, ou s'ils en sont séparés par un mot quelconque, on ne peut se dispenser de leur donner l'article. — On dira donc :

Il *bisavolo nostro.*	Notre bisaïeul.
Il *vostro signor zio.*	M. votre oncle.
Il *suo riverito padre.*	Son respectable père.
La *loro onorata madre*, etc.	Leur honorable mère. (1)

5°. Ces mêmes Pronoms perdent encore l'article, lorsqu'ils sont adaptés à des noms qui le rejettent. Ces circonstances ont été indiquées page 76.

E X E M P L E S :

Vado in camera mia.	Je vais dans ma chambre.
Esco di casa vostra.	Je sors de chez vous.
Ne ha in bottega sua.	Il en a dans sa boutique.
Facciamo a modo nostro, e non a gusto loro, etc.	Faisons à notre guise, et non pas à leur goût, etc.

6°. Quand les Pronoms possessifs peuvent aisément être sous-entendus, on se dispense de les exprimer.

E X E M P L E S :

Sta sempre passeggiando co la moglie e coi figliuoli.	Il se promène toujours avec sa femme et ses enfans.
Mio fratello è imbrogliato col suocero.	Mon frère est brouillé avec son beau-père.
Quel giovine à venduto le gioje, i cavalli, la carozza ed i mobili, per pagare i suoi debiti.	Ce jeune homme a vendu ses bijoux, ses chevaux, son carrosse et ses meubles pour payer ses dettes.
Levate il capello.	Otez votre chapeau.
Mi hanno rubato la scatola ed il fazzoletto.	Ils m'ont volé ma tabatière et mon mouchoir.

---

(1) Le peuple dit *padremò, madremà, fratelmò, mogliemà,* etc. pour *mio padre, mia madre, mio fratello, mia moglie* etc ; mais ces expressions sont du langage trivial et burlesque.

ARTICLE III.

Des Pronoms relatifs.

1°. CHE, Pronom relatif des deux genres et des deux nombres, doit toujours être préféré à son synonyme QUALE dans les cas directs. On l'applique également aux personnes, aux animaux et aux choses.

EXEMPLES:

L'uómo che *ragiona.*	L'homme *qui* raisonne.
La donna che *attende al governo di casa sua.*	La femme *qui* prend soin de son ménage.
I cavalli che *vanno di galoppo.*	Les chevaux *qui* galoppent.
Le terre che *sono fertili di grano.*	Les terres *qui* sont fertiles en grains.
Il danaro che *ho speso.*	L'argent *que* j'ai dépensé.
La persona che *avete veduta.*	La personne *que* vous avez vue.
I libri che *leggete.*	Les livres *que* vous lisez.
Le lettere che *hanno ricevute.*	Les lettres *qu'*ils ont reçues.

2°. Dans les cas obliques on se sert de *cui* ou de *quale*, de la manière suivante :

EXEMPLES:

La casa di cui, *ou* della quale *ò fatto acquisto.*	La maison *dont* ou *de laquelle* j'ai fait acquisition.
Le scienze alle quali *io applico.*	Les sciences *auxquelles* je m'applique.
Queste sono vivande dalle quali *un uomo prudente deve astenersi.*	Ce sont des viandes *dont* un homme prudent doit s'abstenir.

3°. CUI s'emploie rarement au datif, mais on peut en faire usage à l'ablatif, lorsque l'on parle des personnes.

EXEMPLES:

Gli eroi da cui *egli trae la sua origine.*	Les héros *dont* il tire son origine.

Voyez ce que nous avons dit relativement à la construction de ce Pronom, page 22.

(95)

4°. Le même Pronom CUI s'emploie plus élégamment sans le signe du génitif qu'avec ce signe.

EXEMPLES:

Allessandro il cui *valore è abbastanza noto.* Alexandre, *dont* la valeur est assez connue.

La donna la cui aria *nobile e modi piacevoli*, etc. La femme, *dont* l'air noble et les manières agréables, etc.

5°. Le relatif CHE se retranche souvent à l'accusatif, pour donner plus de grace au discours. Exemple : — *La bontà ella ha avuto di mandar a cercarmi ;* la bonté *que* vous avez eue de m'envoyer chercher.

6°. On peut quelquefois employer QUALE sans l'article, sur-tout dans les cas directs. Exemple :

La persona quale *io connosco*, la personne *que* je connais, etc. Mais le plus souvent lorsqu'on l'emploie de cette manière, il signifie tel que. Exemple :*Il fatto è* quale *lo riferisco ;* le fait est *tel que* je le rapporte, etc,

7°. Lorsqu'il s'agit de résumer plusieurs objets de nombres, de genres et de qualités différentes, ou lorsque le nom que l'on veut relater est éloigné, on est obligé de se servir de *quale*, pour lever les ambiguités auxquelles l'indéclinabilité de *che* pourrait donner lieu.

Par exemple, dans cette phrase :

Ho comprato il ritratto di quella donna CHE *vi piace tanto*, on ne peut distinguer si le *che* se rapporte au mot *ritratto* ou au mot *donna*, parce que *che* étant des deux genres, peut être relatif à l'un et l'autre mot. — Si donc je veux exprimer que c'est le portrait qui plaît, je dirai :

Ho comprato il ritratto di quella donna, il quale *vi piace tanto ;* j'ai acheté le portrait de cette femme, *lequel* vous plaît tant. — Et si je veux exprimer que c'est la femme qui plaît, je dirai :.... laquale *vi piace tanto....* laquelle vous plaît tant.

8°. Enfin, *che* et *quale* ne sont pas toujours relatifs. On les emploie fréquemment comme interrogatifs et absolus. Sous ces nouveaux rapports, ils signifient QUE, QUOI, QUEL, QUELLE, QUELS, QUELLES. — *Chi* signifie toujours QUI. Il n'est jamais relatif en italien. (*V.* page 22 de la première Partie.)

EXEMPLES :

Io non so chi siete, *ne meno di chi mi parlate.*	Je ne sais *qui vous êtes*, ni *de qui vous me parlez.*
Chi siete voi ?	*Qui êtes-vous ?*
A chi deggio domandare consiglio ?	*A qui dois-je demander conseil ?*
Da chi tenete voi questa roba ?	*De qui tenez-vous cette marchandise ?*
Vorrei sapere di che si tratta.	Je voudrais savoir *de quoi il s'agit ?*
Non sa a che partito appigliarsi.	Il ne sait *à quel parti s'arrêter.*
Non sappiamo che fare, ne meno che donna sia colei che ci scrive.	Nous ne savons *que faire*, ni *quelle* est la femme qui nous écrit.
Che pretendete voi ?	*Que prétendez-vous ?*
A che pensano ?	*A quoi pensent-ils ?*
Che ora è ?	*Quelle heure est-il ?*
Di che discorrete ?	*De quoi vous entretenez-vous ?*
Di qual popolo leggete voi l'istoria ?	*De quel peuple lisez-vous l'histoire ?*
Quale dei due fratelli avete trovata a casa ?	*Lequel des deux frères avez-vous trouvé à la maison ?*
A quale avete voi parlato ?	*Auquel avez-vous parlé ?*

ARTICLE IV.

Des Pronoms indicatifs.

1º. QUELLO, Pronom indicatif des objets éloignés, s'emploie souvent au lieu des articles devant les Pronoms possessifs et les noms substantifs.

EXEMPLES :

Con quelle vostre promesse, non mi lusingherete mai.	Avec vos promesses, vous ne me séduirez pas.
Egli mi ha fatto quel piacere ch'è usato di fare a chiunque lo sente.	Il m'a fait le plaisir qu'il est en possession de faire à tous ceux qui l'entendent.
Quell' onore che si recca dalle buone azioni l'horecato io.	J'ai recueilli l'honneur que produisent les bonnes actions.

2º. Sa

2°. Sa ressemblance avec les articles est telle, qu'il perd sa dernière syllabe lorsque le nom qui le suit commence par une consonne. Il représente alors l'article *il*, et son plurier est *quei* ou *que'*.

ExEMPLES:

Quel avvocato che mi ha difeso.	L'homme de loi qui m'a défendu.
Quei ou que' giudici che m'hanno giudicato.	Les juges qui m'ont jugé.

Si le nom commence par une *S* suivie d'une consonne, le Pronom reste entier ; alors il prend la place de l'article *lo*, et son plurier est *quegli*, rarement *quei*, et jamais *quelli*.

ExEMPLES:

Quello specchio che ho comprato non vale niente.	Le miroir que j'ai acheté ne vaut rien.
Quegli scuolari che vanno sempre giocando non imparano mai.	Les écoliers qui ne font que jouer, n'apprennent jamais rien.

Si le nom commence par une voyelle, il y aura élision, comme cela se pratique, relativement aux articles *lo* et *la* ; mais l'élision n'aura pas lieu au plurier féminin.

ExEMPLES:

Quell' amore che nasce subitò, presto svanisce.	L'amour qui naît promptement se passe de même.
Quell' amicizia che vi porto è sincera, etc.	L'amitié que je vous porte est sincère.

En un mot, toutes les règles qui concernent les articles sont communes au Pronom *quello* lorsqu'il les remplace. (*Voyez* page 2 de la première Partie, et page 82 de la seconde).

3°. *Questo* et *codesto* indicatifs des objets présens ou rapprochés, ont aussi quelque rapport avec les articles. On s'en sert quelquefois comme de *quello*, mais seulement devant les Pronoms possessifs.

ExEMPLES:

Con queste sue belle parole, potrebbe facilmente ingannarvi.	Avec ses belles paroles, il pourrait facilement vous tromper.
Non mi piacciono codeste vostre maniere.	Vos manières ne me plaisent point.

N

(98)

4o. *Quello* signifie encore CELUI QUI, CELUI QUE, etc. etc.

EXEMPLES:

Quello *ou* quella *ch'io aspet-*   Celui *ou* celle que j'atten-
tava, etc.   dais, etc.
Quei *ou* quelle *che se n'in-*   Ceux *ou* celles qui s'y con-
tendono, etc.   naissent, etc.

5°. *Quello* signifie aussi celui-là, et *questo* celui-ci. On se sert de l'un et de l'autre en ce sens au nominatif, à l'accusatif et aux cas obliques.

On dit également au singulier, mais seulement au nominatif, et jamais aux autres cas, *quelli*, *quegli*, *quei* et *que'* au lieu de *quello* et *quella*, et *questi* au lieu de *questo* et *questa*, pour exprimer celui ou celle-là, celui ou celle-ci.

EXEMPLES:

Quegli *dice di si*, questi *dice*   Celui-là dit oui, et *celui-ci*
di no.   dit non.
Quei *ride*, questi *piange.*   Celui-là rit, *celui-ci* pleure.
Que' *parte*, questi *viene.*   Celui-là part, *celui-ci* vient.

Si l'on parlait à l'accusatif, il faudrait se servir de *quello* et de *questo*, ou bien, leur substituer *colui* et *costui*.

EXEMPLES:

Amo quello *ou* colui.   J'aime *celui-là.*
Riverisco questo *ou* costui.   Je respecte *celui-ci.*

En un mot, *colui, colei, costui, costei, coloro* et *costoro*, admettent tous les signes des cas, et *quegli, quei, que'* et *questi* employés au singulier, n'en admettent aucun.

6°. *Questo* perd quelquefois sa première syllabe dans le style familier. On dit : *Sta matina, stasera, stanotte*, etc. au lieu de *questa matina*, etc. ce matin, ce soir, cette nuit, etc. Mais, dans ces circonstances, le Pronom et le nom doivent se confondre de manière à ne former qu'un seul et même mot.

7°. *Ciò*, ce, ceci, cela, est moins un Pronom qu'une espèce de substantif particulier sans genre et sans nombre. Il peut régir un verbe ou en être régi à tous les cas; mais jamais il ne peut être accompagné d'un nom. Exemples :

Ciò è, cela est. — *Ciò è a dire*, c'est-à-dire. — *Sono stato informato di ciò.* J'ai été informé de cela, etc.

On dira bien : *ciò è vero , ciò è giusto* ; cela est vrai, ceci est juste , etc. parce que *vero* et *giusto* sont des adjectifs ; mais on ne dira pas : *ciò è il modo* , c'est la manière, etc. parce que *modo* est un nom.

ARTICLE V.

Des Pronoms indéterminés.

1°. Parmi les Pronoms de cette classe, il y en a qui figurent dans le discours sans être accollés aux substantifs , tels que quiconque, quelqu'un, chacun, autrui, personne, etc. Ces Pronoms se traduisent en italien de la manière suivante :

Gli adulatori vivono a spese di chiunque li vuole ascoltare.
Les flatteurs vivent aux dépens de *quiconque* veut les écouter.

E venuto qualcheduno ?
Est-il venu *quelqu'un* ?

Avete veduto alcuno de' nostri amici ?
Avez-vous vu *quelqu'un* de nos amis ?

Ciascuno siegue la sua inclinazione.
Chacun suit son inclination.

Bisogna rendere ad ognuno il debito.
Il faut rendre à *chacun* ce qui lui est dû.

È duro il dipendere da altrui.
Il est dur de dépendre d'*autrui.*

Non fare (1) *ad altrui quel che non vorresti che ti fosse fatto.*
Ne fais pas à *autrui* ce que tu ne voudrais pas qu'on te fît.

Nissuno vi vuole quel bene ch'io vi voglio.
Personne ne vous aime autant que moi.

La superbia non ista bene a nissuno.
La fierté ne sied à personne.

2°. Il y en a d'autres qui ressemblent en quelque sorte à des adjectifs, parce qu'ils sont inséparables des substantifs : comme, quelque, chaque, certain, etc.

EXEMPLES :

M'avete promesso qualche cosa.
Vous m'avez promis *quelque* chose.

____

(1) On verra dans la suite pourquoi *fare* au lieu de *fa.*

Alcuni *filosofi hanno scrito,* etc. (1).

Quelques philosophes ont écrit, etc.

Ogni *ou* ciascuna *lingua a le sue difficoltà.*

Chaque langue a ses difficultés.

Ciascun *paese ha le sue usanze*

Chaque pays a ses usages.

Un certo *dottore ha detto.*

Un *certain* docteur a dit.

Si vedono alcune *ou* certe *persone,* etc.

On voit de *certaines* personnes, etc.

3°. D'autres, tels que nul, aucun, pas un autre, l'un et l'autre, même, tel, plusieurs, etc. sont tantôt seuls et tantôt accompagnés d'un nom.

E X E M P L E S :

Nissuno, *ou* nissun *uomo è infaillibile.*

Nul ou *aucun* homme n'est infaillible.

Nissuno *può lusingarsi di esserle grato.*

Aucun ou *personne* ne peut se flatter de lui plaire.

Nissuno *ou* niuno *dei giudici gli è stato contrario.*

Aucun ou *pas un* des juges ne lui a été contraire.

Non altro *si sarebbe diffeso come si è diffeso lui.*

Aucun autre ne se serait défendu comme il l'a fait.

L'uno e l'altro *riferiscono le medesime circostanze.*

L'un et l'autre rapportent les mêmes circonstances.

O sodisfatto a l'una e l'altra *objezione.*

J'ai satisfait à *l'une et l'autre* objection.

Il medesimo *sole illumina* tutte *le nazioni del mondo.*

C'est le *même* soleil qui éclaire *toutes* les nations du monde.

Tal *semina,* che *spesso non ricoglie.*

Tel sème, qui souvent ne récolte pas.

Tal *si vive,* tal *si muore.*

Telle vie *telle* mort.

Ogni *uomo è mortale.*

Tout homme est mortel.

Ognuno *lo sà.*

Tout le monde le sait.

Tutto *si scopre.*

Tout se découvre. (2)

Vi servirò *in* ogni *occorrenza.*

Je vous servirai en *toute* occasion.

Ogni *di —* ogni *decade —* ogni *sei mesi —* ogni *anno,* etc. etc.

Tous les jours, *toutes* les décades, *tous* les six mois, *tous* les ans, etc. etc.

---

(1) QUELQUE a une autre acception qui lui est particuliere, ainsi qu'on le verra a la fin de cet article.

(2) *Tout* a aussi une autre signification particuliere, que nous indiquerons ci-après, en traitant de *quelque.*

4°. Quelques Pronoms sont toujours accompagnés de la conjonction QUE; et c'est cette conjonction qui détermine leur signification.

E X E M P L E S :

Chicchèsià che domandi di me, ditegli che non ci sono.	*Qui que ce soit qui me demande, dites-lui que je n'y suis pas.*
Non bramo la sorte di chicchèsisia.	Je ne desire la fortune de *qui que ce soit.*
Non voglio udire a checchè-sia.	Je ne veux entendre parler de *quoique ce soit.*
Checchèsisia che vi abbia rittenuto.	*Quoique ce soit* qui vous ait retenu.

5°. QUELQUE, indéclinable en français quand il précède un adjectif suivi de QUE, est également indéclinable en italien. Il s'exprime par *per*, *perquanto* et *quantunque*. Exemples :

Per ricco, perquanto potente, quantunque celebrato un uomo sia, etc.

Quelque riche, quelque puissant, quelque célèbre qu'on soit, etc.

Per quanto belle, ou quantunque belle siano le vostre conquiste, non vi conduccono a nulla di felice.

Quelque belles que soient vos conquétes, elles ne vous mènent à rien d'heureux.

6°. Le même Pronom QUELQUE, déclinable en français quand il précède un substantif, se décline aussi en italien, lorsqu'on l'exprime par *per quanto*; mais si on le traduit par *qualunque* (1), il restera indéclinable, et le nom qui suit sera toujours au nombre singulier, quand bien même en français il serait au plurier. Exemples :

Per quante richezze, ou bien qualunque richezza (et non pas richezze) voi possediate, non sarete mai felici.

Quelques richesses que vous possédiez, vous ne serez jamais heureux.

Per quante spese, ou bien qualunque spesa (et jamais spese) eglino facciano, non ariveranno ai loro fini.

Quelque dépense, ou quelques dépenses qu'ils fassent, ils ne parviendront pas à leurs fins.

7°. TOUT, suivi de QUE, s'exprime comme QUELQUE,

____

(1) Il faut bien remarquer que dans ce cas-ci ce n'est plus

(ci-devant n°. 5.) Ces deux Pronoms sont à-peu-près synonymes. On dit : *per grande che siate , per quanto ou quantunque ricco siate, etc. non vi temo.* Tout grand que vous êtes, tout riche que vous êtes, etc. je ne vous crains pas.

8°. *Altri, chi et quale* peuvent se substituer les uns aux autres dans les manières de parler suivantes :

Altri ride, altri piange.
Chi ride, chi piange. } L'un rit, l'autre pleure.
Qual ride, qual piange. }

Mais *altri* a encore d'autres acceptions. On dit : *Se non farete questo, altri lo farà.* — Si vous ne le faites pas, un autre le fera (ou) d'autres le feront. *Credete voi che non si troverà altri per andarvi?* Croyez-vous qu'on ne trouvera personne pour y aller? *Non dubitate, che troverò altri pronto a servirmi.* N'en doutez pas, je trouverai quelqu'un prêt à me servir.

Pour le surplus de ce qui concerne les Pronoms, relisez attentivement le Chapitre IV, et les Articles 5, 6, 7, 8 et 9 du Chapitre V de la première Partie.

CHAPITRE IV.

De la Syntaxe des Verbes.

NOUS ne ferons point d'article particulier relativement au régime réciproque des pronoms sur les verbes et des verbes sur les pronoms. Cette matière a été assez amplement développée dans le chapitre V de la première Partie de cet Ouvrage, page 56 et suivantes, pour ne rien laisser à désirer au lecteur.

ARTICLE PREMIER.

Régime des Noms sur les Verbes.

1°. LE Verbe s'accorde toujours en nombre et en personne avec le nominatif qui le gouverne. Exemple :

Il maestro insegna.   Le maître enseigne.
Gli scuolari imparano.   Les écoliers apprennent.

2°. Plusieurs nominatifs du nombre singulier régissent le Verbe au plurier. Exemple :

La scienza e la virtù sono preferabili alla richezza. La science et la vertu sont préférables à la richesse.

Mais si ces nominatifs sont accompagnés de la conjonction *ou*, le verbe restera au singulier. Exemples :

O la clemenza, o la forza glielo farà fare.
Ou la clémence ou la force le lui fera faire.

3°. Si les nominatifs du Verbe sont liés par la conjonction NI, on se servira du plurier. Exemple :

Ne supplicazione, ne minaccia (1) *l'hanno potuto rimuovere da questo matrimonio.* Ni prière ni menace n'ont pu le détourner de ce mariage.

4°. Si le dernier nominatif est précédé du mot MAIS, il régira le Verbe, quand bien même les autres nominatifs seraient du nombre plurier. Exemple :

Non solamente i suoi onori, e le sue speranze, m'a anche la sua virtù si è svanita. — Non-seulement ses honneurs, et ses espérances, mais encore sa vertu s'est évanouie.

On dit pareillement dans l'une et l'autre langue : *La mia fortuna, le mie dignità e tutto quel che possedeva è stato sacrificato.* — Ma fortune, mes dignités, et tout ce que je possédais, a été sacrifié.

Dans cette circonstance, c'est le mot TOUT qui gouverne le Verbe.

5°. Quelques expressions collectives, comme, *une infinité, un grand nombre, un nombre infini, la plupart, la plus grande partie*, régissent le plurier, lorsqu'elles sont suivies d'un génitif de ce nombre, ou lorsqu'elles précèdent immédiatement le Verbe. On dit au plurier :

Une infinité de gens *sont* d'avis, (et non pas *est.*)
La plupart *coururent* aux armes, (et non pas *courut.*)
D'un autre côté, on dit au singulier :
La plupart du monde *sait*, (et non pas *savent.*)
Une infinité de monde *croit*, (et non pas *croient.*)

D'où l'on peut conclure que ce n'est pas le nom collectif, mais bien plutôt le nom qui le suit, qui détermine en français le nombre du Verbe.

____

(1) On ne dit pas : *Non l'hanno*, parce que la conjonction *ne* suffit pour compléter la négation.

Les Italiens n'admettent point cette différence. Ils font indifféremment régir leurs Verbes par le nom collectif ou par celui qui l'accompagne, selon que l'ensemble de la phrase donne un résultat plus ou moins agréable à l'oreille. Exemple :

La maggior parte dell' eser-cito desidera, ou deside-rano la pace.	La plus grande partie de l'armée desire la paix.
La più parte dei suoi amici l'ha, ou l'hanno abbando-nato.	La plupart de ses amis l'ont abandonné.
La più parte è, ou sono d'o-pinione.	La plupart sont d'opinion.

6°. Il n'en est pas de même si le nom, au lieu d'être collectif, n'est que distributif. Dans ce cas, il régit direc-tement le Verbe, comme en français, sans avoir égard aux noms qui le suivent. Exemple :

La mezza parte dei nemici fù disfatta, l'altra metà sene fuggi.	La moitié des ennemis fut taillée en pièces, l'autre moitié prit la fuite.
I tre quarti del Palazzo fu-rono intieramente consu-mati.	Les trois quarts du palais furent réduits en cendres.

7°. Les nominatifs qui, dans l'ordre naturel du langage, devraient toujours précéder les Verbes, se placent souvent après. Exemple :

Si turba l'aria, oscura si'l sole, trema la terra. L'air se trouble, le soleil s'obscurcit, la terre tremble, etc. au lieu de : *L'aria si turba, il sole si oscura, la terra trema,* etc.

On peut même terminer une phrase par le nominatif, après l'avoir fait précéder de tous les autres régimes di-rects ou indirects du Verbe auquel il se rapporte. Exemple :

Entrò nella città, col capello in testa, gli stivali in piedi, e la spada in mano il vincitore. — Le vainqueur entra dans la ville en bottes, le chapeau sur la tête et l'épée à la main.

8°. Le Verbe devient souvent lui-même le nominatif d'un autre Verbe, par la facilité avec laquelle les infinitifs se convertissent en noms. Exemple :

E buono il dire ; ma megliore il fare.
Il est bon de parler ; mais il vaut mieux agir.
Persuadono i ragionari, stancano i parlari.
On persuade en raisonnant, on ennuie en bavardant.

Le

Le mot à mot de ces phrases est : Le dire est bon, mais le faire est meilleur. Les raisonner persuadent, les parler ennuient. (*Voyez* à cet égard page 80, règle 11.').

ARTICLE II.

Régime des Verbes sur les Noms.

1°. EN général, le régime direct du Verbe actif est l'accusatif, et son régime indirect le datif, si c'est un nom, ou l'infinitif avec la préposition *di* si c'est un Verbe. Exemple:

Bisogna pagare i suoi debiti. — Il faut payer ses dettes.

Vi prego di dare questo denaro a vostro fratello. Je vous prie de donner cet argent à votre frère.

On pourrait supprimer le *di* et dire simplement : *Vi prego dare,* etc.

2°. Le Verbe passif gouverne l'ablatif, conformément à la règle générale, page 72. Exemple :

Frederigo è stato ucciso dal proprio figlio. — Frédéric a été tué par son propre fils (1).

Quel misfatto sarà biasimato da tutti. — Cette mauvaise action sera blâmée de tous.

3°. Les Verbes neutres n'ont point de régime fixe. Les uns gouvernent le nominatif, comme: *Dormire contento, diventare pigro;* dormir content, devenir paresseux, etc. etc. Les autres, le génitif, comme : *Dubitare d'un fatto, trattare d'affari;* douter d'un fait, parler d'affaires, etc. D'autres enfin, le datif, comme : *Questa cosa appartiene a mio padre; egli l'ha destinata a mia sorella.* Cette maison appartient à mon père; il l'a destinée à ma sœur, etc.

4°. Les Verbes réfléchis sont pour la plupart suivis d'un génitif, comme : *Pentirsi, dolersi, godersi, lodarsi d'una cosa,* etc. Se repentir, se plaindre, se réjouir, se louer d'une chose, etc. — Quelques-uns gouvernent le datif en italien et le génitif en français, comme : *Accostarsi ad uno, avvicinarsi ad un luogo,* etc. S'approcher de quelqu'un, se rapprocher d'un endroit, etc. — D'autres régissent le datif en français et l'ablatif en italien, comme : *Fidarsi d'un amico,* se fier à un ami, etc. etc.

____

(1) *Voyez* page 93, reg. 6.

O

5°. Il arrive souvent que tel Verbe neutre en français est employé comme actif en italien ; que tel autre, réfléchi en italien, est neutre ou actif en français, etc. ; de sorte que le régime qui convient à ce Verbe dans une langue, ne lui convient plus dans l'autre.

Par exemple : Accoucher et jouir sont neutres en français, et comme tels ils régissent le génitif ; *partorire* et *godere*, qui leur correspondent, sont actifs en italien, et comme tels ils gouvernent l'accusatif. On dira donc en italien :

Mia moglie ha partorito un figlio, (et non pas : *è partorita d'un figlio.*) — *Pochi sono quelli chi sanno godere la vita*; (Et non pas : *godere della vita*) ; et l'on dira en français :

Ma femme est accouchée d'un garçon, (*et non pas :* a accouché un garçon). — Il y a peu de gens qui sachent jouir de la vie, (*et non pas :* jouir la vie).

De même encore, *scordarsi* est irréfléchi en italien, et son synonyme oublier est actif en français.

Un Italien dira donc : *Mi sono scordato di voi*; (et non pas : *vi ho scordato*) ; — et un Français doit dire : je vous ai oublié; (*et non pas :* je me suis oublié de vous).

Il n'est pas possible de donner de règle générale, pour ces variétés. Il faut à cet égard consulter les Dictionnaires.

6°. La doctrine du régime oblique des verbes sur les noms est basée sur celle des cas. Les principes que nous avons établis à cet égard dans le premier Chapitre de cette seconde Partie, sont le fondement de cette doctrine. Conséquemment les Verbes suivans :

Allontanare,	éloigner.	*Preservare*,	préserver.
Aspettare,	attendre.	*Precipitare*,	précipiter.
Differire,	différer.	*Procedere*,	procéder.
Diviare,	se détourner.	*Provenire*,	provenir.
Dividere,	diviser.	*Ottenere*,	obtenir.
Esentare,	exempter.	*Sapere*,	savoir.
Esigere,	exiger.	*Scendere*,	descendre.
Imparare,	apprendre.	*Schiantare*,	arracher.
Levare,	enlever.	*Separare*,	séparer.
Liberare,	délivrer.	*Sperare*,	espérer.

Et autres de ce genre, qui expriment des rapports analogues à ceux indiqués page 71, règle 2, doivent être suivis du signe de l'ablatif italien, dans toutes les circonstances où ils sont suivis en français du signe du génitif.

7°. Les règles 4 et 5, page 73, sont également applicables aux Verbes dont la signification comporte les relations y désignées. On dira donc avec le signe du génitif:

Sono uscito di casa, — je suis sorti de la maison. *Vengo di chieza*, — je viens de l'église, etc. — et avec le signe de l'ablatif:

Sono uscito dal giardino, — je suis sorti du jardin. *Vengo dal prato*, — je viens de la prairie, etc. etc. parce que *giardino*, *prato*, etc. sont susceptibles de l'article, et que *casa*, *chieza*, etc. n'en sont pas rigoureusement inséparables.

Ceci est encore un corollaire de la règle 4, page 76.

8°. Il en est de même des règles 6, 8 et 10 de la page 74. En conséquence, on dira avec le signe de l'ablatif:

Parlare da savio,	parler en sage.
Scrivere da dotto,	écrire en savant.
Vestirsi da donna,	s'habiller en femme.
Fare dal signore,	faire le seigneur.
Essere da tutto,	être propre à tout, etc. etc.

9°. Les Verbes de mouvement, tels que *mandare*, *andare*, *venire*, suivis d'un autre Verbe à l'infinitif, exigent que ce Verbe soit accompagné de la préposition *a*, signe du datif. Exemple :

Andiamo a vedere, — allons voir.

Verrete voi a sentire la musica ? — irez-vous entendre la musique ?

Ho mandato a comprare cavalli, j'ai envoyé acheter des chevaux, etc.

Si dans la phrase, il se trouve un pronom conjonctif, il faut avoir soin de ne le pas séparer de celui des deux Verbes auquel il se rapporte. Par exemple :

Dans cette phrase française (envoyez-le chercher) il n'est pas possible de distinguer si le pronom conjonctif LE se rapporte au Verbe ENVOYER, ou au Verbe CHERCHER. On lèvera cet équivoque en italien, en disant dans le premier cas : *Mandate lo a cercare*; et dans le second : *Mandate a cercarlo*.

10°. De même qu'on peut transporter les nominatifs après les Verbes, de même aussi transporte-t-on très-élégamment les Verbes après les différens régimes directs et indirects qui, dans la marche ordinaire du discours, devraient les suivre. Exemple :

Da ferocissimi uomini fù pertanto assaltato il castello, benchè da sbarre e da armate torri fosse diffeso, tantochè con suo grave danno ne fù cacciato il popolo.

Cependant le château fut assailli par des hommes féroces, quoiqu'il fût défendu par des barricades et par des tours armées ; de sorte que le peuple en fut repoussé avec une perte considérable.

La construction naturelle de cette phrase serait : *Il castello, benchè fosse diffeso da sbarre e da torri armate, fù pertanto assaltato da uomini ferocissimi, tantoche'l popolo ne fù cacciato con suo grave danno.*

En un mot, on peut intervertir l'ordre des régimes de toutes les manières possibles, pourvu qu'il n'en résulte point d'amphibologie. Ces sortes d'inversions communiquent beaucoup de grace et d'énergie à la langue italienne. On les varie à l'infini, sans consulter d'autre règle que le goût et l'agrément de l'oreille.

ARTICLE III.

Usage et concordance des Participes.

1°. LE Participe présent, que l'on nomme aussi Participe actif, est fort peu d'usage en italien. Il y a même des Grammairiens qui n'en admettent pas l'existence (1). On doit, autant qu'il est possible, éviter de s'en servir. Exemple :

Vengo dal ridotto, là dove ho lasciato vostro fratello che giuocava, ou che stava giuocando a scacchi. — Je viens de la redoute, où j'ai laissé votre frère jouant aux échecs, (et non pas *giuocante*).

La trovai che leggeva, ou che stava leggendo. — Je la trouvai en lisant, (et non pas *leggente*).

Gli ho incontrati che passeggiavano, ou che andavano

---

(1) Ces mots *esistente*, existant ; *proveniente*, provenant ; *bastante*, suffisant ; *dipendente*, dépendant, et autres semblables, sont moins des participes que de véritables adjectifs. Ils se déclinent comme nos adjectifs français appelant, dominant, surprenant, charmant, etc. qu'il ne faut pas confondre avec les participes indéclinables doutant, craignant, aimant, etc. etc.

(109)

passeggiando, ou *a passeggiare*. — Je les ai rencontrés se promenant, (et non pas *passeggianti*).

Le hò vedute che ballavano ; — je les ai vues dansant, (et non pas *ballanti*).

2°. Le Participe passé, que quelques Grammairiens appellent passif, comme si le Participe d'un verbe actif ou neutre pouvait être passif, se joint aux verbes auxiliaires pour former les temps composés des verbes. Lorsque le verbe est actif, le participe doit être combiné avec *avere*, comme: *ho amato, aveva dato, avrò scritto*, etc. etc. ce verbe n'est accompagné d'aucun autre régime que celui qui le domine, le Participe reste indéclinable et fixe en *o*, comme : *Abbiamo amato, avevamo dato, avremo scritto*, etc. jamais *amati, datti, scritti*, etc. etc. En un mot, le participe combiné avec le verbe *avere*, ne peut, en quelque circonstance que ce soit, s'accorder avec le nominatif exprimé ou sous-entendu de ce Verbe.

Que si, au contraire, le verbe exerce un régime quelconque, soit sur un nom, soit sur un pronom, on sera libre de faire accorder le Participe avec ce régime. Exemple :

Mia sorella ha comprato, *ou* comprati *due cavalli.* Ma sœur a acheté deux chevaux, (et non pas *comprata*).

Abbiamo venduto, *ou* venduta *la nostra casa.* Nous avons vendu notre maison, (et non pas *venduti*).

Il governo ha sempre portato, *ou* portate, *le persone sapienti.* Le gouvernement a toujours protégé les personnes savantes.

Abbiamo ricevuto, *ou* ricevute, *delle lettere* (1) *dall' esercito.* Nous avons reçu des lettres de l'armée. (et non pas *ricevuti.*)

3°. Lorsque le verbe est neutre, le Participe se combine quelquefois avec *avere*, comme *ho dormito, ho pensato*, etc. Dans ce cas, il reste constamment invariable et fixe en *o*. Mais le plus souvent il se combine avec le Verbe *essere*, et dans ce cas, il doit toujours s'accorder avec le nominatif du verbe. Exemple :

Si sono radunati gli uomini. Les hommes se sont rassemblés.

Le donne sono andate al teatro. Les femmes sont allées à la comédie.

____

(1) On pourrait dire : *Alcune lettere*, ou simplement *lettere*, conformément à la regle 10, page 80.

È sempre stata preferita la bellezza. La beauté a toujours été préférée.

4°. Tous les verbes neutres qui forment en français leurs temps composés du verbe ÊTRE, les forment également en italien du verbe ESSERE ; mais ceux qui les forment du verbe AVOIR ne les forment pas aussi généralement du verbe AVERE. On trouvera, dans la table suivante, ceux qui s'écartent de la règle.

TABLE des Verbes dont les temps composés sont formés du Verbe ESSERE *en italien, et du Verbe* AVOIR *en français.* (1)

Apparire,	apparaître.	*Penetrare,*	pénétrer.
Caminare, *	marcher.	*Persistere,*	persister.
Campare,	vivoter.	*Piacere,*	plaire.
Cedere,	céder.	*Piovere,*	pleuvoir.
Comparire,	comparaître.	*Precedere,*	précéder.
Consistere,	consister.	*Precorrere,*	devancer.
Correre,	courir.	*Procedere,*	procéder.
Costare,	coûter.	*Sembrare,*	sembler.
Degenerare,	dégénérer.	*Scapucciare,*	broncher.
Deteriorare,	détériorer.	*Sdrucciolare**	glisser.
Dimorare, *	demeurer.	*Scorrere,*	parcourir.
Dipendere,	dépendre.	*Sparire,*	disparaître.
Esistere,	exister.	*Solere,*	avoir coutume.
Fuggire,	fuir.	*Stare,*	rester.
Mancare,	manquer.	*Succedere,*	succéder.
Migliorare,	aller mieux.	*Sussistere,*	subsister.
Parere,	paraître.	*Trapassare,*	passer outre.
Passare,	passer.	*Trapellare,*	percer.
Peggiorare,	empirer.	*Trascorrere,*	faillir.

5°. Les verbes *potere*, pouvoir, et *volere*, vouloir, qui forment leurs temps composés du verbe *avere*, ont cela de particulier, qu'ils s'attribuent l'auxiliaire du verbe qui les suit. Par exemple, on dit : *ho potuto dire*, j'ai pu dire ; *ho voluto parlare*, j'ai voulu parler ; parce que les verbes *dire*

---

(1) Les verbes marqués d'une * prennent quelquefois le verbe *avere* lorsqu'ils n'expriment pas une chose précise, mais seulement un acte d'habitude, de simple exercice, sans objet déterminé

(111)

et *parlare* forment leurs temps composés du verbe *avere*; mais on doit dire : *sono potuto dipendere*, j'ai pu dépendre; *sono voluto piacere*, j'ai voulu plaire, etc. parce que les temps composés de *dipendere* et de *piacere* sont formés du verbe *essere*.

6°. Le Participe passé est beaucoup plus usité en italien qu'en français. Les bons écrivains se piquent de l'employer de préférence à tous les tems qui peuvent lui être substitués. Exemple :

Morto Cesare si veddero stupendi portenti. A, *ou* après la mort de César; Quand, *ou* lorsque César mourut, *ou* fut mort, César étant mort, etc. on vit des prodiges étonnans.

Morto Antonio, ricchissimi saranno i fratelli suoi. A, *ou* après la mort d'Antoine; Quand, *ou* lorsqu'Antoine sera mort, *ou* Antoine étant mort, ses frères seront très-riches.

On voit, par ces deux exemples, que c'est le dernier membre de la phrase qui détermine le temps représenté par le participe; si cependant le discours était compliqué de manière à ce qu'il y eût quelque équivoque, on pourrait y remédier, en ajoutant au Participe un des temps simples du Verbe *essere*, de la manière suivante :

Cesare morto che fù, ou *morto che fù Cesare.*

Antonio morto che sarà, ou *morto ch'Antonio sarà.*

7°. Il ne faut pas perdre de vue que, lorsqu'on se sert du Participe sans l'addition du verbe *essere*, il faut le faire suivre du nom qui y a rapport. Ainsi, pour exprimer ces mots : Dans un an, au bout de l'an, l'année révolue, un an après, l'année étant passée, quand l'année fut *ou* sera passée, etc. etc. on dira : *Passato l'anno*, ou bien *passato un anno.*

Et pour exprimer cette autre idée rétrograde : L'an passé, l'année dernière, il y a un an, etc. etc. on dira : *l'anno passato*, ou bien *un anno passato*; et encore mieux : *un anno fà.*

8°. Il est encore très-important d'observer que le nom, ou le Pronom qui suit le Participe, n'est point un nominatif, mais un accusatif. Ainsi, l'on ne dira pas : *Morto io, tu, egli, etc.* mais *morto me, morto te, morto lui, morta lei, morti*, ou *morte loro.*

Quant à la première et à la seconde personne du pluriel, on ne s'en sert guères sans l'addition du verbe *essere*. On dira donc : *Morti*, ou *morte che saremo, che sarete*, etc. etc.

9°. L'usage du gérondif n'est pas moins fréquent que celui du Participe. On suit à son égard les mêmes régles et la même construction, mais avec cette différence, que le nom qui le suit est toujours un nominatif, jamais un accusatif, et que quelque soit le nombre et le genre du nom qui s'y rapporte, le gérondif reste toujours indéclinable et fixe en *do*. Exemple :

Avendo Pietro et Paolo saputo. Pierre et Paul ayant su — : Quand Pierre et Paul surent, eurent su, sauront, auront su, etc. (et non pas *avendi*.)

Connoscendo, ou *avendo connosciuto i soldati*. Les soldats connaissant *ou* ayant connu, quand les soldats connurent, eurent connu, connaîtront *ou* auront connu, etc.

10°. Si l'intelligence de la phrase exige le secours d'un verbe auxiliaire, comme dans la règle 6, on se servira d'*avere* et non pas d'*essere*. Exemple :

Il generale connosciuto ch'ebbe, ou *connosciuto ch'ebbe il generale*, etc. Quand le général eût connu, etc. (ou bien) *connossiuto che avrà*, etc. quand il connaîtra, *ou* quand il aura connu, etc. etc.

Dans ces sortes de cas, on est libre de faire accorder le Participe avec le nominatif du verbe *avere*, ou avec le nom qui suit, conformément à la règle 2. Exemple :

Avendo Bruto cacciato, ou *cacciati di Roma i Tarquinj*. (ou bien) *Bruto cacciato*, ou *cacciati ch'ebbe di Roma i Tarquinj*. Brutus ayant chassé de Rome les Tarquins, etc.

11°. Enfin, on place toujours le nominatif après le gérondif, ou entre le gérondif et le participe, comme on l'a vu dans les exemples précédens ; mais si l'on emploie le gérondif seul, et que ce gérondif régisse un accusatif quelconque, il faudra faire précéder le nominatif. Par exemple, si l'on disait : *Temendo i soldati i nemici*, on ne saurait pas si ce sont les soldats qui craignent les ennemis, ou si ce sont ceux-ci qui craignent les soldats. On dira donc, dans le premier cas : *I soldati temendo i nemici*, et dans le second : *I nemici temendo i soldati*, etc. etc.

Article IV.

ARTICLE IV.

Usage des temps et des modes.

1°. LES Italiens emploient beaucoup plus fréquemment que les Français les infinitifs de leurs verbes, sous la forme de substantifs. Cela vient de ce que leur langue, plus riche en verbes que la française, l'est beaucoup moins en noms, et qu'elle manque très-souvent de mots pour exprimer le rapport intermédiaire qui existe entre le principe et le terme de l'action désignée par le verbe.

Par exemple : entre l'infinitif BIEN FAIRE et le substantif BIENFAIT, qui est le dernier terme, ou le résultat final de l'action de bien faire, nous trouvons facilement le terme intermédiaire qui exprime l'exercice de cette action. Ce terme est le mot BIENFAISANCE. Mais entre cet autre verbe HONORER, et son résultat HONNEUR, nous ne trouverons point de nom pour exprimer l'exercice de l'action d'honorer quelqu'un. — Pour suppléer à cette imperfection du langage, beaucoup plus commune en italien qu'en français, on est forcé de recourir au verbe lui-même et de le transformer en nom. Exemple :

L'onorare il padre è'l primo dovere del figlio. Le premier devoir d'un fils est d'honorer son père.

Les infinitifs employés sous cette forme sont toujours du genre masculin. Ils sont d'ailleurs susceptibles de déclinaison comme les autres substantifs, et l'on doit leur appliquer les mêmes articles. Savoir : IL, lorsqu'ils commencent par une consonne simple ; L', lorqu'ils commencent par une voyelle, et LO, quand ils commencent par *S* suivi d'une autre consonne. On s'en sert rarement au plurier ; il paraît même que les modernes en ont proscrit l'usage à ce nombre.

2°. Les français emploient ordinairement l'indicatif après les verbes impersonnels IL Y A et IL EST, lorsque la phrase est affirmative, et lorsque le nom qui suit ces verbes est précédé de BEAUCOUP. Exemple :

Il est des gens qui *font.* — Il y a beaucoup de gens qui *sont* d'avis, etc.

Lorsqu'au contraire la phrase est négative, et que le nom

qui suit le verbe impersonnel est précédé du mot PEU, ils se servent du subjonctif. Exemple :

Il n'est pas d'hommes, *ou* il n'est pas beaucoup d'hommes, *ou* il y a peu d'hommes qui *soient* de cette opinion (et non pas *qui sont.*) — Les Italiens se servent dans l'un et l'autre cas de l'indicatif. Exemples :

Pochi sono i filosofi che dubitano dell' esistenza di Dio.	Il y a peu de philosophes qui doutent de l'existence de Dieu.
Molti non sono i dotti che ammettono il vuoto.	Il n'y a pas beaucoup de savans qui admettent le vuide.
Pochi sono quei che diffendono la vostre opinione.	Il est peu de gens qui défendent votre opinion.
Molti sono quei che pretendono il contrario.	Il y en a beaucoup qui prétendent le contraire.

3°. Après lorsque, quand, toutes fois que, tant que, autant que, partout où, quiconque, le futur français peut être traduit indifféremment en italien par le futur, par le présent de l'indicatif, ou par celui du subjonctif. Exemples :

Quando vi piacerà - vi piace, ou *vi piaccia ;* quand, *ou* lorsqu'il vous plaira.

Ogni volta, ou *sempre che accaderà - accade,* ou *accada ;* toutes fois qu'il arrivera.

Tanto che - tanto quanto, ou simplement *quanto ne vorrà - ne vuole,* ou *ne voglia ;* tant *ou* autant que vous voudrez. (Sous-entendu *ella* ou *vossignoria.*)

Ovunque, ou *dovunque si troverà, - si trova,* ou *si trovi;* par-tout où il se trouvera.

Chiunque si presenterà, - si presenta, ou *si presenti;* quiconque se présentera.

4°. Si le verbe français, au lieu d'être au futur, est au conditionnel, il sera en italien au prétérit du subjonctif. Exemple :

Quando vi piacesse ; quand il vous plairait.
Ogni volta che accadesse ; toutes fois qu'il arriverait.
Quanto ne vollesse ; - autant que vous en voudriez.
Ovunque, ou *dovunque si trovasse ;* par-tout où il se présenterait.

Chiunque si presentasse ; quiconque se présenterait ; (jamais *piacerebbe, accaderebbe, vorebbe*, etc. etc.)

5o. Les prépositions *quando anche*, et *eziandoche*, quand même et quand bien même, suivies en français du conditionnel, le seront en italien du futur, du présent du subjonctif ou du prétérit de ce mode. Exemples :

Quando anche comprerò, - *compri*, ou *comprassi*, *quella roba*, etc. quand bien même j'achèterais cette marchandise, etc. (et non *comprerei*)

Eziandoche farò, - *faccia*, ou *faccessi quel viaggio* ; quand bien même, *ou* dans le cas où je ferais ce voyage, (et non *farei*).

6o. QUOIQUE, exprimé par *ancorchè*, *benchè*, *avvegnachè*, *comechè*, *contuttochè*, *tuttochè* et *quantunque*, exige en italien les mêmes temps et le même mode qu'en français. Exemple :

Ancorchè, - *benchè*, *comechè*, etc. *io faccia caso di lui* ; quoique je fasse cas de lui.

Benchè , etc. *avessero detto il loro parere* ; quoiqu'ils eussent dit leur avis, etc. etc.

7°. La même conjonction, exprimée par SEBBENE, veut toujours être suivie de l'indicatif, et elle régit le verbe au même temps que prend celui qui termine le sens de la phrase. Exemple :

Sebbene dico io la verità, *nissuno mi* crede ; quoique *je dise* la vérité, personne ne me *croit*.

Il s'agit ici d'une chose présente.

Sebbene io scriveva, *egli non* rispondeva ; quoique *j'écrivisse*, il ne *répondait pas*.

Parce que *répondre* est à l'imparfait.

Sebbene mandai *a cercarlo*, *egli non* venne ; quoique j'envoyasse le chercher, il ne *vint* pas.

Il s'agit ici d'une chose passée.

Sebbene io farò *esattamente quel ch'egli* ha commandato *non* sarà *contento* ; quoique je *fasse* exactement ce qu'il *a commandé*, il ne *sera* pas content.

Parce que le verbe être qui complette le sens de la phrase est au futur.

On pourrait dire dans le même sens, avec les deux verbes, au futur :

Sebbene vi andrò, non farò nicute ; quand même j'irais, je ne ferais rien. Supposé que j'y allasse, toutes fois que j'irais, etc. etc. parce qu'il s'agit ici d'un futur contingent.

8°. TANT S'EN FAUT QUE, s'exprime par *molto*, ou *tanto è lontano che* ; il régit le verbe comme en français. Exemple :

Molto è lontano ch'io lo brami, che nemmeno ci penso. Tant s'en faut que je le désire, je n'y pense même pas du tout.

Tanto è lontano ch'io sappia dov'egli sta che non ho inteso parlare di lui da un anno e più. Tant s'en faut que je sache où il est, que je n'ai pas entendu parler de lui depuis plus d'un an.

9°. PEU S'EN FAUT, exprimé par *poco manca*, se rend également à la lettre en italien, et le verbe *mancare*, dans ce sens, devient impersonnel. Mais si on se sert de *quasi quasi*, il faudra mettre le verbe italien au même mode que le verbe impersonnel français. Exemple :

Quasi quasi sono ammalato ; peu s'en *faut* que je ne sois malade (1) ;

Parce que *faut* est au présent.

Quasi quasi era arrivato. Peu s'en *fallait* que je ne fusse arrivé ;

Parce que *fallait* est à l'imparfait.

Quasi quasi fui ammazzato ; peu s'en *fallut* que je ne fusse assassiné ;

Parce que *fallut* est au prétérit ;

Et ainsi de suite pour tous les temps simples et composés.

10°. Lorsque le prétérit subjonctif français peut être remplacé par le conditionnel, il faut se servir en italien du conditionnel. Exemple :

Avrebbero ben fatto di restar qui ; ils eussent bien fait

---

(1) On pourrait cependant, au lieu du présent, se servir du conditionnel *sarei*.

de rester ici. (Et non pas *avessero*) parce qu'on peut dire : ils auraient bien fait.

Avrei avuto torto di biasimarvi ; j'eusse tort de vous blâmer. (Et non pas *avessi*) parce qu'on peut dire : j'aurais eu tort, etc.

11°. Après TROP POUR et ASSEZ POUR, l'infinitif français peut être conservé en exprimant POUR par *da*, si l'on n'aime mieux se servir des temps du subjonctif avec *che*. Exemple :

Je suis *trop* sincère *pour* vous flatter,

Dites : *Sono io troppo sincero DA adularvi* ; ou bien, *sono io troppo sincero PERCHE vi aduli.*

Je suis *assez* fort *pour* répondre,

Dites : *Sono forte abbastanza,* ou *cosi forte,* ou *tanto forte DA rispondere,* ou bien, *che rispondi.*

ARTICLE V.

Des Verbes avec SI.

LA particule S I, (en italien *se*) exprime toujours supposition, doute ou condition ; quelquefois elle peut signifier *lorsque* ou *quand*, comme dans ces phrases : Si je dors, on me réveille ; si je parle, on m'interrompt, etc.

1°. Dans le cas de supposition, elle exerce sur le Verbe le même régime qu'en français. Exemple :

Ben sapete voi se dico il vero ; vous savez bien si je dis la vérité.

Ben vi ricordate se jeri uscimmo insieme di casa ; vous vous rappelez bien si nous sortîmes hier ensemble.

2°. Dans le cas de doute, elle régit l'indicatif ou le subjonctif, au choix de la personne qui parle. Exemple :

Nissuno sa se sono io, ou *se sia capace di questo* ; personne ne sait si j'en suis capable.

Che sapete voi se torni, o se sia immobile la terra ? ou bien, *se torna, o s'è immobile la terra ?* que savez-vous si la terre tourne, ou si elle est immobile ?

Mais si le Verbe français est à l'imparfait, et qu'on préfère de se servir du subjonctif, on mettra le Verbe au prétérit. Exemple :

Non si può dire se n'erano, ou *se ne fossero contenti.* On ne peut dire s'ils en étaient contens.

Que si le Verbe est au futur en français, on sera libre de le traduire à la lettre, ou de se servir du présent du subjonctif. Exemple :

Non so se andrò, ou *se vada* ; je ne sais si j'irai.

Non è ancora dec'so se partiremo, ou *se partiamo* ; il n'est pas encore décidé si nous partirons.

3°. Dans le cas de condition, si le premier Verbe français est au présent de l'indicatif, et le second au futur, l'un et l'autre seront au futur en italien. Exemple :

Se lo vedrò, gli parlerò ; si je le vois, je lui parlerai.

Se si farà la pace, ogni cosa andrà bene ; si on fait la paix, tout ira bien.

Cette règle est de rigueur ; cependant, il y a des écrivains célèbres qui s'en sont écartés, et qui ont mis les deux Verbes au présent de l'indicatif. On cite à ce sujet que Dante étant envoyé à la Cour de Rome, répondit modestement : *Se vado, chi resta ? e se resto chi va ?* Si je pars, qui est-ce qui restera ? et si je reste, qui est-ce qui partira ?

Si le premier Verbe est à l'imparfait et le second au conditionnel, on traduira le premier par le prétérit du subjonctif. Exemple :

Se studiassi diventerei dotto ; si j'étudiais, je deviendrais savant.

Se l'avessi saputo, vene avrei informato ; si je l'avais su, je vous en aurais averti.

4°. Quelquefois le premier Verbe français est au prétérit du subjonctif, et le second au conditionnel, tandis que les Italiens mettent l'un et l'autre à l'imparfait de l'indicatif. Exemple :

Se sapeva chegli parlava italiano, lo prendera per segretario ; si je susse qu'il parlait italien, je l'aurais pris pour secrétaire.

Mais cette exception est une licence qui ne peut avoir lieu que dans les circonstances où le discours exige de la vivacité pour exprimer quelque mouvement spontané ; comme nous disons en français : S'il *passait* une minute plus tard, *c'était* un homme mort, ect.

5°. Enfin, lorsque la conjonction si n'exprime ni doute, ni supposition, ni condition, le Verbe qui la suit se traduit à la lettre. Exemple :

Se vado a caccia, mi stanco ; si je vais à la chasse, je me fatigue.

Se gli scrivo, egli non mi risponde ; si je lui écris, il ne me répond pas, etc. etc.

ARTICLE VI.

Des Verbes avec négation.

1°. Non, gouverne l'infinif au lieu de l'impératif, lors-qu'on défend une chose en tutoyant. Exemple :

Non fare questo ; ne fais pas cela.

Non dire a nissuno quel che hai sentito ; ne dis à personne ce que tu as entendu.

Non far ad altrui ciò che non ti vorresti essere fatto ; ne fais pas à autrui ce que tu ne voudrais pas qu'on te fît.

2°. Si au lieu de défendre impérativement une chose, on ne veut que dissuader de la faire, ou prier de ne la pas faire, on pourra se servir du prétérit du subjonctif. Exemple :

Non alcostasse a quel birbo, ch'egli v'ingannerà ; n'écou-tez pas ce fripon, car il vous trompera.

Non beveste quel vino, che vi farà male ; ne buvez pas ce vin, il vous fera du mal.

Vi prego non andaste in colera ; je vous prie, ne vous mettez pas en colère.

N. B. On pourrait dire avec l'impératif *non ascoltate, non bevete, etc.* mais l'invitation aurait moins de force. D'ailleurs, la ressemblance qu'il y a entre la seconde personne plurier de l'impératif et celle du présent de l'indicatif, pourrait donner lieu à quelque équivoque.

3°. Le NON italien exprime toujours une négation com-plette ; le *ne* français, au contraire, peut être considéré comme une demi-négation dont le complément est pas, point, personne, aucun, nul, guères, jamais, rien, mot, etc. Toutes les fois donc que la particule NE est suivie en français de son complément, elle doit être tra-duite en italien par NON. Exemple :

Non vedo nissuno ; je *ne* vois personne.

Non dite niente ; vous *ne* dites rien.

Non fa mai ciò che gli'è commandato ; il *ne* fait jamais ce qu'on lui commande.

Non si vede niente ; on *ne* voit goutte, etc. etc.

4°. Cependant, il arrive fréquemment que les Français emploient la particule NE sans son complément ; et cette

particule n'en a pas moins la force d'une négation absolue. Exemple :

Non ardisce fare il contrariò ; il n'ose faire le contraire.
Non posso caminare ; je *ne* puis marcher.
Sono dieci anni che non l'ho veduto ; il y a dix ans que
je *ne* l'ai vu.
Non posso bere se non mangio ; je *ne* puis boire si je *ne*
mange.
Egli sta, non so dove ; il est je *ne* sais où.
Questo fu determinato, non si sa come ; cela fut décidé
l'on ne sait comment.
Se non mi pagerà in pocchissimi giorni, non so cosa sarà ;
s'il *ne* me paie sous très-peu de jours, je *ne* sais ce qu'il
en sera.

Dans ces circonstances, et autres semblables, l'analogie
du discours indique assez que le NE est négatif, et que
son complément est sous-entendu.

5°. Il n'en est pas de même dans une infinité d'occasions où le NE français n'est qu'explétif. Par exemple,
dans cette phrase : Je crains qu'il *ne* vienne, équivalente
à : Je désire qu'il *ne* vienne pas : il est aisé de sentir que
le NE n'est point négatif, et qu'il n'est que de remplis-
sage. On dira donc en italien sans négation :

Temo che venga ; ce qui sera synonyme à *bramo che
non venga.*

6°. Cette observation ne s'adapte point au Verbe *dubitare*, douter. Le NE français qui suit ce Verbe sera toujours traduit par NON, comme si la négation était com-
plette. Exemple :

Non dubito ch'egli non sia contento ; je ne doute pas
qu'il *ne* soit content.
Dubito che non sia contento ; je doute qu'il *ne* soit *pas*
content, etc. etc.

Ces deux phrases expriment exactement la même idée
en des termes différens. C'est comme si l'on disait : Je
suis intimement persuadé qu'il est content.

7°. Lorsque le Verbe précédé de *non* est accompagné
du pronom conjonctif *lo*, on peut pratiquer l'élision de
cette manière. Exemple :

Nol vedo ; je ne le vois pas : au lieu de *non lo vedo.*
Nol voglio fare ; je ne veux pas le faire : au lieu de *non
voglio farlo*, etc.

On

On suppose ici que le pronom *lo* est remplacé par l'article *il*, conformément à ce qui a été dit ci-devant, page 91, reg. 9.

8°. Enfin, le NON français s'exprime toujours en italien par NO. Il forme dans les deux langues une négation absolue. Exemple :

Signora no; non ci consentirò mai. Non, madame, je n'y consentirai jamais.

No, non ci arriverete, etc. Non, vous n'y parviendrez pas.

Ora si, ora no; tantôt oui, tantôt non, etc. etc.

CHAPITRE V.

Du QUE *français et du* CHE *italien.*

1°. QUE, entre deux verbes, gouverne en français l'indicatif, lorsque la phrase est affirmative, et le subjonctif, lorsqu'elle exprime négation, doute ou incertitude. Dans l'un et l'autre cas, le CHE italien veut être suivi du subjonctif. Exemple :

On dit que la paix *est* conclue ; *si dice che* sia *conchiusa la pace.*

On n'assure pas que la paix *soit* conclue ; *non viene assicurato che* sia *conchiusa la pace.*

Je pense qu'il *est* encore temps ; *penso io che* sia *ancora il tempo.*

Croyez-vous qu'il *soit* encore temps ? *Credete voi che* sia *ancora il tempo ?* (1)

___

(1) Il ne faut pas confondre une phrase simplement affirmative avec une phrase qui exprime certitude et assurance positive d'une chose quelconque. Par exemple, lorsqu'on affirme, qu'on dit une chose, qu'on croit une chose, etc. on ne garantit pas que la chose existe, et que l'on a la certitude de son existence ; de même aussi lorsqu'on dit négativement qu'on ne croit pas un fait, qu'on n'en a pas entendu parler, etc. on ne nie pas positivement l'existence de ce fait, on énonce simplement l'idée qu'on en a. Ainsi, dans

Q

2°. Si le verbe qui suit le QUE français est à l'imparfait ou au prétérit de l'indicatif, il sera en italien au prétérit du subjonctif. Exemple :

On m'a écrit que vous *étiez* malade ; *mi è stato scritto che V. S. fosse ammalato.*

On m'a donné à entendre que vos amis *furent* bien surpris de vous voir ; *mi è stato dato ad intendere che fossero assai sorpresi i vostri amici nel vedervi.*

3°. Dans toutes les autres circonstances, le CHE des Italiens gouverne les mêmes temps que le QUE des Français. Exemple :

Che volete ch'io faccia ? que voulez-vous que je fasse ?

So io ch'egli m'ubbidirà ; je sais qu'il m'obéira.

Aveva preveduto ch'egli vi tradirebbe ; j'avais prévu qu'il vous trahirait, etc. etc.

4°. Entre deux verbes dont le second est au présent ou à l'imparfait de l'indicatif, ou même au présent du subjonctif, il est très-élégant de retrancher le CHE, et de mettre le second verbe à l'infinitif. Exemple :

Credo io essere l'anima immortale ; je crois que l'ame est immortelle.

Si diceva non esser ancora arrivato l'ambasciadore ; on disait que l'ambassadeur n'était pas encore arrivé.

Crede V. S. essere suo fratello andato a Roma ? croyez-vous que votre frère soit allé à Rome ?

5°. Cette tournure s'adapte également aux temps composés du présent et de l'imparfait indicatif, ainsi que du présent subjonctif des deux verbes auxiliaires être et avoir. Mais il faut observer que le pronom personnel qui régit le second verbe est toujours un nominatif à la seconde personne ; et un accusatif à la troisième. Exemple :

So essere voi stato rubato ; je sais que vous avez été volé, (et non pas *esservi*, parce qu'il s'agit de la seconde personne.)

---

l'un et l'autre cas, l'affirmative et la négative ne portent pas sur l'objet dont on parle, mais uniquement sur la manière dont on l'expose ; c'est sous cette acception que l'on doit entendre la règle qu'on vient de lire ; car si la phrase que nous appelons affirmative, et même celle que nous appelons négative, donnait assurance ou certitude positive du fait y énoncé, on pourrait se servir indifféremment de l'indicatif ou du subjonctif, comme dans l'exemple suivant :

Non posso dire che non siete qui, poiche vedo che ci siete : (ou bien) *non posso dire che non siate qui, poiche vedo che ci siate ;* je ne puis pas dire que vous n'*êtes* pas ici, puisque je vois que vous y *êtes.*

Sapeva esser lui stato ammalato, ou *esser lei stata ammalata ;* je savais qu'il *ou* qu'elle avait été malade , (et non pas *egli* ou *ella,* attendu qu'il s'agit de la troisième per‑
sonne).

6°. Que si le second verbe a un tel rapport avec le premier, que la personne qui parle dans l'un agisse dans l'autre, le pronom personnel répété devant le second verbe doit être un pronom réfléchi. Exemple :

Dice egli, ou *ella non essersi mai stato* ou *stata ;* il ou elle dit qu'il, *ou* qu'elle n'a jamais été, etc. (et non pas *lui* ou *lei,* parce qu'ici la personne parle d'elle-même , et que conséquemment elle communique au second verbe le caractère d'un verbe réfléchi.)

Assicurano non essersi mai stati rimproverati da nissuno ; ils assurent qu'ils n'ont jamais été réprimandés de per‑
sonne , etc. etc.

Il y a quelques auteurs qui , à la troisième personne du pluriel, se servent de *loro* au lieu de *si ;* mais jamais l'on ne peut employer *eglino* ou *elleno.*

7°. C H E , entre deux verbes, peut être supprimé, sans que pour cela le second verbe soit à l'infinitif. Exemple :

Bisogna facciate ; il faut que vous fassiez.

Basta parlino ; il suffit qu'ils parlent.

On dit aussi en retranchant le C H E :

Ogni volta accade, accada, accaderà, accaderebbe, etc. etc. ; toutes les fois qu'il arrive, *qu'il* arrivera, *qu'il* arriverait, etc. etc.

Mentre sono, etc. tandis que je suis : au lieu de *mentre che,* etc.

Mais si l'on se sert de *sempre che* dans le même sens , le retranchement du C H E ne peut avoir lieu. (V. relat. à ces manières de parler, pages 114 et 115).

8°. Quelquefois le verbe français qui suit le QUE est au présent du subjonctif, quoique l'action qu'il exprime ne doive s'opérer que dans un temps futur. Exemple :

Croyez-vous que mon père revienne bientôt? traduisez ainsi :

Credete voi ch'abbia da ritornare presto mio padre ? ou bien, *che presto ritornerà....* ou bien encore, *credete voi dovere mio padre ritornare presto ?*

9°. QUE , suivi de oui ou de non, s'exprimera toujours par D I . Exemple :

Hanno voluto scommettere di si ; ils ont voulu parier qu'oui.

(124)

Non ho mai detto di no ; je n'ai jamais dit *que* non.

10°. QUE se présente devant les verbes sous différentes significations. Savoir :

Au lieu de *quelle chose* en interrogeant, et il se traduit par *cosa.* Exemple :

Que faites-vous ? *cosa fate voi ?*

Au lieu de *pourquoi*, et il se traduit par *perche.* Exemple :

Que ne vient-il ? *perche non viene ?*

Au lieu de *tandis que*, et il se traduit par *mentre.* Exemple :

Je lui parlai qu'il était encore au lit ; *gli parlai, mentre stava ancora in letto.*

Au lieu de *où.* Exemple :

Le jour que cela arriva ; *quel giorno in cui ciò accadde.*
C'est là qu'il demeure ; *là è dov'egli sta di casa.*

Au lieu de *soit que.* Exemple :

Qu'il perde ou qu'il gagne son procès, il sera ruiné ; *sia ch'egli perda la lite, sia ch'egli la guadagni, sarà pure rovinato.*

Au lieu de *si.* Exemple :

Qu'il fasse le plus petit excès, il tombe malade ; *se si lascia andare al menomo stravizio, resta ammalato.*

Dans les exclamations, au lieu de *combien*, et il s'exprime par *quanto.* Exemple :

Que Dieu est puissant ! *quanto è Iddio potente !*

Quelques fois il n'est qu'explétif ; quelques fois aussi il sert à donner de l'énergie au discours, et dans ces cas les Italiens ne l'expriment point. Exemple :

C'est une belle chose *que* de savoir garder un secret ; *bella cosa è il sapere custodire un segreto.*

Que je meurre si j'y vais ! *possa io morire se ci vado !*

11°. CHE est souvent explétif, et on le supprime en français. Exemple :

Confessarti reo, che ti perdonerò ; avoues-toi coupable, je te pardonnerai.

D'autres fois, il tient lieu de *car.* Exemple :

Non lo vedrete, ch'egli è partito ; vous ne le verrez pas, car il est parti.

Quelques fois encore il est distributif, et il représente en français *tant* ou *partie*. Exemple :

Gli fù dato che in gioje, che in vascellamenti d'oro e d'argento, quello che valeva meglio di cento mila franchi; on lui donna partie en bijoux, partie en vaisselle d'or et d'argent, la valeur de plus de cent mille francs.

Quant aux autres significations de CHE, elles ont été suffisamment expliquées ci-devant p. 16, 22, 24, 87 et 95.

CHAPITRE VI.

Diverses manières de rendre en français la Particule ON.

ON, combiné avec les temps simples des verbes, s'exprime ordinairement par *si*, comme *si dice*, on dit ; ou plus élégamment encore, par une de ces tournures passives et impersonnelles, *è detto, sta detto, viene detto,* etc.

Dans les temps composés on dit : *è stato detto,* pour exprimer on a dit, etc. Il n'est point d'usage, dans ce cas, de se servir du verbe *venire*.

ON EN s'exprime par *sene*. On dit aux temps simples : *sene parla,* ou bien *n'è, ne sta, ne viene parlato,* ou en parle, etc. et aux temps composés, *n'è stato parlato,* etc.

Les verbes rendus impersonnels par la présence de la particule ON, s'accordent en nombre avec le nom qui les suit. Cette propriété leur est commune avec tous les autres verbes impersonnels italiens.

Ces principes généraux ont été suffisamment développés dans la première Partie de cet Ouvrage, page 53 et suivantes ; il ne nous reste plus qu'à examiner ici quelques exceptions particulières qui pourraient embarrasser les étrangers.

1°. ON, combiné avec un pronom personnel conjonctif au datif, s'exprime conformément à la règle générale, avec cette différence que le *si*, au lieu de précéder le pronom, comme on le précède en français, doit le suivre.

E X E M P L E S :

Mi si consiglia ; (et non pas *si mi*) on me conseille.
Ti si diffende ; (et non pas *si ti*) on te défend.
Gli ou *le si commanda ;* (et non *si gli* ou *si le*) on lui
commande.

En se servant de la tournure passive impersonnelle, on
supprimera le si.

E X E M P L E S :

Ci è mandato ; on nous envoie.

Vi viene scritto ; on vous écrit.

È domandato loro ; (1) on leur demande.

Dans ces exemples, les pronoms conjonctifs sont au
datif ; c'est comme si l'on disait : on conseille *à moi,* on
défend *à toi,* etc. etc.

2°. Si les pronoms conjonctifs, au lieu d'être au datif,
sont, au contraire, à l'accusatif, on ne pourra plus se
servir de *si.* Il faudra avoir recours au passif ; mais le
verbe cessera d'être impersonnel.

E X E M P L E S :

Sono biasimato ; on me blâme.

Sei lodato ; on te loue.

È cercato ; on le cherche, ou bien *è cercata ;* on la
cherche.

Siamo amati ; on nous aime.

Siete chiamati ; on vous appelle.

Sono mandati ou *mandate ;* on les envoie.

Ici les pronoms conjonctifs sont évidemment à l'accusatif ; car on ne pourrait pas dire : on blâme *à moi,* on
aime *à nous,* etc.

3°. Les deux règles précédentes sont applicables à on
EN, combiné avec un pronom conjonctif. Si ce pronom
est au datif, on ne se servira point de *sene,* mais seulement de la tournure passive impersonnelle.

E X E M P L E S :

Mene viene presentato ; on m'en présente.

____

(1) Avec *si* l'on dirait : *Si domanda loro,* et non pas *loro si domanda,* conformément à la règle générale des pronoms, page 57.

Tene viene negato ; on t'en refuse.

N'è, ne sta , ou *ne viene concesso loro ;* on leur en accorde, etc. etc.

Si le pronom est à l'accusatif, on se servira du passif personnel.

E X E M P L E S :

Ne siamo cacciati ; on nous en chasse.
Ne siete rimproverati ; on vous en réprimande.
Ne sono allontanati ; on les en éloigne, etc. etc.

4°. On combiné avec y s'exprime conformément à la règle première ; c'est-à-dire, que l'on transpose on après y, quoiqu'en français ce soit le contraire.

E X E M P L E S :

Vi si pensa ; on y pense, (et non pas *si vi.*)
Vi si ballerà ; on y dansera.

Vi si vede , ou *vi si redono ,* ou *vi sono vedute cose rare e mirabili ;* on y voit des choses rares et admirables, etc.

5°. Combiné avec y et un pronom personnel conjonctif, il ne peut plus être exprimé par si ; mais on conjugue le verbe passivement.

E X E M P L E S :

Vi sono aspettato ; on m'y attend.
Vi sei desiderato , on t'y desire.
Vi siamo mandati ; on nous y envoie , etc.

6°. On ne se combine point en italien avec deux pronoms conjonctifs, dont l'un au datif et l'autre à l'accusatif, comme cela se pratique en français. Lors donc qu'il s'agit de traduire ces expressions françaises, on me le, on te la , on les lui, etc. il faut supprimer les pronoms accusatifs le, la, les, et dire comme s'il n'y avait qu'un seul pronom au datif , conformément à la règle première.

Mi si scrive , ou *mi è scritto , etc.* on me l'écrit.
Gli si destina , ou *gli è destinata per sposa ;* on la lui destine pour femme.

Non vi si daranno, etc. on ne vous les donnera pas, etc.

7°. Il se combine encore moins avec y , précédé, comme en français, de deux pronoms conjonctifs. Dans ce cas , les Italiens n'expriment ni le pronom accusatif, ni l'ad-verbe pronominal Y. Ils rendent cette triple combinaison de la manière indiquée dans la règle précédente.

EXEMPLES:

Mi si manderà; on me l'y enverra.

Gli si porteranno, ou *gli saranno portati*; on les lui (1) portera, etc.

Ceci est un corollaire de ce qui a été dit ci-devant, page 59, règles 3 et 4.

8°. ON, combiné avec Y et EN, ne se place point, comme en français, devant ces deux monosyllabes; mais Y doit précéder, et ON EN s'exprime par *sene*, suivant la règle générale.

EXEMPLES:

Vi sene vede; on y en voit, (et non pas *se vi ne*).
Vi sene trovano; on y en trouve, etc.

9°. Combiné avec Y et EN, et en outre avec un pronom personnel conjonctif; il s'exprime conformément à la règle 3.

EXEMPLES:

Vi mene fù portato; on m'y en porta.
Vi cene sarà mandato; on nous y en enverra.
Vi ne sarebbe dato loro; on leur y en donnerait, etc. etc.

10°. Combiné avec le pronom réfléchi SE, il ne peut s'exprimer à la lettre; il faut nécessairement y suppléer par un nominatif quelconque, exprimé ou sous-entendu.

EXEMPLES:

On se repent. Dites: *uno si pente*, ou *si pente alcuno*, ou *si pentono alcuni*.

On se bat dans la rue; *si battono alcuni in istrada*, etc. etc.

11°. Toutes les fois que la particule ON se trouve com-binée en français avec le verbe AVOIR suivi d'un parti-cipe, il faut changer ce verbe en italien, et lui substituer *essere*.

---

(1) *Y* est supprimé en français à la troisième personne du singu-lier, pour éviter la cacophonie de *i y*.

EXEMPLES:

EXEMPLES:

Si è veduto ; on a vu.
Non si è pensato ; on n'a pas pensé, etc.

Mais si le verbe avoir, au lieu d'être suivi d'un participe, est accompagné d'un ou de plusieurs noms, on le traduit littéralement par *avere*.

EXEMPLES:

Si ha denaro abbastanza ; on a assez d'argent.

Non si ha molto tempo ; on n'a pas beaucoup de temps.

12°. Après on, il ne faut point exprimer les articles partitifs de, du, de la, des. Ainsi l'on dira sans article :

Si vedono donne ; on voit des femmes.

Si scrivono cattive nuove ; on écrit de mauvaises nouvelles.

Si sente romore ; on entend du bruit.

Si ha patienza ; on a de la patience, etc.

CHAPITRE VII.

De quelques particularités concernant la terminaison des Verbes.

1°. INDICATIF PRÉSENT. La troisième personne de ce temps peut perdre sa voyelle finale au singulier, lorsqu'elle se termine en *le* ou en *ne*. Exemple :

Vuol pour *vuole* : — *suol* pour *suole* ; — *tien* pour *tiene* ; — *vien* pour *viene*, etc.

Elle la perd presque toujours au plurier, comme : *aman*, pour *amano* ; — *credon* pour *credono* ; — *senton* pour *sentono*, etc.

2°. IMPARFAIT. Dans les Verbes en *ere* et en *ire*, la première et la troisième personne du singulier perdent souvent la lettre *V* de la dernière syllabe. Exemple :

Temea, perdea, credea, sentia, etc. pour *temeva, perdeva, credeva, sentiva*, etc.

R

On dit aussi à la troisième personne du plurier :

Temeano, perdeano, credeano, sentiano, etc.

Il y a même des auteurs qui écrivent *venieno, ferieno, credieno,* etc.

3°. PRETERIT. A Rome, on substitue presque toujours dans la conversation le prétérit du subjonctif à celui de l'indicatif. Pour exprimer nous aimâmes, nous craignîmes, nous entendîmes, etc. On dit même au théâtre *amassimo, temessimo, sentissimo,* etc. mais on écrit toujours *amammo, sentimmo, tememmo,* etc.

La plupart des poëtes suppriment la dernière syllabe de la troisième personne du plurier dans les verbes en ARE, et changent *ero* en *ono* dans ceux en ERE. Exemple :

Amaro cantaro, etc. au lieu de *amarono, cantarono ;* ils aimèrent, ils chantèrent, etc.

Ebbono, temettono, ruppono, etc. au lieu de *ebbero, temettero, ruppero,* etc. ils eurent, ils craignirent, ils rompirent, etc.

4°. FUTUR. Plusieurs Verbes, tels que *volere,* vouloir ; *potere,* pouvoir, etc. éprouvent au futur la syncope suivante : *Vorrò* pour *volerò; potrò* pour *poterò.*

Ceci a lieu principalement à l'égard des Verbes, dont la troisième personne singulier du présent de l'indicatif se termine en *de,* en *re,* en *te* et en *ve.* Ainsi on dira :

Vedrò, vedrai, vedrà, vedremo, vedrete, vedranno, au lieu de *vederò,* etc.

Soffrò, soffrai, soffrà, etc. au lieu de *soffrirò,* etc.

Mietrò, mietrai, mietrà, etc. au lieu de *mieterò,* etc.

Vivrò, vivrai, vivrà, etc. au lieu de *viverò,* etc. parce qu'à la troisième personne singulier du présent de l'indicatif de ces Verbes, on dit : *vede,* il voit ; *soffre,* il souffre ; *miete,* il moissonne ; *vive,* il vit, etc.

Il en est de même à l'égard de quelques Verbes dans lesquels cette troisième personne se termine en *ne,* comme *viene,* il vient ; *tiene,* il tient, etc. on dit au futur :

Verrò, terrò, etc. pour *venirò* et *tenerò,* qui ne sont point en usage.

On se sert du futur italien au lieu du présent français, quand l'action qu'on veut exprimer est subordonnée à l'avenir. Exemple :

D. *Quando verrete voi?* quand viendrez-vous?

R. *Fra poco, se potrò*; dans peu, si je puis; parce qu'au moment où l'on parle la puissance n'existe pas, et qu'elle dépend d'événemens futurs.

On se sert au contraire du présent dans d'autres circonstances où les Français emploient le futur. Exemple :

D. *Quanto starete voi?* combien resterez-vous?

R. *Finche mi piace*; tant qu'il me plaira; parce qu'on suppose qu'au moment où l'on parle, la volonté de rester existe, et qu'il ne s'agit que du temps indéterminé qu'elle continuera d'exister.

5°. IMPERATIF. C'est le seul mode où les Italiens fassent constamment usage du pronom *tu*; c'est, au contraire, le seul où les Français s'en dispensent. On dit : *sappi tu*, sachez; *abbi tu*, aies, etc. tandis qu'à tous les temps des autres modes, on ne se sert jamais des pronoms nominatifs, à moins qu'il n'y ait absolue nécessité.

Nous avons vu ci-devant, page 119, quels sont les cas où l'on substitue l'infinitif à l'impératif; il y en a d'autres où l'on substitue, au contraire, l'impératif à l'infinitif. On trouvera, dans plusieurs Auteurs, *va porti*, pour *va a portare*, *va dormi*, pour *va a dormire*, etc.

6°. SUBJONCTIF PRESENT. Les trois personnes du singulier se terminent en *i* dans tous les verbes réguliers en ARE; cependant vous les trouverez souvent terminées en *e*, comme : *ch'io ame*, *che tu parle*, *ch'egli mande*, etc.

Cette licence est proscrite en prose : on doit même se la permettre rarement en vers.

Quelquefois ces trois personnes sont terminées en *i* dans les Verbes en ERE et en IRE, quoique leur véritable terminaison soit en *a*. C'est encore une licence.

7°. CONDITIONNEL. L'observation 3 est applicable à ce temps. On dit très-bien : *Amerebbono, perderebbono, dormirebbono*, etc. pour *amerebbero, perderebbero, dormirebbero*, etc. Les poëtes disent : *amerebbeno*, etc.

La terminaison *ei*, commune à tous les Verbes au conditionnel, peut également être convertie en *ia*. On dit tant en prose qu'en vers : *ameria, perderia, sentiria*, etc. pour *amerei, perderei, sentirei*, etc. Dans ce cas, la troisième personne du plurier doit être *ameriano, perderiano*, etc. etc.

R 2

8°. Preterit. La première et la seconde personne doivent toujours se terminer en *i*, et la troisième en *e*. C'est la règle générale. Cependant, la plupart des poëtes font précisément le contraire ; ils terminent les deux premières en *e*, et la troisième en *i*.

Les traducteurs ne doivent pas perdre de vue cette observation.

La troisième personne du plurier de ce temps est sujette aux mêmes altérations que celle du conditionnel et du prétérit de l'indicatif. (Obs. 3 et 6).

9°. Infinitifs. Ils finissent tous en *re*. L'*E* final se retranche presque toujours, à moins que l'infinitif ne termine la phrase.

Lorsque la finale *re* est précédée d'une *r*, on retranche la syllabe entière. C'est ainsi qu'on dit et qu'on écrit :

Tor pour *torre*, syncopé de *togliere*, ôter.

Por pour *porre*, syncopé de *ponere*, mettre.

Trar pour *trarre*, syncopé de *traere*, enlever, etc.

Quant au surplus de ce qui concerne les infinitifs, les gérondifs et les participes, voyez page 33 de la première Partie, et 108 de la seconde.

CHAPITRE VIII.

De quelques particularités concernant les Adverbes et les Prépositions.

I°. Quando, adverbe de temps, signifie quand et lorsque. Il interroge et répond au présent, au passé et au futur. Exemple :

D. *Quando parti ? quando partisti ? quando partirai ?*
Quand pars-tu ? quand es-tu parti ? quand partiras-tu ?
R. *Quando voglio ; — quando volli ; — quando vorrò*, etc.
Quand *ou* lorsque je veux ; — je voulus ; — je voudrai.

II. Quanto signifie à la fois combien, combien de temps, jusqu'à quand, combien y a-t-il de temps, autant,

autant que, autant de temps que, tant et si peu que, tant que, jusqu'à ce que, etc.

Il interroge et répond au départ et au retour ; il sert au présent, au passé et au futur. Exemple :

D. *Quanto stai ? — quanto stesti ? — quanto starai ?*

Combien de temps restes-tu ? — restas-tu ? — resteras-tu ?

R. *Quanto posso ; — quanto potei ; — quanto potrò.*

Autant de temps que je puis ; — tant que je pus ; — tant et aussi peu que je voudrai, etc.

III. Que si l'interrogation porte sur la durée ou l'étendue d'un intervalle ou d'un temps quelconque, il faut faire précéder *quanto* de *fin* ou *per fin a*. Exemple :

D. *Fin* ou *per fin a quanto starai ?* (et non pas *quando.*) Jusqu'à quand, *ou* jusqu'à quel temps resteras-tu ?

R. *Fino a due giorni. Fino a quanto, ou fino a tanto che vorrò.* — Deux jours. Tant qu'il me plaira.

IV. Si la personne qui interroge par *quanto* suppose que ce dont elle veut s'assurer remonte à une époque très-reculée, ou à un temps absolument passé, dont il ne reste plus de partie à s'écouler, elle dira : *quanto ha ?* combien y a-t-il ? combien y a-t-il de temps ? combien s'est-il écoulé de temps depuis que ? Exemple :

Quanto ha che siete ritornato dal Messico ? combien y a-t-il que vous êtes revenu du Mexique ? R. *Sono due anni*, etc. Il y a deux ans, etc. ou toute autre expression indiquant une époque éloignée.

V. Si, au contraire, la demande porte sur une action récente, on dira : *quanto è*. Exemples :

D. *Quanto è ch'el mèdico è venuto ?* Combien y a-t-il que le médecin est venu ? — R. *Un ora al più ;* il y a tout au plus une heure, ou toute autre expression désignant un temps rapproché.

VI. Les adverbes de lieu ICI et LA se rendent en italien de diverses manières, selon la position des lieux, relativement à la personne qui parle.

S A V O I R :

ICI et LA par *qui* ; lorsqu'il s'agit de repos ; — par *quà*, lorsqu'il s'agit de mouvement.

ICI (pour un lieu spécifié d'une manière précise et particulière) *qui*. (généralement parlant, comme d'un pays, d'un cahton, etc.) *quà.* (en haut) *quassù.* (en bas) *quaggiù.* (dedans) *quà entro, quà dentro.*

D'ICI (pour un lieu particulier) *di qui, quinci.* (parlant en général) *di quà, quindi.*

LA (parlant d'un lieu particulier) *li.* (d'environs) *là* et *ivi.* (s'il y a loin) *colà.* (si c'est en haut) *lassù.* (s'il y a de la distance) *colassù.* (si c'est dans la maison) *di soprà.* (si c'est en bas) *laggiù.* (s'il y a loin) *colaggiù.* LA BAS (en parlant d'un pays éloigné) *colà ivi.* (si le pays, quoiqu'éloigné, se trouve rapproché par la narration) *quivi.*

LA, désignant l'endroit d'où l'on parle, d'où l'on écrit, d'où l'on agit, peut se rendre par *costi*, désignant au contraire le lieu où est la personne à qui on écrit, pour laquelle on agit, etc. il s'exprime par *costà.*

VII. Il y a deux autres adverbes de lieu, auxquels les adverbes ci-dessus répondent, et qui méritent une attention toute particulière. Ce sont : OVE ou DOVE, et ONDE ou DONDE, en français *où, d'où, par où.*

Ces deux adverbes ont la propriété d'interroger et de répondre au présent, au passé et au futur. Exemples :

D. *Dove sei ?* Où es-tu ? *Donde vieni ?* D'où viens-tu ?

R. *Dove sei.* Où tu es toi-même. *Donde vieni.* D'où tu viens toi-même.

Avec ces deux adverbes on forme six questions qu'il est d'autant plus essentiel de ne pas confondre, que chacune a sa solution différente, ainsi qu'il doit nécessairement résulter de l'observation précédente.

VIII. La première question est celle-ci : *Dove sei ?* Où es-tu ? C'est une question de repos correspondante au *status loco* des Latins. D'après l'observation 6, la réponse ne peut être que *qui, li, costi, quà, là* et *costà.*

La seconde est : *Dove vai ?* Où vas-tu ? Question de mouvement de lieu au départ (*le motus ad locum* des latins) la réponse sera : *Quà, li* ou *colà, costà, lassù, laggiù, costaggiù* et *colassù.*

La troisième: *Donde vieni ?* D'où viens-tu ? Question de mouvement de lieu au retour (le *motus de loco* des Latins.

On répondra par *di qui* (1) ou *quinci*, *di li* ou *di là*, *di costi*, *di costinci*, *quindi* ou *indi*.

La quatrième : *Donde passerai ?* Par où passeras-tu ? suppose divers moyens tendans au même but. La réponse est : *di quà* et *dilà*. Ici on se sert de *di* au lieu de *da*, non pas à cause de la divergence, mais parce que les adverbes de lieu, dont il est ici question, n'admettent point le *da*. Si au lieu d'un adverbe il y avait un nom, on emploierait *da* ou *per*, comme : *da Roma*, *da Pariggi*, *per Londra*, *per Torino*, etc. par Rome, par Paris, par Londres, par Turin, etc.

La cinquième : *Verso dove anderai ?* De quel côté iras-tu ? Question de lieu qui indique incertitude de mouvement. Elle se résout par *quà* et *là*, en ajoutant *verso*.

La sixième : *Fin dove anderai ?* Jusqu'où iras-tu ? Question relative au terme de mouvement : On répondra : *quà*, *là*, *costà* et *colà*, en ajoutant *fin*.

Ces remarques sont autant de corollaires de la sixième observation.

IX. La préposition con, avec, se lie avec les trois pronoms *me*, *te*, *se*, de cette manière ; *meco*, *teco*, *seco* ; avec moi, avec toi, avec lui. On dit aussi au plurier : *seco*, avec eux, avec elles, au lieu de *con loro*.

Les pléonasmes suivans : *Insieme con lui*, *colla donna insieme*, *con meco*, *con teco*, *seco con loro*, et autres de cette nature, qui seraient ridicules dans une autre langue, sont autant de beautés en italien.

X. Da, signe de l'ablatif, est souvent substitué :

1°. A l'a français, devant les infinitifs. Exemples : *Non ho da bere* ; je n'ai pas à boire. *Ho da fare*, *da scrivere*, etc. j'ai à faire, à écrire, etc.

2°. A dè, signe du génitif, comme : *Una donna da trenta anni* ; une femme d'environ trente ans. Dans ce sens il n'est qu'approximatif.

3°. Il signifie depuis. *Da Roma sin a Napoli* ; depuis Rome jusqu'à Naples. *Da che*, depuis que, etc.

On emploie très-fréquemment en italien la préposition

___

(1) Et non pas *da*. C'est ici le cas de la règle 4, page 73.

pur ou *pure*, qui n'a point en français d'expression cor-respondante. Elle n'est qu'explétive et de pur ornement. Exemples :

Date pur, parlate pur, etc. comme nous disons en français : donnez, donnez ; — parlez, parlez, etc. *Andate pure*, allez toujours, ne vous inquiétez pas, etc. etc.

XII. Beaucoup et bien s'expriment ordinairement par *molto*, qui prend souvent une forme adjective. (*Voyez* ci-devant pages 63 et 79.) On peut cependant les exprimer aussi élégamment par l'adjectif *grande*. Exemples :

Ho gran piacere nel sentirvi ; j'ai beaucoup de plaisir, ou bien du plaisir à vous entendre.

Quella donna ha grande spirito ; cette femme a bien de l'esprit, *ou* beaucoup d'esprit. Dans ces circonstances, et autres semblables, il n'est point question de nombre, mais d'augmentation.

Pour le surplus de ce qui concerne les adverbes et les prépositions, lisez le sixième et le septième Chapitre de la première Partie.

Fin du second Livre.

METHODE

MÉTHODE ITALIENNE.

LIVRE TROISIEME,

Contenant les Idiômes.

La partie idiomaticale d'une langue consiste principalement dans les significations différentes et souvent opposées les unes aux autres, que l'on est convenu de donner à certains mots, dans les diverses manières de parler adoptées par le peuple, et dans les tournures proverbiales.

Toute phrase qu'on ne peut faire passer d'une langue dans une autre en se servant des mêmes mots, sans que la traduction littérale en altère le sens, est une phrase idiomaticale. Or, comme il n'est pas plus possible de traduire littéralement des idiômes italiens en français, que de rendre mot à mot des idiômes français en italien, nous ne pouvons indiquer sur cette matière que les moyens d'imitation consacrés par l'usage.

I.

De quelques Idiômes italiens, relativement à la Langue française.

ANDARE.

Ce Verbe, suivi du gérondif, ou du participe d'un autre Verbe, est souvent préféré aux temps simples de ce même Verbe. Exemple :

L'erba va spontando ; l'herbe pousse.

S

J frutti vanno *maturando*; les fruits mûrissent.
Egli va *riverito da tutti*; tout le monde le respecte.
Va detto; on dit, etc.

On l'emploie quelquefois impersonnellement pour exprimer il faut, il doit, etc. Exemples :

L'ho io trattato come va ; je l'ai traité comme il faut.
Va cosi, — va *fatto cosi*; cela doit être ainsi ; — il faut que cela soit ainsi, etc.

Autres significations.

ANDARE *in amore*,	Devenir amoureux.
in estasi,	Se pâmer.
in colera,	Se mettre en colère.
in malora ou *a male*,	Se ruiner.
in semenza,	Monter en graine.
in cerca,	Chercher.
avanti,	Devancer.
alla longa,	Prendre le plus long.
a gala,	Flotter sur l'eau.
alle coste,	Se hâter.
altiero,	Se donner des tons.
a gambe levate,	Dissiper son bien.
a marito ou *a moglie*,	Se marier.
via,	S'en aller.
dietro,	Suivre.
cercando rogna,	Chercher malheur.
cercando pelo nell' uovo,	Chercher midi à quatorze heures.
per le poste,	Être battu,
per la mente,	Passer par l'esprit.
per viole,	Déraisonner.

A longo andare ; à la longue.
Nei tempi andati ; aux temps passés.
Cosa andata ; chose perdue.
Aria andante ; air courant.
Ne va tanto alla libbra ; il y en a tant à la livre.

A L T O,

Signifie à-la-fois haut et profond. Exemples :

Dormire d'alto *sonno*,	Dormir d'un profond sommeil.
Dire alte *cose*,	Dire des extravagances.
Fare alto *et basso*,	Faire à son gré.
È alta *ora*,	Il est tard.

AVERE,

S'emploie fréquemment et très-élégamment, au lieu du Verbe *tenere*, tenir. Exemples :

Ho *per certo* ; je tiens pour certain.
L'ho *io per ignorante* ; je le tiens pour un ignorant.

Autres significations.

AVERE *dell' uomo da bene.*	Sentir son homme de bien.
del miracolo, del prodigio,	Tenir du miracle, du prodige.
caro,	Être bien aise.
a bene - per bene,	Trouver bon,
a male - per male,	Trouver mauvais.
in preggio,	Estimer.
in odio,	Haïr.
a sdegno,	Dédaigner.
a schifo,	Être ennuyé.
del goffo,	Être lourdaut.

BATTERE,

Il batiere dei conti,	La balance d'un compte.
Battono le scritture,	Les écritures se rapportent.
Questo ha da battere,	Ceci doit câdrer.
Qui batte tal cosa,	C'est ici la place de telle chose
Qui hanno da battere i viaggiatori,	Il faut que les voyageurs passent par ici.

Autres significations.

BATTERE *ad un segno,*	Viser à quelque chose.
il taccone,	S'enfuir.
il pallone,	Jeter la balle.
la strada,	Frayer le chemin.
la diana,	Trembler de froid.
in terra,	Jeter par terre.
gli occhj,	Clignoter.
In un batter d'occhio,	En un clin d'œil.

DARE.

Darsi il cuore ; avoir le courage.
Può darsi ; il peut arriver.
Sdarsi, se relâcher.
Le lettere danno che ; les lettres annoncent que, etc.

Autres significations.

DARE *Dell' occhio,* — Lorgner.
Adosso ad uno, — Se jeter sur quelqu'un.
A gambe, — S'enfuir.
Del tu, — Tutoyer.
In molle, — Manquer son coup.
L'aqua a piedi, — Se vanter.
La barba al sole, — Mourir.
In luce, — Mettre au jour.
Nei ladri, — Tomber entre les mains des voleurs.
Nel bargello, — Faire une fâcheuse rencontre.
La burla ad uno, — Se moquer de quelqu'un.
Fuoco, — Brûler.
In istravaganze, — Délirer, divaguer.
Nel matto, — Faire le fou.
La quadra, — Critiquer.
Calci al vento, o, pugni all'aria, — Se battre avec son ombre.
Di bocca da pertutto, — Fourrer son nez par tout.
La zappa nei piedi, e la mazza in capo, — Se faire tort.
Addietro, — Reculer.
Adosso al nemico, — Fondre sur l'ennemi.
Giusto, — Frapper juste.
Nel segno, — Frapper au but.
Come in terra, — Aller à tors à travers.
Principio, — Commencer.
Ad uno, — Battre quelqu'un.
Casa, vitto e vestito, — Loger, nourrir et habiller.
Nel bigio, nel nero, nel rosso, etc., — Tirer sur le bis, sur le noir, sur le rouge, *etc.*
In ciampanella, — S'embrouiller dans ce que l'on dit.
Orecchio, — Prêter l'oreille.
L'anello, — Epouser.

Si da che, on dit que.
Si danno persone, il y a des gens, etc. etc.

ESSERE.

Ses diverses propriétés, comme auxiliaire et comme

impersonnel, ont été suffisamment développées dans la
1re Partie. On dit proverbialement :

ESSERE *A cavallo*,   Etre hors d'embarras.
    Fuori di bologna,   Ne rien savoir, être un igno-
                   rant, un imbécille.

    Per le frette ,   Etre perdu.
    Per la mala via.   Se ruiner.
    Di giovamento ,   Servir , aider , etc.
    Di gran danno ,   Nuire , être à charge.
    Da qualche cosa,   Etre propre à quelque chose,
      da niente , da   n'être bon à rien , être
      tutto.   propre à tout.

Suivi de *per*. Il signifie être sur le point de , ou être
prêt à. Exemples :

Sono per uscire ; je suis prêt à sortir.

Le donne erano per partire ; les femmes étaient sur le
point de partir , etc.

On dit encore : *Sarrebbe meglio* : il vaudrait mieux , etc.

FARE.

FARSI   *Animo ,*   Prendre courage ,
    Avanti , inanzi ,   S'avancer.
    In dietro,   Reculer , se retirer.
    In quà ,   S'approcher.
    In là ,   S'éloigner.
    Beffe d'uno ,   Bafouer , se mocquer.

FARE   *Il muso,*   Bouder.
    Motto ,   Dire un mot.
    Brindisi ,   Trinquer.
    Del resto ,   Jouer de son reste.
    Scelta ,   Choisir.
    Pompa ,   Se vanter.
    Mestiere ,   Etre nécessaire.
    Guadagni ,   Gagner.
    Capolino ,   Duper.
    Lume ad uno ,   Eclairer quelqu'un.
    Un tiro ad uno.   Jouer un tour à quelqu'un.
    I bisoloti ,   Escamoter.
    Capo ad uno ,   S'adresser à quelqu'un.
    Servizio ,   Rendre service.
    Senza una cosa ,   Se passer d'une chose.

Alle pugna ,	Se battre à coups de poing.
Ai capegli ,	Se prendre aux cheveux.

IL FARE		
	Della Luna ,	La nouvelle lune.
	Del giorno ,	Le point du jour.
	Della notte ,	La brune.

Tutto fa per lui ; tout lui convient.
Poco fa ; il n'y a pas long-temps.
Tre mesi fa ; il y a trois mois, etc.

On dit au singulier : *tre via tre fa nove ;* trois fois trois font neuf. — *Quattro via quattro fa sedici ;* quatre fois quatre font seize, etc. Au lieu de *tre volte tre fanno nove ;* — *quattro volte quattro fanno sedici ,* etc. etc.

METTERE.

METTERE	*A cavallo una spada ,*	Monter une épée.
	A fil di spada ,	Passer au fil de l'épée.
	Romore ,	Causer du bruit.
	Strida ,	Pousser des cris.
	Guaj ,	Chanter misère.
	I denti ,	Pousser les dents.
	Fuori ,	Etaler.
	In mezzo ,	Duper , suplanter.
	Il becco in molle ,	Fourrer sa langue par tout.

PORRE.

PORRE	*Una vigna ,*	{ Planter une vigne. Battre la campagne.
	A seme ,	Ensemencer.
	Mente ,	Faire attention.
	Uno al sole ,	Ruiner quelqu'un.
	Modo ad una cosa ,	Arranger , ou modérer une chose.
	Indugio ,	Tarder , demeurer.
	In mezzo ,	Supplanter.
	In non cale ,	Négliger.
	Silenzio ,	Imposer silence.
	Gli occhj a , etc. ,	Jetter les yeux sur, etc.

ROMPERE.

ROMPERSI ; Se mettre en fureur.

ROMPERE: *Proposito*,   Changer d'avis.
      La guerra,   Commencer la guerre.
      La terra,   Défricher.
      La parola,   Couper la parole.
      Il guado,   Sonder le gué.
      La legge,   Enfreindre la loi.

SAPERE,

Signifie à-la-fois, savoir, pouvoir, sentir, c'est-à-dire, avoir de l'odeur.

SAPERE *A mente*,   Savoir par cœur.
      A mena dito,   Savoir sur le bout du doigt.
      Di buono,   Sentir bon.
      Di cattivo,   Sentir mauvais.
      Di muffo,   Sentir le moisi.
      Di niente,   Etre sans odeur.
      Male,   Déplaire.
      Trovare il pelo nell' uovo,   Etre un fin matois.

STARE

A les mêmes propriétés qu'*Andare*, lorsqu'on l'emploie avec les gérondifs et les participes des autres verbes. *Andare* sert plus généralement aux verbes de mouvement, et *stare* à ceux de repos, au lieu d'*essere*. On peut aussi le faire suivre d'un infinitif. Exemple :

Stare a sedere; être assis. — *A sentire*; écouter, *etc.* Suivi de *per*; il devient synonyme d'*essere*. Exemple : *Stava per uscire*; il était sur le point de sortir, etc.

Autres significations.

STARE *In piedi*,   Se tenir debout.
      Bene o male,   Se bien mal porter.
      Sù,   Se lever.
      Giù,   S'assoir.
      Lesto,   Se tenir sur ses gardes.
      Saldo,   Rester ferme,
      Sulle burle,   Plaisanter.
      Colle mani alla cintura,   Rester oisifs.
      Sul grave, sulle sue, zitto,   Tenir son quant à soi, prendre un air sérieux.
      A tu per tu con uno,   Tenir tête à quelqu'un

Con i mobili di seco ,	Etre dans ses meubles.
Attento ,	Faire attention.
Coll' occhio alla penna ,	Etre au guet.

Questo vi sta a maraviglia ; cela vous sied à merveille.
Ci sto per dieci scudi ; j'y suis pour dix écus.

TENERE,

Signifie tenir, retenir, prendre. etc. — *Tenere per se ;* garder pour soi, etc.

Autres significations.

TENERE *Da uno ,*	Etre du parti de quelqu'un.
A bada ,	Amuser de paroles.
In contrario , ·	Etre d'avis contraire.
Alla traccia ,	Poursuivre à la piste.
Conto d'uno ,	Faire cas de quelqu'un.
A mente ,	Se ressouvenir.
La favella d'uno,	Empêcher de parler ; lier la langue à quelqu'un.
Una donna ,	Entretenir une femme.
Manno al furto ,	Receler un vol, être complice.
La carozza ,	Avoir voiture.
La battuta,	Battre la mesure.
L'invito,	Accepter une invitation.
Per uno ,	Parier pour quelqu'un.
Il silenzio ,	Garder le silence.

TRARRE, TRAERE ou TIRARE.

Verso qualche luogo ,	Aller vers un endroit.
Indietro ,	Reculer.
Avanti ,	Avancer.
A dritta , a sinistra ,	Courir à droite à gauche.
Il dado ,	Jeter les dez.
Calci ,	Ruer.
In volgare ,	Traduire en langue vulgaire.
Di senno ,	Rendre fou.
Patto ,	Faire une convention.
Sospiri ,	Pousser des soupirs.
Guaj ,	Crier misère.
I giorni e le notti ,	Passer les jours et les nuits.
La fame , la sete ,	Appaiser la faim et la soif.
Il calzino ,	Mourir.

TOGLIERE

TOGLIERE ou TORRE.

Casa,	Monter un train de maison.
A pigione,	Prendre à loyer.
Cavalli a vittura,	Louer des chevaux.
Uno di se,	Embarrasser quelqu'un.
Il capo ad uno,	Importuner quelqu'un.
Di mira,	Coucher en joue.

Tolga idaio che, etc. à dieu ne plaise que, etc. etc.

VENIRE

S'emploie très-élégamment avec les gérondifs et les participes des verbes. Exemples :

Vengo assicurato, ou *mi viene assicurato*; on m'assure.

Se viene abbandonato; si on l'abbandonne.

Egli è venuto notando; il a remarqué.

Voyez au surplus ce qui a été dit, page 126.

Autres significations.

VENIRE	*Meno* ou *manco*,	Tomber en faiblesse.
	In succhio,	Entrer en goût.
	In sorte,	Echeoir en partage.
	Sotto'l nome,	Se nommer.
	A'ferri,	Presser une affaire.
	A dovere,	Se mettre à la raison.

Non mi viene bene; il ne me réussit pas.

Mi viene voglia; il me prend envie.

Mi viene tanto; il me faut, il me revient, il m'appartient tant, etc.

VOLERE,

Signifie vouloir, prétendre, croire, demander, etc. Exemples :

Quest'affare vuol prudenza; cette affaire demande de la prudence.

Chi vuole, chi non vuole; l'un veut, l'autre ne veut pas.

Vogliono alcuni filosophi; quelques philosophes prétendent, croient, supposent, etc.

Autres significations.

VOLER	*La con uno*,	En vouloir à quelqu'un.
	Bene, male,	Aimer, haïr.
	Più tosto,	Préférer.

Qualsi voglia ; quoique ce soit.
Le cose vogliono essere così ; cela doit être ainsi.
Si vuole che ; il faut que, etc.

USCIRE.

Uscire al mondo,	Venir au monde.
Uscire di senno,	Devenir fou.
Uscire di cervello,	Perdre la tête, l'esprit, etc.
E uscita una legge,	Il paraît une loi.
La galeria esce in su'l giardino,	La galerie donne sur le jardin.

I I.

De quelques idiômes français, relativement à la Langue italienne.

AFFAIRE.

Je ne veux point me mêler des affaires d'autrui ;	Non voglio intrare nei *fatti* d'altri.
Mêlez-vous de vos affaires ;	Datevi briga de'*fatti* vostri.
Le plus beau de l'affaire, c'est que je ne suis pas connu ;	Il più bello si è ch'io non sono connosciuto.
Graces à dieu nos affaires sont en bon train ;	Lodato il cielo, le nostre *cose* vanno a secondo.
Les dragons ont fait des merveilles dans la dernière affaire ;	I dragoni hanno fatto maraviglia nell' ultima *bataglia.*
Il faut prendre garde à qui on a affaire ;	Bisogna badare con che si tratta.
Ce jeune homme est bien dans ses affaires ;	Egli è un giovane *bene stante.*
Vaquer à ses affaires ;	Attendere a'suoi *interessi.*
Le médecin m'a tiré d'affaire ;	Il medico m'ha *guarito.*

AGIR.

C'est un remède qui agit puissamment ;	Quell'è un rimedio che *opera* potentemente.

Il a agi en homme d'honneur ;
Egli s'è portato da uomo d'onore.

Il agit bien avec moi, mais il agit mal avec les autres ;
Colui tratta bene meco, ma tratta male con gli altri.

Il s'agit de me faire un plaisir ;
Si tratta di farmi un servizio.

AIR.

L'air est froid ;
L'aria è fredda.

Il ne fait point d'air ;
Non fa punto di vento.

Cette femme a l'air noble ;
Questa donna ha l'aspetto nobile.

Elle a un grand air ;
E di bella presenza.

C'est un homme du bel air ;
Quell'uomo vive alla grande.

Il a l'air d'un honnéte homme ;
Egli ha la cera d'un galant'uomo.

Il prend des airs, ou il se donne des airs qui ne me plaisent point ;
Ha certe maniere, o ha un certo fare che non mi piace.

Ce jeune homme a beaucoup de votre air,
Quel giovane vi rassomiglia assai.

Chantez-nous un petit air ;
Favorite d'una canzonetta.

APPRENDRE.

J'ai appris avec plaisir votre heureuse arrivée à Paris ;
Ho inteso con piacere il suo felice arrivo in Pariggi.

J'ai appris l'italien en Angleterre ;
Ho imparato l'italiano in Inghilterra.

N.... est bon maître, il m'a appris l'anglais en fort peu de temps,
N.... è buono professore, e m'ha insegnato l'inglese in pocchissimo tempo.

ARRIVER.

Nous voici arrivés à Rome ;
Siamo pure giunti a Roma.

Sur ces entrefaites il arriva un courier qui voulait me parler ;
In quel mentre sopravenne un corriere che volea parlar meco.

La première fois qu'il vous arrivera de faire telle chose ;
La prima volta che vi accada di far tal cosa, etc.

ATTRAPER.

Attraper un animal dans un piége ;
Chiappare un animale in un laccio.

Les plus fins y sont quelques fois attrapés ;   I più astuti danno dentro alle volte.

Il a si bien fait qu'il a attrapé une bonne place ;   Ha fatto tanto, che ha buscato un buon impiego.

Sortez toujours devant, je vous attraperai bien ;   Andate pur avanti, che presto vi giungerò.

Ce maquignon m'a attrapé ;   Quel sensale m'ha ingannato.

BLESSER.

Il a été blessé à mort ;   È stato ferito a morte.

Mes souliers me blessent ;   Le mie scarpe mi fanno male.

Les paroles déshonnêtes blessent la pudeur ;   Le parole disoneste offendono il pudore.

BOUILLON.

Je prends un bouillon tous les matins ;   Bevo un brodo ogni mattina.

Cette eau bout à gros bouillons ;   Quell' aqua bolle a scroscio.

Le sang sortait de sa plaie à gros bouillons ;   Il sangue grondava dalla sua piaga.

Dans les premiers bouillons de sa colère il voulut me tuer ;   Nel primo bollore della colera, volle amazzarmi.

COMPTER.

Je les ai comptés l'un après l'autre ;   Gli ho annoverati l'uno dopo l'altro.

Vous pouvez compter sur moi en toute occasion ;   Potete far capitale di me in ogni occorrenza.

Comptez que vous me trouverez toujours prêt à vous servir ;   Fate conto che mi troverete sempre pronto a servirvi.

Je le compte pour mort ;   Lo tengo per morto.

Je le compte pour rien ;   Non ho riguardo di lui.

CONTER.

Contez cela à des enfans ;   Narrate a fanciullini le vostre favole.

Il en conte à cette femme depuis peu ;   È vagheggia quella donna da poco in quà.

Il conte fleurettes à toutes les femmes ;   Fa il zerbino con tutte le donne.

DEVOIR.

Est-ce que je vous dois quelque chose ?   Ho io da darvi qualche cosa ?

Un *fils* doit *porter respect* à son père ;	Un figlio *dee* portar rispetto a suo padre.
Je m'*acquitte de* mon devoir ;	Fo le parti de mio *dovere.*
C'est mon devoir *devousservir;*	E *debito* mio il servirvi.
J'irai *remplir mes* devoirs ;	Verrò a compire il mio *dovere.*
Je sais mon devoir ;	So il mio obligo.
Rendre à quelqu'un les der-niers devoirs ;	Rendere ad uno gli ultimi *uffizj.*

ÉCLAIRER.

Il n'*a fait* qu'éclairer *toute la* nuit ;	È *ballenato* tutta la notte.
Ce livre m'a beaucoup éclairé ;	Quel libro m'ha *illuminato* assai.
Éclairez *au citoyen* ;	*Fate lume* al signore.
Il *faut* éclairer *le peuple* ;	Bisogna *istruire* il popolo.
Prenez *garde à vous, car il y a des gens qui vous* éclai-rent ;	Badate a voi, che v'è gente che *guarda ai vostri* an-damenti.

ENSEIGNE.

Souvenez-vous de ma boutique à l'enseigne *du lion ;*	Ricordatevi della mia bot-tega al *segno* del leone.
Le *général a donné une en-seigne à votre frère ;*	Il generale ha dato una *bandiera* a vostro fratello.
Mon fils est enseigne *dans le vingtième régiment* ;	Mio figlio é alfiere del vin-tesimo regimento.
J'ai été chez vous à telles enseignes que j'ai parlé à votre domestique.	Sono andato a casa sua , *tanto è vero* , che ho parlato col suo staffiere.

FAÇON.

Payez la façon de votre habit ;	Pagate la *fattura* del vostro vestito.
C'est un homme plein de fa-çons ;	Quell' è un uomo pieno di *cerimonie.*
Cette femme a de certaines façons qui charment ;	Quella donna ha un certo *modo di trattare* che inam ora.
C'est un jeune homme qui a de belles façons ;	Egli è un giovane di *bel tratto.*

Cet acteur a bonne façon ;	Quell' attore ha bella pre-senza.
Ce ragoût a bonne façon ;	Quell' insingolo ha buona apparenza.

FLATTER.

Les femmes n'aiment ordinai-rement que ceux qui les flattent ;	Le donne non amano per lo più senon quei che le *adulano.*
Flatter un enfant ;	*Accarezzare* un bambino.
Je me flatte que vous voudrez bien me mettre au nombre de vos amis ;	Io mi *lusingo* che vi con-tenterete di ricevermi nel numero dei vostri amici.
Ce portrait est un peu trop flatté ;	Quel ritratto è un poco ca-ricato.

FLETRIR.

Le hâle flétrit les fleurs ;	L'arsura scolorisce i fiori.
Sa beauté commence à se flé-trir ;	La sua beltà commincia a venir meno.
Flétrir la réputation de quel-qu'un ;	*Sfamare* uno, ou, *torre* la riputazione ad uno.
Cet homme a été flétri ;	Quello è stato *ripreso dalla* giustizia.

MANQUER.

Tous les hommes sont sujets à manquer ;	Tutti gli uomini sono sot-toposti all' *errore.*
Manquer à son devoir, à sa parole ;	*Mancare* al suo dovere, alla sua parola..
Il a manqué d'être tué ;	*Quasi quasi* era ucciso.
Prenez garde à vous, car si je vous y attrape, je ne vous manquerai pas ;	Badate ai fatti vostri, che se vi ci coglierò, non vi *mancherò.*
Manquer une caille, un oi-seau ;	*Fallare* una quaglia, un' uccello.
Il y a plus d'un an que ce mar-chand a manqué ;	E un anno e più che quel mercante è *andato fallito.*

MÉNAGER.

Cet homme n'est pas riche,	Costui non è ricco, ma c'

mais il sait bien ménager son revenu ;	sa ben *governare* la sua intrata.
Je vous laisse ma bourse, ménagez-là ;	Vi lascio la mia borsa, *risparmiatela*.
Je vous prie de ménager mes intéréts ;	Vi prego *ch'abbiate riguardo* ai miei interessi.
Il faut ménager ses amis ;	Bisogna *far' conto* degli amici.
Ménagez votre santé ;	*Abbiate cura* della vostra salute.
Ménagez-vous, autrement vous retomberez ;	*Badate a voi*, che altrimenti ricaderete.
Ménagez un peu plus vos termes ;	Parlate più riserbato.
Cette actrice ménage bien sa voix ;	Quella virtuosa *porta* bene la voce ;

MINE.

Cet homme a une bonne mine ;	Quell' uomo ha una bella cera.
On a découvert une mine d'or ;	E stata scoperta una *miniera* d'oro.
La place a été prise par le moyen d'une mine ;	La piazza fù presa per mezzo d'una *mina*.

PIQUER.

Je me suis piqué avec une épingle ;	Mi son *punto* con uno spillo.
Sa lettre m'a piqué ;	La sua lettera m'ha *provocato*.
Je suis piqué au jeu ;	Sono *ostinato* nel giuoco.
Piquer une étoffe ;	*Trapontare* una stuffa.
Piquer un lapin, une perdrix, un faisan ; etc.	*Lardare* uno coniglio, una pernice, uno fagiano, etc.
Il se pique de bien parler ;	*Egli pretende* di parlar pulito.

PORTÉE.

Cette chienne a fait six petits d'une portée ;	Questa cagna ha fatto sei cagnuolini in una *portata*.
Je me suis placé hors la portée du canon ;	Mi sono posto fuori dal *tiro* del canone.
Cette tour n'est pas à la portée de ma vue ;	A quella torre non *arrivo* colla vista.

Vos amis sont à portée de vous rendre service ; — 1 vostri amici sono *nel caso* di servirvi.

Il faut parler à la portée des auditeurs ; — Bisogna accomodare il linguaggio alla *capacità* degli uditori.

TAILLE.

Frapper d'estoc et de taille ; — Ferire di punta e di *taglio*.

La taille *d'un habit* ; — Il *taglio* d'un vestito.

La taille *d'une plume* ; — La *temperatura* d'una penna.

Cette *fille a une belle* taille ; — Questa ragazza ha una bella *vita*.

Le Gouvernement a supprimé la taille ; — Il governo ha levato la *taglia*, o, levati i *dazzi*.

Ce chanteur a une superbe taille ; — Quel virtuoso ha un superbo *tenore*.

Une taille *haute* ; — Una *statura* alta.

Une *haute* taille ; — Un alto *tenore*.

TOUR.

Une ville est ceinte de tours et de murailles ; — Una città cinta di *torri* e di mura.

Allons faire un tour dans le jardin ; — faisons - en le tour ; — Andiamo a fare una *passeggiata* nel giardino ; — facciamone il giro.

Cette femme a le tour du visage fort beau ; — Quella donna ha il *contorno* del viso assai bello.

Combien estimez-vous ce tour de perles ? — Quanto stimate voi quel *filo* di perle ?

Que dites-vous du beau tour qu'il m'a joué ? — Che dite voi di quel bel *tiro* ch'egli mi ha fatto ?

Un homme fait au tour ; — Un uomo fatto a *penello*.

C'est à mon tour de parler ; — *Toccami* di parlare.

Faire des tours de passe-passe, de gibecière, de gobelets ; — Fare i *bisoletti*.

Un tour de cartes ; — Un *giuoco* di carte.

TOURNER.

Tourner *la broche* ; — *Girare* lo spiedo.

La fortune m'a tourné le dos ; — La fortuna m'ha *voltato* le spalle.

On vous tourne en ridicule dans toutes les assemblées ; — Siete messo in ridicolo in tutte le conversazioni.

Dites

(153)

Dites au cocher de tourner à gauche ;	Dite al cocchiere che *volti* a sinistra.
Tourner à *tout* vent comme une girouette ;	*Volgersi* come una banderuola ad ogni vento.
Tourner *le bois, le cuivre, le fer,* etc.	*Torniare* il legno, il ramo, il ferro, etc.
Ce vin est tourné ;	Quel vino è *alterato*.
L'affaire a bien tourné ;	L'affare ha *riuscito* a buono termine.

TRAIT.

Décocher un trait ;	Scoccare uno *strale*.
Un trait de plume ;	Un *tratto* di penna.
Ce n'est pas un trait d'ami ;	Questo non è un *trattar* d'amico.
Vous avez fait un vilain trait ;	Avete fatto una cattiva *azione*.
Boire une bouteille de vin tout 'd'un trait ;	Bere un fiasco di vino ad un *fiato*.
Cette jeune fille a les traits mignons ;	Quella zitella ha le *fatezze* delicate.
Ce sont-là des traits de démence ;	Questi sono *atti* di pazzia.
Ce jeune homme a tous les traits de son père ;	Quel giovane è il *ritratto* del padre.
Les voleurs ont coupé les traits des chevaux ;	I ladri hanno tagliate le *tirelle* dei cavalli.

TRAITER.

Un maître ne doit pas traiter mal ses domestiques ;	Un padrone non dee *trattar* male i suoi servitori.
Traiter quelqu'un de téméraire, d'impertinent ;	Dare ad uno del temerario, dell' impertinente.
Comment nomme-t-on le chirurgien qui vous traite ?	Come si chiama il chirurgo che vi *medica* ?
C'est un ouvrage bien traité.	Questo è un lavoro ben *finito*.

VOLER.

Cet oiseau vole haut ;	Quell' uccello *vola* alto.
Celui-ci vole bas ;	Questo *vola* basso.
On m'a volé mon mouchoir ;	Mi è stato *rubato* il fazzoletto.

V

USER.

On use bien du bois dans cette maison ;	Si consuma molto legno in questa casa.
Ces meubles sont usés ;	Quei mobili sono *logorati*.
Ce cheval est usé ;	È *rovinato* questo cavallo.
Pardonnez si j'en use aussi librement avec vous ;	Mi perdoni s'io mi *piglio* tanta *confidenza*.
Voici ma bourse, usez-en comme de la vôtre.	Ecco la mia borsa, *servitevi* come se fosse la vostra.
Vous en usez mal avec vos amis ;	Voi *trattate*, o voi *comportate* male coi vostri amici.
Une passion usée ;	Una passione *raffreddata*.
Une pensée usée ;	Una idea *ricantata*.

III.

De quelques expressions proverbiales communes aux deux Langues.

LES phrases suivantes peuvent à-la-fois servir d'exercices et de modèle de traduction. Pour faire mieux sentir le génie des deux Langues, et pour éviter au lecteur la peine de feuilleter les Dictionnaires, nous avons mis le mot-à-mot sous l'italien, et l'imitation française en marge.

Duro con duro non è buono a far muro. *Dur avec dur n'est pas bon à faire mur.*	Fin contre fin n'est pas bon à faire doublure.
Far fascio d'ogni erba. *Faire faisceau de toute herbe.*	Employer le verd et le sec, *ou* faire flèche de tout bois.

Piettra che rotola non piglia
Pierre qui roule ne prend point
rugino.
rouille.

Pierre qui roule n'amasse point de mousse.

Erba cruda, donne ignude, e dormir
Herbe crue, femmes nues, et dormir
a piana terra, manda l'uomo sotto
à terre, envoie l'homme sous
terra.
terre.

Herbes crues, femmes nues et dormir sur la dure, envoient l'homme à la sépulture.

Cadere della padella sulla bragia, o
Tomber de la poële sur le brasier, ou
fuggir gli sbirri e dar nel
éviter les archers et donner dans
bargello.
l'exempt.

Tomber de fièvre en chaud mal, ou de Carybde en Scylla.

Ne donna ne tela non comprar alla
Ni femme ni toile n'achète à la
candela.
chandelle.

Il ne faut choisir ni femmes ni toile à la chandelle.

Ne ancor giove a tutti aggradisce.
Même Jupiter à tous ne plaît pas.

Il faut être louis d'or pour plaire à tout le monde.

Dimmi con chi tu vai, è saprò
Dis-moi avec qui tu vas, et je saurai
quel che fai.
ce que tu fais.

Dis-moi qui tu hantes, je te dirai qui tu es.

Chi va col zoppo, impara a
Qui va avec un boiteux apprend à
zoppicare.
boiter.

On apprend à hurler avec les loups.

Corvi con corvi, o gatti
Corbeaux avec corbeaux, ou chats
con gatti non si cavan mai gli
avec chats ne s'arrachent jamais les
occhj.
yeux.

Les loups ne se mangent pas.

Ad ogni uccello il nido par bello.
A tout oiseau le nid paraît beau.

Il n'y a point de petit chez soi.

Non destar il can che dorme.
Ne réveilles point le chien qui dort.

N'éveillez point le chat qui dort.

La fiamma è vicina al fuoco, o
La flamme est voisine du feu, ou
non v'è lupo senza coda.
il n'y a point de loup sans queue.

Il n'y a point de feu sans fumée.

Chi per man d'altri s'imbocca tardi si satolla. *Qui par main d'autrui s'empâte, tard se rassasie.*	Qui s'attend à l'écuelle d'autrui, dîne souvent par cœur.
Si lamenta del brodo grasso. *Il se lamente du bouillon gras.*	Il se plaint que la mariée est trop belle.
Non fù cosi bella scarpa che non diventasse brutta ciavatta. *Il n'y eût si beau soulier qui ne devint vilaine savatte.*	Il n'y a si belle rose qui ne devienne gratte-cul.
Chi compra terra, compra guerra. *Qui achéte terre, achète guerre.*	Qui terre a, guerre a.
Non si può bere e fischiare insieme. *On ne peut boire et siffler à-la-fois.*	On ne peut sonner les cloches et aller à la procession.
Vendere lucciole per lanterne. *Vendre des mouches luisantes pour des lanternes.*	Vendre des vessies pour des lanternes.
Batter due chiodi ad un caldo, o prendere due colombe con una fava. *Battre deux clous à une chauffée, ou prendre deux pigeons avec une fève.*	Faire d'une pierre deux coups.
Tener il piede in due staffe. *Avoir le pied dans deux étriers.*	Avoir plusieurs cordes à son arc.
Fra due torrenti in asciutto. *Entre deux torrens à sec.*	Entre deux selles le cul par terre.
E un voler dar pugni alla luna. *C'est vouloir donner le coup de poing à la lune.*	C'est vouloir prendre la lune avec les dents.
Patto chiaro, amico caro. *Pacte clair, ami cher.*	Les bons comptes font les bons amis.
Erra il prete all' altare, o chi fa falla, e chi ferra inchioda. *Le prêtre erre à l'autel, ou qui fait faillit, et qui ferre encloue.*	Il n'y a si bon cheval qui ne bronche.
E meglio un uovo oggi che domani una gallina. *Vaut mieux un œuf aujourd'hui que demain une poule.*	Un tiens vaut mieux que deux tu l'auras.

Ne di state ne d'inverno, non andar
Ni d'été ni d'hiver ne vas
senza mantello.
sans manteau.

Cavare il granchio colla mano d'al-
Tirer l'écrevisse avec la main d'au-
tri.
trui.
Col dimenar la pasta, il pan s'affina.
En remuant la pâte , le pain s'affine.
Aver basse et corna.
Avoir les violons et les cornes.
La lingua b. tte dove il dente duole.
La langue se porte où la dent fait mal.
A gatto vecchio sorcio tenerello.
A chat vieux sour.s jeune.
In bocca chiusa non entrano
En bouche close il n'entre point
mosche.
de mouches.
Vale più il vinco che la carne.
Vaut mieux l'ozier que la viande.
Ogni lucciuola non è lan-
Toute mouche luisante n'est pas lan-
terna.
terne.
Chi nasce di gallina , convien che
rizzoli.
Motto fumo e poco arrosto ,
Beaucoup de fumée peu de rôt.

Roba di stola presto viene, ma
Marchandise de vol vient vîte , mais
presto vola.
s'envole vite.
Al più tristo porco vien la
Au plus vilain cochon vient la
migliore pera.
meilleure poire.
Fare il menchione per non pagar
Faire le gueux pour ne pas payer
gabella.
la gabelle.

Quand il fait beau
prends ton man-
teau , quand il
pleut, prends-le si
tu veux.
Se servir de la patte
du chat pour tirer
les marrons du
feu.
La persévérance
vient à bout de tout,
Les battus payent
l'amende.
Chacun sent où le
bât le blesse.
A vieux cavalier ,
jeune jument.
Qui ne demande rien
n'a rien (ou) faute
de parler ou meurt
sans confession.
Le jeu ne vaut pas la
chandelle.
Tout ce qui reluit
n'est pas or.

Bon chien chasse de
race.
Plus de bruit que
d'effets , *ou* belle
montre peu de
rapport.
Ce qui vient de la
flûte retourne au
tambour.

Un bon chien n'at-
trappe jamais un
bon os.

Faire l'ane pour
avoir du son.

Cavato il dente, passato il dolore.
La dent arrachée, la douleur est passée.
Morte la bête, mort le venin.

Col tempo e colla paglia si maturano le sorbe.
Avec du temps et de la paille on fait mûrir les cormes.
Avec le temps et la patience, on vient à bout de tout.

Gatta ci cova.
Chatte y couve.
Il y a quelque anguille sous roche.

Chi non risica non rosica.
Qui ne hasarde pas ne ronge pas.
Qui ne risque rien n'a rien.

Far la giustizia coll' asce.
Faire la justice avec la hache.
Juger sur l'étiquette du sac.

Non è più il tempo che Berta filava.
Ce n'est plus le temps où Berthe filait.
Autre temps, autres mœurs.

Chiuder la stalla dopo scappati i buoi.
Fermer l'étable après que les bœufs sont échappés.
Après la mort le médecin.

Pian piano si va ben ratto.
En allant doucement on va bien loin.
Petit à petit l'oiseau fait son nid.

Chi ha il lupo in bocca lo ha sulla coppa.
Qui a le loup dans la bouche l'a sur le derrière de la tête.
Quand on parle du loup, on en voit la queue.

Non si grida mai al lupo ch' ei non sia in paese.
On ne crie jamais au loup qu'il ne soit dans le pays.
Il n'y a pas de feu sans fumée.

Ogni carne mangia il lupo, ma la sua lecca.
Le loup mange de toute viande, mais il lèche la sienne.
On mord autrui et l'on se chatouille.

Pigliare la lepre col carro.
Prendre le lièvre avec la charrette.
Aller bride en main dans une affaire.

Tanto ne va a chi ruba quanto a quel che tien mano.
Autant en va à celui qui vole qu'à celui qui tient la main.
Autant celui qui tient que celui qui écorche.

Una mano lava l'altra e le due
Une main lave l'autre et les deux
Un barbier rase l'autre, ou, passe-

il viso.
le visage.
Menar l'orso a modana.
Mener l'ours à Modène.
Il cane rode l'osso perche non lo
Le chien ronge l'os parce qu'il ne
pu'o inghiottire.
peut l'avaler.
La merla ha passato il Pô.
Le merle a passé le Pô.
Nido fatto, gazza morta.
Nid fait, pie morte.
Mena i paperi a bere l'ocche,
Il conduit les oisous boire.
Non è tempo di dar fieno
Il n'est pas temps de donner du foin
a ocche.
aux oies.
In terra di ciechi heato chi ha
En pays des aveugles heureux qui a
un occhio.
un œil.
Cavarsi d'oggi e mettersi in
Se tirer d'aujourd'hui et se mettre
domani.
en demain.
Disputare dell' ombra dell' asino.
Disputer sur l'ombre de l'ane.
Onestà di bocca vale assai e
Honéteté de bouche vaut beaucoup et
costa poco.
coûte peu.
Avere un occhio alla padella e
Avoir un œil à la poële et
l'altro alla gatta.
l'autre à la chatte.
Rompersi il collo in un fil di
Se rompre le col sur un brin de
paglia,
paille.
Non conviene macinare a due
Il ne convient pas de moudre à deux
palmenti.
moulins.

moi la case, je te
passerai le séné.
Porter de l'eau à la
rivière.
Les grenouilles ne
mordent pointfau-
te de dents.

Adieu panier, ven-
danges sont faites.
Maison bâtie, le
maître déloge.
Il mène les poules
pisser.
Ne vous amusez pas
à la moutarde.

Au royaume des
aveugles, les bor-
gnes sont rois.

Vivre au jour la
journée.

Disputer sur la poin-
te d'une aiguille.
Beau parler n'écor-
che langue.

Un œil aux champs
l'autre à la ville.

Se noyer dans son
crachat.

On ne doit pas tirer
d'un sac deux mou-
tures, ou manger
à deux rateliers.

Chi piscia rasciughi,
Qui pisse doit s'essuyer.
Qual guaina tal coltello , ou, a carne ,
Telle gaine tel couteau , ou à chair
  di lupo , zanne di cane , ou a
  de loup , crocs de chien , ou à
  popolo pazzo , prete spiritato.
  peuple fou , prêtre enragé.

Chi non fa quando può , non
Qui ne fait pas quand il peut , ne
  farà quando vorrà.
  fera pas quand il voudra.
E piovuto assai nell' orto del
Il a plu à verse dans le jardin du
  prete.
  curé.
Le bestemie fanno come le pro-
Les blasphèmes font comme les pro-
  cessioni , che tornano onde si
  cessions , qui reviennent d'où elles
  partono.
  sont parties.
Promettere Roma e Toma.
Promettre Rome et Thomas.

Seren di verno , nugolo di state ,
Serein d'hiver , nuage d'été ,
  e vecchia prosperitate son cose
  et vieille prospérité sont choses
  da sfidare.
  dont il faut se défier.
Non dir quattro se tu non l'hai
Ne dis pas quatre si tu ne l'as pas
  in sacco.
  dans ton sac.
La rovina non vuol miseria.
La ruine ne veut pas de lésinerie.

Sono due volpi in un sacco.
Ce sont deux renards dans un sac.
Chi di venti non sa , di trenta
Qui à vingt ans ne sait pas , à trente
  non ha.
  n'a pas.

Qui se sent morveux se mouche.

Tel maître tel valet.

Il faut prendre la balle au bond.

Il pleut dans l'écuelle du curé.

Qui crache en l'air, il lui retombe sur le nez.

Promettre monts et merveilles. Plus de beurre que de pain.

Serein d'hiver, nuage d'été, embonpoint de vieillesse sont trois choses sur lesquelles il ne faut pas compter.

Ne vendez pas la peau de l'ours avant de l'avoir tué.

Quand on est ruiné il n'est plus temps d'économiser.

Ils ont toujours à partir.

Qui ne sait rien à 20 ans est un ignorant à 30.

Rammaricarsi

Rammaricarsi di gamba sana.
S'affliger d'avoir la jambe saine.
Chi non sa scorticare intaccà la
Qui ne sait pas écorcher déchire la
   pelle. (se dit de quelqu'un qui fait
   peau. ce qu'il ne sait pas faire.)
Chi ben siede, mal pensa.
Qui bien s'asseoit, mal pense.
Ognuno va col suo senno al
Chacun va avec son sens au
   mercato.
   marché.
Del senno poi ne sono ripiene le
De l'esprit après coup, les fossés en
   fosse.
   sont pleins.
Vale meglio un magro accordo
Vaut mieux un maigre accord
   che una grassa sentenza.
   qu'une grasse sentence.
Ogni serpe ha il suo veleno.
Tout serpent a son venin.
Siedi e gambatta, e vedrai la
Assieds-toi et gambilles, et tu verras
   tua vendetta.
   ta vengeance.
J panni rifanno le stan-
Les habits restaurent le porte-man-
   ghe.
   teau.
Can che abbaja poco morde.
Chien qui aboye mord peu.
Chi troppo abbracia, nulla stringe.
Qui trop embrasse, rien ne serre.
Tal ti ride in bocca che dietro di te
Tel te rit en face, qui en arrière
   t'attacca.
   t'attaque.
Al primo colpo non cade l'albero.
Du premier coup l'arbre ne tombe pas.

Scuoprire un' altare, per cuoprire
Découvrir un' autel, pour couvrir
   un altro.
   un autre.

Crier famine sur un
   tas de bled.

Chacun son métier.

L'oisiveté est mère
   de tous vices.
Chacun se croit un
   phénix.

On est toujours sa-
   vant après coup.

Un mauvais accom-
   modement vaut
   mieux qu'un bon
   procès.
Il n'y a point de
   petit ennemi.
Quand on veut se
   venger, il faut y
   regarder à deux
   fois.
La belle plume fait
   le bel oiseau.

Chien qui aboye
   ne mord pas.
Qui trop embrasse
   mal étreint.
Tel te fait l'ami qui
   te trahit.

Avec de la persévé-
   rance on vient à
   bout de tout.

Découvrir Saint-
   Pierre pour cou-
   vrir Saint-Paul.

X

All' arca aperta', il giusto vi pecca. *A coffre ouvert, le juste y pèche.*	L'occasion fait le larron.
Chi ha arte, ha parte. *Qui a un art a partie.*	Avec un métier on vit par tout.
Dare ad intendere che gli asini vo- *Donner à entendre que les ânes vo-* lano. *lent.*	Dire qu'il fait nuit en plein midi.
Chi non può dare all' asino da al *Qui ne peut donner à l'âne donne au* basto. (se dit de quelqu'un qui *bât.* s'en prend à tout le monde.	Qui ne peut battre le cheval, bat la selle.
Raglio d'asino non arriva mai *Braillement d'âne n'arrive jamais* al cielo. *au ciel.*	A sotte demande pas de réponse.
Molti pochi fanno un assai. *Plusieurs peu font un beaucoup.*	Les petits ruisseaux font les grandes rivières.
Chi due bocche baccia, l'una *Qui deux bouches baise, l'une* conviene gli puta. *doit lui puer.*	On ne peut aimer deux personnes à la fois.
Essere trà bajante e ferrante. (prov. qui signifie être entre deux périls égaux).	Etre entre l'enclume et le marteau.
Aria di finestra colpo di balestra. *Air de fenètre, coup d'albaléte.*	
Aver la bocca sulla bara. *Avoir la bouche sur la bierre.*	Avoir un pied dans sa fosse.
Far la barba di stoppa. *Faire la barbe avec de l'étoupe.*	
Poca barba e men colore, sotto' l *Peu de barbe et peu de couleur, sous le* ciel non è peggiore. *ciel il n'y a rien de pire.*	Peu de barbe et paleur de visage sont signes de méchanceté.
Lasciarsi levare in buca. *Se laisser enlever dans un trou.*	Se laisser mener par le nez.
Passare per bardotto. *Passer pour mulet.*	Passer par dessus le marché.—Ne pas payer son écot.
Sgocciolare il barletto. *Egoutter le baril.*	Découvrir le pot aux roses.

Far come due ciechi che vanno
Faire comme deux aveugles qui vont
  alle bastonate.
  se battre à coups de bâton.
Ogni uccello d'agosto è beccafico.
Tout oiseau d'août est becfigue.
Bere bianco.
Boire blanc.
Il mangiare insegna a bere.
Le manger enseigne à boire.
La bertuccia ne porta l'acqua.
Le singe en emporte l'eau.
  (se dit pour signifier que quel-
  qu'un s'empare du profit qu'un
  autre a fait injustement).
Chi biasima vuol comprare.
Qui blâme veut acheter.
Dire le sue ragioni a birri.
Dire ses raisons aux sbirres.
Bisogno fa prod' uomo.
Le besoin rend l'homme prudent.
Pan pulito, fatto un salto, è
Pain bien fait, en un saut est
  smattito.
  mâché.
Essere da bosco e da riviera.
Etre propre au bois et à la rivière.
Non si può aver la moglie ebbra
On ne peut avoir sa femme ivre
  e la botte piena.
  et son tonneau plein.
Dove va la nave può andare il
Où va le vaisseau peut aller le
  brigantino.
  brigantin.
Dov'è la buca è il granchio.
Où est le trou est l'écrevisse.
Chi va alla caccia senza cani, torna
Qui va à la chasse sans chiens, revient
  a casa senza lepri.
  à la maison sans lièvres.
La cagna frettolosa fa i catellini
La chienne trop vive fait ses petits
  ciechi.
  aveugles.

Se manger le blanc
des yeux.

Tout nouveau, tout
beau.

Manquer son coup
avoir peur.

L'appétit vient en
mangeant.

Ce qui vient de la
flûte retourne au
tambour.

Qui méprise, prise.

Se confesser au re-
nard.

Pain bien cuit est tôt
digéré.

Etre au poil et à la
plume.

Pour avoir l'amande
il faut casser le
noyau.

Où passe la tête peut
passer le corps.

L'un ne va pas sans
l'autre. — C'est S.
Roch et son chien.

Il ne faut jamais
s'embarquer sans
biscuit.

On ne fait jamais
bien ce qu'on fait
à la hâte.

Di quel che non ti cale non dir
De ce qui ne te concerne pas, ne dis ja-
  mai bene ne male.
   mais ni bien ni mal. — Ne vous mêlez jamais des affaires
  d'autrui.

Stringe più la camiscia che la
La chemise approche plus du corps que
  gonella.
   la robe. — La peau touche de
  plus près que la
  chemise.

Al cane ch'invecchia la volpe gli
A chien qui vieillit, le renard lui
  piscia adosso.
   pisse sur le dos. — Quand un chien se
  noie, chacun lui
  jette la pierre.

Per un ponto Martin perse la cap-
Pour un point Martin perdit son man-
  pa.
   teau. — Faute d'un point
  Martin perdit son
  âne.

Chi ha capra ha corna.
Qui a une chèvre a des cornes. — Point de plaisir sans
  peine.

Casa fatta e vigna posta non si
Maison bâtie et vigne plantée, on ne
  sa quel che costa.
   sait ce qu'il en a coûté. — Qui bâtit ment.

Chi fa la casa in piazza o e' la fa
Celui qui bâtit une maison ou la fait
  alta, o e' la fa bassa.
   haute, ou la fait basse. — On ne peut pas con-
  tenter tout le mon-
  de.

Tanto è da casa mia a casa tua,
Il y a aussi loin de chez moi chez toi,
  quanto da casa tua a casa mia.
   que de chez toi chez moi. — Monsieur vaut bien
  Madame, et Ma-
  dame vaut bien
  Monsieur.

Fare castelli in aria.
Faire des châteaux en l'air. — Bâtir des châteaux
  en Espagne.

Cavare i calzetti.
Tirer les chausses. — Tirer les vers du nez.

Mettere la cavezza alla gola.
Mettre le licol à la bouche. — Faire danser l'anse
  du panier.

Cavolo riscaldato non fù mai buono.
Chou réchauffé ne fut jamais bon. — Un dîner réchauffé
  ne valut jamais
  rien.

Far la cena di Salvino.
Faire le souper de Salvin. — Souper par cœur.

Cercar Maria per Ravenna.
Chercher Marie par Ravenne. — Chercher midi à qua-
  torze heures.

Egli ha scoppato più d'un cero, *ou* Il a rôti le balai; —
Il *a mouché plus d'un cierge*; — il a vu du pays.
e' ha pisciato in più d'una neve.
il a pissé dans plus d'une neige.

I V.

De quelques manières de parler, relatives aux animaux.

1°. Les Italiens et les Français expriment ainsi le cri des divers animaux :

Gariscono gli ucqelli ;	Les oiseaux chantent et gazouillent.
Rugghia l'asino ;	L'âne brait.
Abbaja il cane ;	Le chien abboye ou jappe.
Mugghia il bue ;	Le bœuf mugit.
Nitrisce il cavallo ;	Le cheval hennit.
Crocita il corvo ;	Le corbeau croasse.
Canta il gallo ;	Le coq chante.
Chioccia la gallina ;	La poule glousse et caquette.
Ruggé il leone ;	Le lion rugit.
Urla il lupo ;	Le loup hurle.
Bela la pecora ;	La brebis bêle.
Grugna il porco ;	Le cochon grogne.
Gracida il ranocchio ;	La grenouille coasse.
Fischia la serpe ;	Le serpent siffle.
Geme la tortora ;	La tourterelle gémit.
Squittisce, ou schiatisce la volpe ;	Le renard glapit.
Miagola il gatto ;	Le chat miaule.

2°. L'infinitif de ces verbes peut servir de substantif ; et l'on dit très-bien :

Il mugghiare pour il mugghio ;	Le mugissement.
Lo squittire pour lo squittimento ;	Le glapissement.
Il miagolare pour la miagolata ;	Le miaulement.
Il nitrire pour il nitrito ;	Le hennissement.
Il grugnare pour la grogna, etc.	Le grognement.

3°. A l'égard des diverses parties des animaux, elles s'expriment de la manière suivante :

Il piede del cavallo, dell' asino, del mulo, del cervo, etc. — Le pied du cheval, de l'âne, du mulet, du cerf, etc.

La zampa d'un cane, d'un gatto, etc. — La patte d'un chien, d'un chat, etc.

La branca d'un leone, d'un gatto, etc. — La griffe d'un lion, d'un chat, etc.

La branca d'un gambero d'un' astaro, d'un granchio, etc. — Les bras d'une écrevisse, d'un homard, d'un crabe, etc.

La branca d'un aquila, d'uno sparviere, etc. — Les serres d'un aigle, d'un épervier, etc.

La bocca d'un cavallo, etc. — La bouche d'un cheval, etc.

La gola o la bocca d'un leone d'un cane, d'un gatto, etc. — La gueule d'un lion, d'un chien, d'un chat, etc.

Il muso o il ceffo del cervo, del leone, del toro, etc. — Le mufle du cerf, du lion, du taureau, etc.

Il grifo, o il grugno del porco. — Le groin du pourceau.

Il cesso, o il muso del cane, della volpe, del pesce, etc. — Le museau du chien, du renard, du poisson, etc.

Il becco degli uccelli. — Le bec des oiseaux.

Le zanne del cinghiale. — Les défenses du sanglier.

Le zanne del cane, etc. — Les crocs du chien, etc.

La setola del cane, del cinghiale, etc. (1). — Les soies du chien, du sanglier, etc.

Le corna del cervo, del daino, del capriuolo, etc. — Le bois du cerf, du dain, du chevreuil, etc.

Del toro del bue, della vacca, etc. — Les cornes du taureau, du bœuf, de la vache, etc.

Le unghia del cavallo, dell' asino, del mulo. — Le sabot du cheval, de l'âne, du mulet.

Il pelo dei cavalli. — Le poil des chevaux.

La chioma, o la giubba del leone, del cavallo, etc. — La crinière du lion, du cheval, etc.

La proboscide, o, il naso del liefante. — La trompe de l'éléphant.

---

(1) En général *setola* se dit de tous les animaux qui ont le poil long, et *pelo* de tous ceux qui l'ont raz et court.

De la manière de compter les heures en Italie.

Les Italiens comme les Juifs commencent à compter le jour à l'instant où le soleil se couche ; et comme il y a toujours vingt-quatre heures d'un coucher à l'autre, et que le cadran des horloges n'en contient que douze, il faut deux révolutions entières pour completter la journée.

Une heure après le soleil couché, l'horloge frappe une heure, et l'on dit : *è un' ora di notte* ; il est une heure.

Une heure après on dit : *sono le due* ; il est deux heures ; puis, *sono le tre, le quattro*, etc. jusqu'à douze, sans ajouter le mot *ore*, comme nous l'avons déjà observé page 51.

A la seconde révolution de l'aiguille on dit, pour la première heure : *sono le tredici* ; il est treize heures, et toujours de même jusqu'à la douzième, que l'on appelle *venti quattro*, vingt-quatre heures. Cette vingt-quatrième heure ne manque pas de sonner toute l'année au moment précis où le soleil disparaît de l horizon.

Ainsi les Italiens n'ont point d'heure fixe pour déterminer le lever du soleil, le midi et le minuit, puisque, d'après leur manière de calculer, ces trois époques varient sans cesse.

Aux équinoxes de printemps et d'automne, le jour étant égal à la nuit, le soleil doit se lever à douze heures ; midi est à dix-huit heures, et minuit à six heures.

Au solstice d'hiver, le jour n'étant que de huit heures, le soleil doit se lever à seize ; il est midi à vingt heures, et minuit à huit.

Au solstice d'été, au contraire, le jour étant de seize heures, le soleil se lève à huit ; il est midi à seize, et minuit à quatre.

Depuis la première heure jusqu'au lever du soleil, on est dans l'usage d'ajouter au nombre des heures ces mots : *di notte*, de nuit ; mais après le lever du soleil, on ne dit pas *di giorno*, de jour, à moins qu'il ne s'agisse de constater, d'une manière très-précise, une date importante. Par exemple, si un témoin affirmait que le fait dont il dépose a eu lieu à neuf ou dix heures de nuit le 25 Juin, sa déposition serait évidemment fausse, puisqu'à cette époque il fait jour à huit heures, etc. etc.

DIALOGUES

Extraits de quelques Comédies Italiennes.

Plusieurs motifs nous ont déterminé à substituer ces Dialogues aux phrases familières et souvent insignifiantes qu'on est dans l'usage de placer
à la fin des Grammaires. Le style de la Comédie
est celui qui se rapproche le plus de la bonne
conversation. Les amoureux et les femmes y parlent ordinairement la Langue italienne avec assez
de pureté. Le rôle de Pantalon est toujours écrit
et parlé en Vénitien. Arlequin, Brighella et Trufaldin, sont des personnages Bergamasques; Scapin,
Covielle, etc. sont des Napolitains, des Siciliens :
leurs rôles sont écrits dans une espèce de patois
avec lequel il est d'autant plus nécessaire de se
familiariser, que c'est le langage du peuple dans
presque toutes les parties de l'Italie. Pour en faci-
liter davantage l'intelligence, nous avons indiqué,
au bas des pages, les mots italiens correspondans aux expressions qui nous ont paru avoir le
plus besoin de cette explication.

DIALOGUE Ier. Acte Ier, Sc. I, de la BAN-
QUEROUTE, *Comédie de* GOLDONI.

LE COMTE SILVIO ET BRIGHELLA.

BRIGHELLA. Lustrissimo(1), se la me (2) permette, gh' ho (3) da dar una polizza.	BRIGHELLA. Monsieur, si vous le trouvez bon, je vous remettrai ce papier.
SILVIO. Date qui. — *Conto*	S. Donnes. — *Compte du*

---

(1) Illustrissimo. (2) Se V. S. mi. (3) Gli ho.

dell'

dell' illustrissimo signor conte Silvio Aretusi. DD. — A chi devo dar io ?

B. La leza (1) in fundi, e la troverà el 2) nome del creditor.

S. *A Pantalone de' bisognosi all' insegno della tarantola....* che pretende da me costui ?

B. El desidera che la ghe (3) paga quel conto de (4) roba, che Vossustrissima (5) ha avudo (6) dalla so (7) bottega.

S. Lo pagherò quando vorrò.

B. Poverazzo ! (8) el fa compazion. L'è (9) mezzo falido (10) e nol (11) sa come far.

S. Suo danno. Doveva vivere secondo il suo stato. Ti ricordi quando quel presontuoso volea gareggiar meco nello spendere intorno alla signora Clarice ?

B. Melo (12) ricordo seguro. (13)

S. Che pazzo ! si dava aria di gran signore ; ecco il fine a cui si doveva condurre.

B. Cossa vorla (14) far ? E pezo per elo. (15) Ma intanto scodendo dove che l'ha da aver, (16) el se pol (17) in qualche conto ajutar. La ghe

très - illustre seigneur le comte Silvio Aretusi. DOIT. — A qui dois-je ?

B. Lisez ju qu'au bout, vous trouverez le nom du créancier.

S. *A Pantalon de Bisognosi, à l'enseigne de la Tarentule....* Que me demande cet animal-là ?

B. Il vous prie de lui payer ce mémoire de marchandises que vous avez prises dans sa boutique.

S. Je le paierai quand bon me semblera.

B. Le pauvre homme ! il fait pitié. Il est à moitié ruiné ; il ne sait plus où donner de la tête.

S. Tant pis pour lui. Il n'avait qu'à vivre selon son état. Te rappelles-tu avec quel orgueil ce fat prétendait me le disputer en dépense auprès de Clarice ?

B. Je m'en souviens à merveille.

S. Le sot ! il se donnait des airs de grand - seigneur ; il fallait bien que cela finît ainsi.

B. Que voulez-vous ? il n'en est que plus à plaindre. Quoi qu'il en soit, en ramassant ce qui lui est dû, il est possible qu'il se re-

---

(1) V. S. legga. (2) Il. (3) Gli. (4) Di. (5) V. S. illustrissima. (6) Avuta. (7) Sua. (8) Poveraccio. (9) Egli è. (10) Falito. (11) Non. (12) Mene. (13) Sicuramente. (14) Volete. (15) Lui. (16) Gli è dovuto, (17) Egli si può,

salda sto (1) còntarello.

S. Non gli darei un tozzo di pane, se lo vedessi morir di fame. Ho troppa ira contro questa sorta di gente. Vogliono spacciarla da cavaliere. E poi?.... falliscono.

B. Poverazzo! l'ha dei crediti assae. (2)

S. Tanto peggio. So che per farsi delle aderenze, per la vanità di esser trattato da pari miei, esibiva a tutti le sue robe a credito. Suo danno. — Mille volte suo danno.

B. Ma', caro lustrissimo signor padrone, la me permetta che parla, (3) no in favor de Pantalon, ma per el decoro di Vussustrissima. Adesso si pubblicherà (4) tutti i debiti e tutti i crediti de sto mercante, e no me par (5) ben fatto che se veda, che quell' abito che la gha (6) intorno....

S. Non più. Questo modo di parlare degenera in petulanza. Si sa chi sono. Ecco il conto ch'io faccio di questa carta. (*la straccia*) L'onor della mia protezione paga bastantemente una partita di un bottegajo.

mette sur pied. Payez-lui ce petit compte.

S. Moi, je ne lui donnerais pas un morceau de pain, quand je le verrais prêt à mourir de faim. Je suis trop irrité contre ces canailles-là. Cela veut aller de pair avec nous autres gens de qualité. Et puis.... ils font banqueroute.

B. Le pauvre diable! il ne laisse pas de lui être dû.

S. Tant pis. Je sais bien que, pour se faire des amis, et pour satisfaire à la vanité de frayer avec mes pareils, il donnait au premier venu ses marchandises à crédit; mais encore une fois, tant pis pour lui. C'est sa faute.

B. Mais, mon cher maître, permettez-moi de dire un mot, non pas en faveur de Pantalon, mais en faveur de vous-même. On va rendre public l'actif et le passif de ce marchand; il n'est pas convenable que tout le monde sache que l'habit que vous avez sur le corps....

S. Suffit. Ce discours dégénère en impertinence. On sait qui je suis. Voici le cas que je fais de ce papier. (*il le déchire*) L'honneur de ma protection paye suffisamment un mémoire de boutiquier.

_____

(1) Gli paghi questo. (2) Assai. (3) Parli. (4) Pubblicheranne.
(6) Non mi pare. (1) Ha.

SCENE II. *Brighella et Trufaldin.*

BRIGHELLA. Me despiase, (1) che coll' onor della so protezion el paga anca el me (2) salario. Mà mi me darò (3) l'onor di piantarlo.

TRUFALDIN. Oh! paezan! ho ben gusto de averte trovà. (4)

B. Com' ela (5) Trufaldin? Come va i negozi del to (6) principal?

T. I va mal per elo e pezo (7) per me. A sto vecchio matto de Pantalon ghe cresce (8) i anni, e ghe cresce i vizj, e in bottega ogni zorno cala (9) la mercanzia. E mi povero diavolo, me tocca affadigar assae, a magnar (10) poco, e po anca de (11) più, son obligà a far l'onorata carica del mezan.

B. Far el mezan de un mercante no è gnente de (12) mal. M'imagino che ti vorrà (13) dir el sensal. (14)

T. Certo, che far el sensal l'è una cossa onorata. Ma bisogna veder de che sorte de mercanzia.

B. De che sorte de mercanzia si tratta?

T. De mercanzia femminina.

BRIGHELLA. Je ne serais pas fort aise qu'il me payât aussi mes gages en cette monnaie. Je me ferai l'honneur, moi, de le planter là.

TRUFALDIN. Eh! pays! je suis bien aise de t'avoir rencontré.

B. Bon jour, Trufaldin. Comment vont les affaires de ton bourgeois?

T. Mal pour lui et pis encore pour moi. A mesure que ce vieux fou de Pantalon croît en âge et en vices, la marchandise décline à vue d'œil dans sa boutique. Et moi, pauvre diable, il faut que je sue sang et eau, que je ne mange guères, et qui pis est, que je fasse l'honnête métier de courtier.

B. Etre courtier d'un marchand, je ne vois pas de mal à cela. J'imagine que tu veux dire agent, facteur?....

T. L'état de courtier est assurément fort honorable; mais il faut savoir dans quel genre de marchandises?

B. Dans quelle partie travailles-tu?

T. Dans la partie des femmes.

---

(1) Mi dispiacerebbe. (2) Egli pagasse ancora il mio. (3) Mi darò io. (4) Di averti trovato. (5) Come vai? (6) Vanno i negozj del tuo. (7) Vanno male per lui e peggio. (8) Gli crescono. (9) Cale. (10) Toccami a faticare assai. (11) E poi ancora di. (12) Niente. (13) Tu vorrai. (14) Il fattore.

B. De scuffie ? de nastri ? de merli ?

T. Oibò ! Mercanzia de lettere, de parole e de stomeghezzi amorosi.

B. Bravo. Ho capio : (1) ti fa el mezan de sta sorte di porcarie ? (2)

T. Questa l'è la carica che i me fa far ; e che sia la verità, mi ho da portar sta lettera a una forestiera che aloza (3) in quella locanda.

B. Per parte de chi ?

T. Per parte del sior (4) Pantalon.

B. Ancora quel vecchio el gh'ha voggia de ste (5) frascherie ?

T. Ti no sa (6) che la volpe la perde el pelo, ma la no perde el vizio ?

B. Me maraveggio (7) che un uomo della to sorte fazza (8) de ste figure. To zio t'ha mandato quà dalle valade di Bergamo per imparare a far il mercante, e ti ti impari sto bel mistier.

T. Se non fazzo (9) quel che vol (10) el vecchio, el me castiga, e nol me da da magnar. Caro paesan, me raccomando a te : per carità trovemi qualche negozio d'andar a star via de quà, che proprio a far ste

B. Coëffures ? rubans ? dentelles ?

T. Tu n'y es pas ! commerce de lettres, de paroles, de soupirs amoureux.

B. Bravo. J'entends ; tu es courtier dans ce genre de vilainies.

T. C'est précisément le métier qu'on me fait faire, et, pour te dire la vérité, je vais de ce pas porter une lettre à certaine étrangère qui loge dans cette auberge.

B. De la part de qui ?

T. De celle de M. Pantalon.

B. Quoi ! ce vieillard donne encore dans de pareilles extravagances ?

T. Tu ne sais donc pas le proverbe : Qui a bu, boira.

B. Je m'étonne qu'un homme comme toi joue un rôle de cette nature. Ton oncle t'a envoyé ici des vallées de Bergame pour apprendre à être marchand, et tu apprends-là un joli commerce.

T. Si je ne fais pas ce qu'exige le vieillard, il me bat, il me fait mourir de faim. Mon cher compatriote, je me recommande à toi. Par charité, trouves-moi un emploi qui me fasse

---

(1) Ho capito. (2) Porcherie. (3) Alloggia. (4) Signor. (5) Abbia voglia di queste. (6) Non sai. (7) Mi maraviglio. (8) Faccia. (9) Faccio. (10) Vuole.

ose, me sento i rossosi ver-
ginali su'l viso.

B. Sarave mejo (1) che ti
andassi a servir.

T. A servir gh' ho (2) le
mie difficoltà. Prima de tutto,
sia dito a mia gloria, mi no so
far gnente (3) a sto mondo;
e po, i servitori per el più ti
sa, che anca lori i è obligadi
(4) a far i mezani, e se ti vol
dir la verità in to conscienza,
ti l'averà fatto anca ti.

B. Lassemo (5) andar, che
co (6) ghe penso, me vien i
suori (7) freddi. Gran cossa è
che al di d'ozi (8) squasi tutti
i padroni i habbia d'aver sto
vizio, e che i poveri servitori
sia obligadi a servirli in sta
sorte de confidenza! No ghe
basta a sti signori far una vita
scaudelosa per lori, i vol anca (9) interezzar in ste cosse
la povera servitù. No i vede
che el mal (10) esempio che i
da ai servitori è causa, che
anca lori si avvezza (11) mal,
e i se precipita, e i deventa
discoli (12) come i padroni. Son
stuffo anca mi de sta vita, e te
conseggio anca ti (13) de far
qualche altro mistier che sia
mistier onorato, dove el galant' omo se possa mantegnir

sortir de cette maison, car
je rougis de ce que j'y fais.

B. Il vaudrait mieux que
tu te misses en service.

T. Le service a ses pe-
tites difficultés. Premièrement, soit dit, à mon honneur, je ne sais rien faire;
et puis, la plupart des do-
mestiques ne sont-ils pas
obligés d'être les complai-
sans de leurs maîtres. Entre nous, si tu veux être
de bonne foi, tu conviên-
dras que ce n'est pas une
chose nouvelle pour toi.

B. Brisons là; je ne puis
y penser sans frissonner. Il
est bien étrange qu'aujour-
d'hui presque tous les maîtres aient ce défaut-là, et
que les pauvres domesti-
ques soient obligés d'être
leurs confidens! Il ne suffit
pas à ces messieurs de
mener une vie scandaleuse,
il faut encore qu'ils nous y
mettent de moitié. Ils ne
voyent pas que le mau-
vais exemple qu'ils nous
donnent est cause que nous
nous perdons et que nous
devenons aussi dissolus
que nos maîtres. Pour moi,
je suis ennuyé de ce genre
de vie. Je te conseille de
prendre quelque honnête
parti qui puisse te sou-

---

(1) Sarebbe meglio. (2) Ci ho. (3) Niente. (4) Ancora eglino sono
obligati. (5) Lasciamo. (6) Quando. (7) Mi véngono i sudori.
(8) Oggi. (9) Vogliono ancora. (10) Non veddono che'l cattivo.
(11) Si avvezzano. (12) Si precipitano e diventano dissoluti.
(13) Ti consiglio.

(1) senza pericolo della riputazion.

T. Che mistier poderavio far (2) senza pericolo della riputazion ?

B. Ghe ne troveremo cento, uno megio dell' altro. Per esempio l'orese (3).

T. Si beu l'oreze l'è un mistier onorato. Ma quella comodità de poder metter il rame in vece de oro, l'è una gran tentazion per un galant' omo.

B. L'è verò ; no ti disi mal. Mi par più seguro (4) el special (5).

T. No, camerada, me par che el sia pezo. Ho sentido a dir che i speciali per sparagnar qualche lira nel comprar le droghe, no i varda (6) a rovinar i amaladi, a far disonor ai medici, e par che i sia d'accordo co i beccamorti.

B. In verità, Trufaldin, ti xe (7) un omo che parla ben e che pensa ben. Me consolo con ti, che ti fa onor alla patria. Troveremo un altro mistier. Ti poderessi far el librer (8).

T. Anca i libreri per vadagnar de più, i trappazza el

tenir sans compromettre ta réputation.

T. Quel état pourrais-je prendre, sans danger pour ma réputation ?

B. Nous en trouverons cent meilleurs l'un que l'autre. Par exemple, orfèvre.

T. Je conviens que l'orfévrerie est une profession honorable ; mais la facilité de vendre du cuivre pour de l'or, est une furieuse tentation pour un galant homme.

B. Il est vrai ; tu as raison. Il me paraît plus sûr d'être apothicaire.

T. Et moi, mon camarade, je crois que c'est encore pire. J'ai entendu dire que ces messieurs, pour épargner quelques sols sur l'achat de leurs drogues, s'inquiètent peu de tuer les malades et de déshonorer les médecins. Il semble qu'ils s'entendent avec les fossoyeurs.

B. En vérité, Trufaldin, tu es un garçon de bonsens, et tu parles d'or. Je suis enchanté de toi ; tu fais honneur à notre pays. Va, nous trouverons un autre métier. Fais-toi libraire.

T. Les libraires euxmêmes, pour gagner da-

---

(1) Mantenere. (2) Potrei far io. (3) Orefice. (4) Sicuro. (5) Lo speziale. (6) Non riguardano. (7) Tu sei. (8) Il librajo.

mistier. Cattiva carta, cattivo carattere, e i vol vender vinti quello che costa sie (1).

B. Sarave meglio, se to zio te volesse agiutar, che ti metessi sù un negozietto ti da to posta, una botteghetta da mazaretto con un poco de tela, un poco de cordelle, e altre cose da poco prezzo. Se n'ha visto (2) tanti principiar co un capital di diese (3) ducati, e diventar in poco tempo marcanti con dei ziri de miara de scudi (4).

T. Ti disi ben : ma sto mistier so come l'è fatto. Bisogna principiar a mesurarse le onghie (*) a scambiar el nome a tutta la roba che se vende, a tor in credenza dai marcanti grossi, andar a pagando a bon ora per acquistar concetto, e po, co s'a fatto (5) el credito, ordenar de la roba assae, e co s'ha avudo la roba, serrar bottega e falir.

vantage, estropient le métier. Mauvais papier, caractères détestables ; et puis, ils vendent vingt sous ce qui leur en coûte à peine six.

B. Il vaudrait mieux, si ton oncle voulait t'aider, que tu te formasse un petit négoce à ta portée, comme une boutique de mercerie ambulante, un peu de toile, de rubans et autres bagatelles de peu de valeur. On en a tant vu commencer avec un capital de dix ducats, devenir ensuite riches marchands par des viremens de milliers d'écus.

T. Tu as raison. Je sais à merveille comment cela se fait. Il faut d'abord commencer à se mesurer les pouces (*), changer les noms de toutes les marchandises qu'on vend, prendre à crédit chez les marchands en gros, les payer ponctuellement et même avant l'échéance, pour attirer leur confiance. Ensuite, quand on a établi son crédit, faire des commandes considérables, et quand on a la marchandise, mettre la clef sous la porte et lever le pied.

---

(1) Sei. (2) Se ne sono veduti. (3) Dieci. (4) Con dei giri di migliaja di feudi. (5) Quando si è fatto.

(*) Terme d'ergo qui signifie mettre les pouces sur l'aune pour mesurer au désavantage de l'acheteur. Les marchands des rues ont soin de ne porter que des demi-aunes, parce que gagnant deux pouces par la manœuvre des ongles, cela leur fait quatre pouces de bénéfice par aune.

B. Rravo , come ha fatto el to principal.

T. El mi principal l'ha falido da minchion, senza roba, e senza bezzi. Quelli che sa far el so mistier i falisce (1) a tempo co bezzi in cassa e co la roba logada (2).

B. Per quel che sento, ti sa le malizie in tutto, e no ti trovi albero da piccarte (3).

T. Lassa, che porta sta lettera a sta siora (4) Clarice, e po, qualcossa (5) risolverò.

B. Vustu, che te la diga? (6) ti disi mal de sto mistier de mezan, e gh'ho paura che el te piasa (7) assae più dei altri.

T. Certo, che a considerarlo ben, l'è un mistier di poca fatiga.

B. Ho inteso : ti è anca ti un de quei furbi, che vol finger (8) l'omo da ben, e vol dar da intender de far el mal per necessità. Ti sarà (9) d'accordo col to principal. Disc el proverbio ; chi sta col lovo impara a urlar. Non te credo più per un bazzo. Segnita el to esercizio , e no me star a vegnir (10) a dir, che ti patissi i rossori de la vergogna.

B. Bien : comme a fait ton bourgeois.

T. Mon bourgeois a manqué comme un sot, sans marchandises et sans argent. Ceux qui savent leur métier manquent à propos, avec les poches pleines et de la marchandise en sûreté.

B. A ce que je vois, tu connais les ruses de tous les états , et cependant tu ne trouves pas chaussure à ton pied.

T. Patience ; je vais porter cette lettre à Clarice ; et puis j'aviserai à prendre un parti.

B. Veux-tu que je te parle franchement. Tu méprises le métier de confident, et j'ai peur qu'il ne soit plus de ton goût que les autres.

T. Tout bien considéré, ce n'est pas un emploi bien fatigant.

B. J'y suis : tu es de ces fripons qui veulent jouer l'homme de bien , et faire croire qu'ils ne font le mal que par nécessité. Tu t'entends avec ton bourgeois. Le proverbe dit qu'on hurle avec les loups. Je ne te crois pas dupe. Va , continues tes honorables fonctions, et ne viens pas me dire que tu en rougis. Dans ce

---

(1) Quelli che sanno far il loro mestiere faliscono. (2) Allogiata. (3) Da impiccarti. (4) Signora. (5) Qualche cosa. (6) Vuoi che ti dica. (7) Piaccia. (8) Fingere- (9) Sarai, (10) Venire.

L'omo

L'omo a sto mondo el fa quel che el vol, e no gh' è nissun che ne (1) possa obligar a far mal. El ponto sta, che tutti cerca (2) il mistier più facile, per paura de essere condannà (3) da i altri, el finze (4) de farlo mal volontiera. Anca ti ti è de quei Bergamaschi che sa far el minchion, e mi che te cognosso, digo e sostegno che ti fa l'omo di garbo, e chi ti se (5) un galiotto de prima riga.

monde chacun fait ce qu'il veut. Il n'y a personne qui puisse forcer un autre à faire mal. Le fait est qu'on donne la préférence au métier qui donne le moins de peine, et pour n'être pas blâmé des autres, on feint de l'exercer malgré soi. Tu es de ces bergamasques qui jouent le rôle de niais ; mais moi qui te sais par cœur, je dis et je soutiens que tu fais l'homme de bien, et que tu es un coquin de la première classe.

Sc. III. *Trufaldin et un Garçon d'auberge.*

TRUFALDIN. Pol esser (6) che Brighella diga la verità ; ma se el cognosse che mi son furbo, bisogna che lù el (7) sia più furbo de mi. Portemo (8) sta lettera, e po ghe penseremo sù (9) meggio per l'avenir. — O ! de casa ! (*Esce un servitore*).

S. Chi domandate ?
T. Sta la quà quella signora forestiera ?
S. La signora Clarice ?

T. Giusto la siora Clarice.

S. Sta qui ; ma ora non le si può parlare.

T. Perche ? dormela ?

TRUFALDIN. Brighella pourrait bien avoir raison ; mais s'il connaît que je suis un fourbe, il faut qu'il soit lui-même encore plus fourbe que moi. Portons toujours cette lettre ; nous penserons ensuite à l'avenir. — Oh ! la maison ! (*Sort un domestique*).

D. Que demandez-vous ?
T. Cette dame étrangère est-elle ici ?
D. Mademoiselle Clarice ?

T. Justement, mademoiselle Clarice.

D. Elle y est ; mais dans ce moment on ne peut lui parler.

T. Pourquoi ? est-ce qu'elle dort ?

---

(1) Ci. (2) Cercano. (3) Condannati. (4) Fingono. (5) Tu sei. (6) Può essere. (7) Lui *ou* Egli. (8) Portiamo. (9) Al migliore.

S. Non dorme, mà ha delle visite e non le si può parlare.

T. Se poderave darghe (1) una lettera?

S. Datela a me, che la porterò alla sua camera.

T. Bravo! ve dilette anca vu (2) de portar le lettere?

S. Ditemi, siete voi servitore?

T. Cosi e cusi, (3) mezo e mezo, garzon de bottega, una cossa simile.

S. Che serve dunque far discorsi sul portar le lettere? Voi fate l'uffizio vostro, ch'io farò il mio. Datemi voi la lettera del padrone, ch'io la porterò alla padrona.

T. Ecco la lettera. Cusi averemo fatto la facenda metà per omo.

S. Quanto vi dona il padron per una lettera che portate?

T. Niente affatto.

S. Io all' incontro ogni lettera che porto alla padrona, ella mi dona un paolo; (*) e vado subito a guadagnarlo.

D. Non; mais elle a du monde, et elle n'est pas visible.

T. Pourrait-on lui remettre une lettre?

D. Donnez, je vais la lui porter.

T. Bien! vous aimez donc aussi à porter des lettres?

D. Dites-moi un peu. Etes-vous laquais?

T. Couci, couci: oui et non. Je suis garçon de boutique; ce qui est à-peu-près la même chose.

D. Que signifie donc cette mauvaise plaisanterie? Vous faites votre métier et moi le mien. Donnez-moi la lettre de votre maître, je la porterai à ma maîtresse.

T. La voici. A ce moyen, nous ferons la commission à compte et demi.

D. Combien votre maître vous donne-t-il par lettre que vous portez?

T. Pas une obole.

D. Ma maîtresse est plus généreuse; quand je lui porte une lettre, elle me donne un paul; (*) et je vais promptement le gagner.

En attendant la réponse, Trufaldin rôde autour de la maison du docteur Lombardo, ami de son maître. Il apperçoit la soubrette Smeraldina, qui lui assigne un rendez-vous dans sa chambre, après que le Docteur sera sorti. Le Docteur, qui a entendu la conversation, se présente.

(1) Si potrebbe dargli. (2) Anche voi. (3) Cosi, cosi.

(*) Petite pièce de monnaie qui vaut à-peu-près dix sous de France.

Sc. VI. *Le Docteur, Trufaldin, ensuite le Domestique de l'auberge.*

D. Se'l signor Truffaldino vuol andare in casa con Smeraldina, quando non vi è il padrone, può servirsi ora che'l padrone è fuori di casa.

T. Quando ela mi fa la grazia di contentarse, me prevallerò delle sue finezze.

D. Aspetti, signor Truffaldino, che se il padrone è fuori di casa, vi è un altro, che gli può dare più soggezione di lui.

T. E chi è elo? (1) se la domanda è lecita.

D. E un certo signore che si domanda Bastone, diettro alla porta, pronto a ricamargli le spalle.

T. Quando l'è cusi, (2) per no dar incommodo a sto signor, volterò il bordo, e anderò per un altra strada.

D. Lodo la sua bella prudenza, e la consiglio non venir molto per questa parte, perche il signor Bastone qualche volta ha la bontà di venir fuori di casa, ed esercitar la sua cortesia anche in mezzo la strada.

T. Oh! l'è molto cortese! La ghe diga che nol se inco-

D. Si le seigneur Trufaldin attend que le maître de la maison soit sorti pour aller visiter Smeraldine, il peut se satisfaire; dans ce moment, le maître est dehors.

T. Puisque vous voulez bien me le permettre, je profiterai de vôs bontés.

D. Un moment, seigneur Trufaldin. Si le maître n'y est pas, il y en a un autre qui pourrait vous donner du tintouin.

T. Et quel est-il, s'il vous plaît?

D. Un certain personnage nommé Bâton, qui se tient derrière la porte, prêt à vous frotter les épaules.

T. Puisqu'il en est ainsi, pour ne pas déranger monsieur Bâton, je fais volteface, et je prendrai un autre chemin.

D. Je loue votre prudence. Je vous conseille même de venir rarement de ce côté; car monsieur Bâton se permet quelquefois de sortir de la maison, et de distribuer ses largesses, même au milieu de la rue.

T. Il est assurément trop honnête. Je vous

____

(1) E chi è egli? (2) Quando egli sia cosi.

moda (1) che più tosto. (*Esce il servitore*).

S. Amico!
T. Cossa gh'è? (2)
S. La mia padrona ha letto la lettera, e presto presto ha fatto la risposta; e giacchè a sorte vi trovo qui, mi farete il piacere di portarla al vostro padrone.

T. Com' ela andada? (3)

S. Male.
T. E vegnudo el paolo?
S. Questa volta non è venuto. Dubito che le sià piacciuto poco la lettera che mi avete data.

T. Ho paura anca mi (4). Un' altra volta vi farò la facilità di lasciare che la portiate voi colle vostre mani. (*parte.*)
T. Obligado della so finezza. Saria (5) curioso di veder cossa la risponde, se la ghe promette di restituirghe i zecchini.
D. Bravo, signor Truffaldino!
T. Cossa vorravela dir patron? (6)
D. Letterine amorose.
T. Sior si. Letterine amorose. (*apre la lettera.*)

D. Povero Pantalone! è

prie de lui dire de ne se pas déranger. J'aime mieux.... (*Le domestique sort de l'auberge.*)
Dom. L'ami!
T. Qu'y a-t-il?
Dom. Ma maîtresse a lu la lettre. Sur-le-champ elle y a fait réponse. Puisque je vous retrouve ici, vous me ferez le plaisir de la porter à votre maître.
T. Comment cela s'est-il passé?
Dom. Mal.
T. Et le paul?
Dom. Cette fois je n'ai rien eu. Il faut que la lettre que vous m'avez remise ne lui ait pas fait plaisir.
T. J'en ai peur.
Dom. Une autre fois, je vous laisserai faire vos commissions vous-même. (*Il part.*)
T. Bien obligé. Je voudrais bien savoir ce que contient la réponse, et si l'on promet de rendre les sequins.
D. A merveille, mons Trufaldin.
T. Que voulez-vous dire, monsieur?
D. Des billets doux!
T. Oui, monsieur, des billets doux. (*il ouvre la lettre*).
D. (Pauvre Pantalon!

---

(1) Dite gli che non s'incommodi. (2) Cosa è? (3) Come si é passato? (4) Anche io. (5) Sarei. (9) Cosa vorreste dire.

rovinato, e non vuol far giudizio.

T. Me dispiase che so poco lezer: (1) e sto carattere non l'intendo.

D. Mi dispiace ancora per suo figliuolo. Gli avrei volontieri dato mia figlia. Ma ora non è piu in stato di maritarsi.

T. Sior dottor, mi compatissa : nol fazzo mai per far torto alla so virtù. Sa la lezer ?....

D. La prendo per una facezia ; per altro l'interrogazione sarebbe ben temeraria.

T. Vojo dir se l'intende (2) tutti i caratteri.

D. Pare a voi ch'un uomo della mia sorte non abbia da intendere tutti i caratteri ? Avete qualche cosa da leggere che vi prema ?

T. Gh'averave sta lettera.(3)
D. A chi va quella lettera ?

T. La va al mio padron.
D. Al vecchio, o al giovane ?
T. Al vecchio.
D. E voi vi prendete la liberta di aprire, e di leggere lettere che vanno al vostro adrone ?
T. Ghe dirò, sior, tra me

il est ruiné, et il ne veut pas donner son bilan).

T. (Je suis bien malheureux de ne pas bien savoir lire. Je ne comprends rien à cette écriture).

D. (Je plains sur-tout son fils. Je lui aurais volontiers donné ma fille. Mais à présent il n'est plus possible d'y songer).

T. M. le Docteur, je vous demande pardon. Ce n'est pas que je doute de vos talens.... Savez-vous lire ?

D. Je prends cela pour une plaisanterie ; autrement la question serait assez impertinente.

T. Je veux dire, lisez-vous toutes sortes de caractères ?

D. Pensez-vous qu'un homme comme moi ne soit pas en état de déchiffrer toutes sortes d'écritures ? Avez-vous à lire quelque chose qui vous intéresse ?

T. Oui, cette lettre.
D. A qui est-elle adressée ?
T. A mon maître.
D. Au vieux, ou au jeune ?
T. Au vieux.
D. Et vous vous donnez la liberté de décacheter les lettres adressées à votre maître ?
T. Entre mon maître et

---

(1) Leggere. (2) Voglio dire se V. S. intende. (3) Avrei questa lettera.

e lui, passemo (1) con confidenza. So tutti i so interezzi; (2) so che l'ha imprestà (3) trenta zecchini a una forestiera che sta in quella locanda, e che con una polizza el ghe li ha domandai; (4) el m'ha promesso, se la ghe li restituisce de darme sie mesi di salario, che avanzo, (5) e per dirghela, gh' ho un poco de curiosità, perche si tratta del mio interesse.

D. Quando è cosi, non ricuso di compiacervi.

T. La mi fara grazia.

D. Mi pare aver inteso dire che'l signor Pantalone faceva il graciozo con quella signora, e molto habbia con lei consumato.

T. Me par anca me che sia vero.

D. E come ora le domanda trenta zecchini?

T. Questi el ghe li ha prestai, e sepera che adesso vedendo lo in bisogno, tanto più presto la ghe i abbia da restituin. Sentimo quel che la dise:

D. Sentiamo. — « Signor
» Pantalone carissimo, son
» penetrata dalla vostra dis-
» grazia, e mi rincresce non
» essere in istato di sovve-
» nirvi, Voi dite, che mi

moi, il n'y a rien de caché. Je connais toutes ses affaires. Je sais qu'il a prêté trente sequins à une étrangère qui loge dans cette hôtellerie. Il lui a écrit pour les lui redemander. Il m'a promis que si elle les lui rend, il me paiera six mois de gages qu'il me doit; et à vous dire vrai, j'ai un peu de curiosité, parce qu'il s'agit de mes intérêts.

D. Puisque la chose est ainsi, je ne refuse pas de vous rendre ce service.

T. Je vous en aurai la plus grande obligation.

D. Il me semble avoir entendu dire que Pantalon faisait la cour à cette femme, et que même il a beaucoup dépensé avec elle.

T. Je crois qu'oui.

D. Si cela est, comment aujourd'hui lui redemande-t-il trente sequins?

T. C'est qu'il les lui a prêtés, et il espère que le voyant dans le besoin, elle n'en sera que plus empressée à les lui rendre. Or, voyons ce qu'elle dit:

D. Volontiers. — « Mon
» cher M. Pantalon, je
» suis sensible à votre
» malheur, et j'ai bien du
» chagrin de n'être pas en
» état de venir à votre se-

____

(1) Passiamo. (2) I suoi interessi. (3) Habbia imprestati, (4) Gli ha domandati. (5) Dei quali sono io in avanzo.

» avete prestato trenta zec-
» chini, ma io non mene
» ricordo; e se ciò fosse ve-
» ro, avreste di me o un
» obligo o una ricevuta. Ri-
» flettete, che voi siete causa
» della vostra rovina e che se
» aveste badato a me sola-
» mente, non vi trovereste in
» simile stato. Non potete
» dire, ch' io sia stata la ca-
» gione dei vostri disordini,
» mentre in due anni, che
» avete pratticato in mia casa,
» sono stati magghiori gl' in-
» commodi che mi avete re-
» cato di quelli, che per me
» avete sofferto. Pensate ai
» casi vostri, mentre io per
» soccorervi non posso alte-
» rare la mia œconomia, e
» molto meno privarmi di
» quanto mi è necessario per
» comparire, e non mi tor-
» mentate con lettere, men-
» tre una fiera emicrania mi
» tiene oppressa ».
Vostra sincera amica, etc.

T. Cossa credela che possa
sperar a conto del mio salario ?
D. Questa lettera vi può
profitare assaissimo, consi-
derando l'ingratitudine delle
donne, è fissando la massima
di starvi lontano, e di non
fidarsi da loro. Lasciate quella
lettera nelle mie mani, che
dandola ora al signor Panta-

» cours : vous dites que
» vous m'avez prêté tren-e
» sequins ; je ne me le
» rappelle pas. Si cela est,
» vous en avez probable-
» ment une obligation ou
» ma reconnaissance. Ré-
» fléchissez que vous êtes
» cause de votre ruine,
» et que si vous ne vous
» étiez attaché qu'à moi,
» vous ne vous trouveriez
» pas dans cette position.
» Vous ne pouvez pas dire
» que j'aie contribué à vos
» désordres, car depuis
» deux ans que vous venez
» chez moi, vous m'avez
» plus coûté que vous n'a-
» vez dépensé. Cherchez-
» ailleurs du secours, car
» pour vous en donner, il
» n'est pas possible que je
» touche à mes économies,
» encore moins que je me
» prive de ce qui m'est
» nécessaire pour figurer
» décemment dans le mon-
» de. Vous me ferez plai-
» sir de ne me pas fatiguer
» de vos lettres, tandis que
» je suis tourmentée d'une
» migraine affreuse ».
Votre sincère amie, etc.
T. Combien pensez vous
que je puisse espérer à
compte de mes gages ?
D. Cette lettre peut vous
être infiniment profitable,
en vous donnant la preuve
de l'ingratitude des fem-
mes, et vous montrant la
nécessité de vous défier et
de vous éloigner de ce sexe
trompeur. Laissez-moi ce

lone gli sarebbe di troppo cordoglio. Io gli sono amico, e lo compatisco; voglio recargli tutto quell' ajuto, ch'io posso nelle presenti sue circostanze. Penso al rimedio dei suoi disordini; credo averlo trovato; un poco doloroso per i suoi creditori, mà il più facile, ed il più usitato.

papier. Le remettre dans ce moment à Pantalon, ce serait lui déchirer le cœur. Je suis son ami. Je le plains. Je veux lui donner tous les secours qu'exigent les circonstances où il se trouve. Je songe au remède qui convient à ses maux. Je crois l'avoir trouvé. Il sera un peu douloureux pour ses créanciers; mais c'est le plus facile et le plus en usage.

T. Quando in questa lettera non gh'è più sostanza de cusi no me curo gnanca (1) de portarghela (2) a sior Pantalon. Me despias per el me salari, ma za che (3) tutto va a precipizio, cercherò anca mi de pagarme sù i resti.

T. Puisque cette lettre ne dit rien de bon, je me soucie fort peu de la remettre moi-même à mon maître. J'en suis pourtant fâché à cause de mes gages; mais puisque tout va au diable, je tâcherai de me payer sur ce qui reste.

DIALOGUE II, extrait de la même Pièce.

Pantalon veut éprouver la fidélité de Trufaldin, son garcon de boutique. Act. III, Sc. I.

PANTALON. Senti, Truffaldin, sta sera gh'ho bisogno de agiuto. Ho tolto sto casin a fitto per divertirme, e sta sera se fa una cena, e un festinetto. Ho gusto d'averte anca ti, perche ti xe fida, (4) e son seguro che ti tenderà a quel che bisogna. Ma varda ben: non dir gnente ne a mio

PANTALON. Ecoute, Trufaldin, ce soir j'ai besoin de ton aide. J'ai loué ce cazin [*] pour me divertir. J'y donne aujourd'hui à souper et une petite fête. Je serai très-aise que tu en sois, parce que tu es un garçon fidèle, et je suis persuadé que tu auras l'œil

---

(1) Non mi curo ne meno. (2) Di potarla. (3) Mi dispiace per il mio salario, ma poiche con giacchè. (4) Tu sei fedele.

[*] C'est ainsi que l'on nomme à Venise certaines petites maisons où l'on se réunit en société pour le jeu, la danse, la conversation, etc.

fio, ne a mia muggier (1) ne al dottor, ne a nissun a sto mondo; se ti parli, povereto ti.

T. Non la dubita gnente: in materia de fedeltà, no gh'è nissun che possa dir dè mi quel che se pol dir di tanti altri garzoni?

P. Come sarave a dir? cossa credi stu che fazza (2) altri garzoni?

T. I ha ordinariamente tre o quattro vizietti uu più bello d'ell altro. I se diletta di zogar; (3) e chi paga? La cassetta del padron. — I ha la donnetta; e chi la veste? La roba della bottega del padron. I va all' Opera, alla Comedia; e a spese de chi? Del patron. I se va a devertir coi so cari amici; e chi tol de mezzo? El patron. Co i sta in bottega, cosa fa li? (4) I mormora del patron; I strapazza el patron, e i conta ai so camarada (5) tutte le sulfigne del patron.

à ce que tout se passe convenablement. Mais, surtout que ceci ne soit su ni de mon fils, ni de ma femme, ni du docteur, ni de qui que ce soit au monde. Si tu en dis un mot, tu es un homme perdu.

T. Ne craignez rien : en matière de fidélité, il n'y a personne qui puisse dire dè moi ce qu'on pourrait dire de tant d'autres garçons.

P. Qu'y a-t-il à dire? que penses-tu que fassent les autres garçons?

T. Ils ont ordinairement trois ou quatre petits défauts plus jolis l'un que l'autre. — Ils jouent; et qui est-ce qui paie? La caisse du maître. — Ils entretiennent des filles; qui est-ce qui fournit à leur parure? La marchandise de la boutique du maître. — Ils vont à l'Opéra, à la Comédie; aux dépens de qui? Aux dépens du maître. Ils vont se divertir avec leurs bons amis; qui est-ce qui fait les frais? Toujours le maître. — Sont-ils à la boutique, ils se plaignent du maître; ils le déchirent; ils racontent à leurs camarades toutes les fredaines du maî re.

(1) Moglie. (2) Cosa credi tu che facciano? (3) Giuocare. (4) Quando sono in bottega, cosa fanno? (5) Mormorano — strapazzano — e narrano ai cameradi loro.

A a

P. Ti che ti xe un putto di garbo, e senza vizj, come fastu a saver tutte ste cosse?

T. Le so, perche le so, e se no le savesse, no le saveria.

P. Oh! che bella razon da pondolo! (Non vorave che costù fusse pezo dei altri. Ghe vogghio dar una tastadina.)

T. Se el savesse tutto! Ma, fazzo le mie cosse con pulizia, e nol savrà gnente de più de cusi.

P. Come te disseva, sta sera fazzo un festin. Se ti gh'avessi anca ti qualche impegnetto con qualche putta, ti la poderessi menar.

T. So che la burla, sior Pantalon.

P. No : non burlo. Ho paura che saremo poccheiti. Averave gusto che ghe fusse delle donne ; staressimo più allegramente.

T. (Se credesse che el disesse da bon !)

P. Via, se ti cognossi qualche femena, fa la vegnir, e do, e tre, e quante che ti vol. Za nissun saverà gnente ; tasi ti, che taso anca mi.

T. Caro sior padron, co se tratta de sarghe servizio, la lassa far a mie. Cognosso quattro o cinque massere ; le farò vegnir.

P. Di me un po. Te fazzo

P. Toi, qui es un honnête garçon, toi qui n'as point de vices, comment fais-tu pour savoir tout cela ?

T. Je le sais, parce que je le sais ; si je ne le savais pas, je ne le saurais pas.

P. Belle raison ce pendard ! (Je ne voudrais pas que ce maraud fût pire que les autres. Mettons - le à l'épreuve.)

T. (S'il savait tout ! Non ; je fais mes affaires trop adroitement ; il n'en saura pas davantage.)

P. Or, comme je te disais, je donne ce soir une petite fête. Si tu as à ta disposition quelque jolie fille, tu peux l'amener.

T. Vous vous moquez de moi, M. Pantalon.

P. Non : je parle sérieusement. Je crains que nous soyons peu de monde. Je serais bien aise sur-tout qu'il y eût des femmes ; cela se passerait plus gaiement.

T. (Si je croyais qu'il parlât tout de bon !)

P. Allons, si tu en connais, amènes-en deux, trois et davantage si tu veux. Mais de la discrétion. Tais-toi, comme je me tairai moi-même.

T. Mon cher maître, puisqu'il s'agit de vous obliger laissez-moi faire. Je connais quatre à cinq masques ; je les ferai venir.

P. Dis-moi un peu : je

una confidenza. Vorave veder de cavar le spese in qualche maniera. Metteremo dei tavolini, taggierò io, ma vorave che in masch ra ti me stassi arente a farmi da groppier. Te ne intendistu de bassetta?

T. Sior si : la lassa far a mi, e la taggia liberamente. Ai ponti ghe tenderò mi (1). So cossa l'è el più, el paroli, el sette a levar, la segonda, la fazza, la sonica, el ponto in mazza (2). La se fida da mi.

P. Oh che galiotto ! Caro Truffaldin ; te voi confidar un' altra cossa. So che ti me vol ben, ti me assisterà.
T. Son quà : per i amici me farave squartar.
P. Bravo ! ti me tratti da amigo, no come patron.

T. A bottega, e in casa ve considero come patron. Quà siamo al cazin, semo in confidenza ; e fideve da un' omo de mia sorte !

P. Mi fido de più come amigo, che come patron.

te veux faire une confidence. N'y aurait-il pas quelque moyen de couvrir les frais ? Par exemple, on pourrait dresser quelques tables de jeu ; je taillerais, et toi, sous le masque, tu me servirais de croupier. Entends-tu un peu le jeu de la bassette ?
T. Oh que oui : laissez-moi faire et taillez librement. J'aurai l'œil sur les ponteurs. Je sais à merveille ce que c'est que le plus, le paroli, le sept à lever, la seconde, la sonica, le ponte en masse. Rapportez-vous-en à moi.
P. Oh le fripon ! Mon cher Trufaldin ; je veux te confier encore un autre secret. Je sais que tu m'es attaché, tu m'assisteras.
T. Parlez : pour mes amis, je me ferais écarteler.
P. Bravo ! tu me traites en ami, et non comme ton maître.
T. A la boutique et dans la maison, je vous regarde comme mon maître. Ici nous sommes au cazin, nous agissons de confiance : reposez-vous sur moi.
P. Je me fie plus à toi comme ami que comme maître.

---

(1) Attenderò io. (2) La plupart de ces expressions n'en ont point de correspondantes en français. *Paroli* est synonyme de più, il signifie qu'on joue le double de la premiere fois. *Sette a levar* indique que l'on joue ce qu'on a gagné par le paroli et la premiere mise. *Segonda* est la premiere carte au profit des po tes après la taille. *La fazza* est au profit du banquier apres la taille ou après qu'il a tenu la ponte. *Sonica* la carte qui vient le plutôt possible pour faire gagner ou perdre. *El ponto in mezza* vàtout.

T. Non gh'è dubbio. No tradirave un amigo per tutto l'oro del mondo.

T. N'en doutez pas. Je ne trahirais pas un ami pour tout l'or du monde.

P. Più tosto tradir el paron che l'amigo.

P. Tu trahirais plutôt le maître que l'ami ?

T. Vedi ben, l'amicizia l'è una gran cossa.

T. Certainement, l'amitié est une belle chose.

P. Penso ché a ste donne che vegnirà, bisognerià donàrghe qualcossa.

P. Je pense qu'il faudrait donner quelque chose aux femmes qui viendront.

T. Seguro che le donne le vol esser regalate ; e se no le se regala, no se fa gnente.

T. Il est certain que les femmes aiment les cadeaux. Si on ne leur donne pas quelque bagatelle, il n'y a rien à faire.

P. Anca ti le to massere ti le regalerà.

P. Tu fais donc de temps en temps des cadeaux à tes masques ?

T. Qualche vòlta.

T. Quelques fois.

P. E come fastu a trovar i bezzi, o la roba da regalarle ?

P. Et comment fais-tu pour te procurer de l'argent ou de la marchandise ?

T. Lassemo andar sti discorsi che no serve gnente. Cossa pensa la, sior Pantalon, de voler donar a ste donne ?

T. Laissons-là ces discours qui ne servent à rien. Que croyez-vous, monsieur Pantalon, que nous pourrions donner à ces femmes ?

P. (Eh, ti ghe ca scherà, furbazzo.) Se poderia donàrghe qualche taglio de roba, qualche cavezzo de drappo, della cordella, delle galanterie de bottega.

P. (Je t'y prendrai, maître fripon.) Nous pourrions leur donner quelque coupon d'étoffes, quelque morceau de drap, des rubans et autres drogues de la boutique.

T. Sior sì, ste cosse le donne le gradisse infinitamente. Anca mi lo ghe porto.... E cosi come vorla far ?

T. Fort bien, monsieur, les femmes aiment assez toutes ces choses-là. Quand je leur en donne.... Eh bien, que prétendez-vous faire ?

P. Me despiase che in bottega ghe xe sempre mio fio. Gran seccagine, gran ignorante che xe quel mio fio.

P. Je suis fâché que mon fils soit toujours à la boutique ; c'est un ennuyeux, un ignorant....

T. L'è una cossa che no se pol sopportar. Avaro, fastidiozo, cattivo.

P. L'è un temerario de prima riga.

T. Credeme da amigo, sior Pantalon, ch'e l'è un' aseno.

P. Olà, come parlistu de mio fio? Varda ben che anca elo el xe to padron. Ti no ti disi mal dei padroni.

T. Eh digo cusì, perche nol me sente.

P. Bravo : come se poderavve far a provvederse del nostro bisogno, senza che elo se n'accorzesse ?

T. Lassè far a mi. Za el serra la bottega a bon ora ; averè tutto quel che vole.

P. Come farastu la bottega serrada ?

T. No stè a pensar altro, sarè servido.

P. Ti xe un' omo de spirito, ti xe un bon amigo, dimelo in segretezza. Za con mi ti te pol confidar, gh'averastu per fortuna qualche chiave falsa ?

T. Zitto ! che nissun senta. Sior si, gh' ho una chiave, che averze.

P. Caro ti, lassa, che la veda.

T. Ma..... Nol credessi mai, che fasse delle baronade ; son un garzon onorato. Saviu

T. Il est en effet insupportable, avare, fastidieux, méchant....

P. Un insolent de la première espèce....

T. Croyez-moi, M. Pantalon, c'est un sot.

P. Holà ! comme tu parles de mon fils ! prends garde qu'il est ton maître. Toi qui ne dis jamais de mal de tes maîtres.

T. J'en parle ainsi, parce qu'il ne m'entend pas.

P. A la bonne heure : comment nous y prendre pour avoir ce qu'il nous faut, sans qu'il s'en apperçoive ?

T. Laissez-moi faire. Il ferme la boutique de bonne heure ; vous aurez tout ce que vous voudrez.

P. Comment feras-tu, la boutique étant fermée ?

T. Ne vous inquiétez pas, vous aurez votre affaire.

P. Tu es un homme d'esprit ; tu es un ami sûr ; dis-moi ton secret. Tu peux bien te fier à moi. Aurais-tu par hasard une fausse clef ?

T. Chut ! que personne ne nous ntende. Oui, monsieur j'ai une clef que voici.

P. Mon cher ami, laisse que je la voie.

T. Mais.... N'allez pas croire au moins que je m'en sois jamais servi pour faire

per cossa , che m'ho fatta far sta chiave ?

P. No : per cossa ?

T. Perchè i padroni delle volte i dorme tardi, i tien le chiave in camera, e cusì posso andar a avrir la bottega la mattina a bon ora.

P. Mo , che bravo putto ! mo, che putto de garbo ! l'assemela v.der mo sta chiave.

T. Eccola.... ma, zitto !

P. Zitto! (*prende la chiave.*) E senza far altre ciaccole, sior garzon onorato, che non ruba, che no gh' ha donne, e che no dise mal dei padroni , andè subito ai fatti vostri, e no abbiè più ardir de metter piè nè in casa, nè in bottega, e ringraziè el cielo, chè no ve fazzo andar in gulia.

T. A mi sto tradimento ! a un amigo de mia sorte !

P. Oh che caro amigo ! ladro , baron , furbazzo....

T. Deme la me chiave.

P. Te darò un fracco de legnæ , se ti no va via.

T. La me costa un ducato.

P. Chi elo quel favro, che te l'a fatta ?

T. L'era un galant' omo,

des friponneries ; je suis un homme d'honneur. Savez-vous pourquoi j'ai fait faire cette clef ?

P. Non pourquoi ?

T. C'est que par fois il y a des maîtres qui aiment rester tard au lit ; et quand ils emportent la clef dans leur chambre, je puis, sans les réveiller , ouvrir la boutique le matin de bonne heure.

P. Le brave garçon ! le garçon d'esprit ! Montre-moi donc cette clef.

T. La voici.... mais, motus ! ....

P. Motus ! (*il prend la clef.*) Sans autre discours, monsieur l'homme de bien, qui ne joue point, qui ne vole point, qui n'entretient point de filles, qui ne parle jamais en mal de ses maîtres , décampez sur-le-champ d'ici ; n'ayez pas l'effronterie de remettre le pied à la maison ou dans la boutique, et remerciez le ciel, si je ne vous fais pas aller aux galères.

T. Me traiter ainsi ! un ami comme moi !

P. L'excellent ami ! voleur, fripon, fourbe. ...

T. Rendez-moi ma clef.

P. Des coups de bâton, si tu ne t'en vas.

T. Elle m'a coûté un ducat.

P. Quel est le serrurier qui te l'a faite ?

T. C'était un bien honche le faceva per far servizio ai zoveni de bottega.

P. Voggio saver che el zè; dove stalo de bottega?

T. Nol gh' ha bottega, el negozia in camera.

P. Ma dove?

T. All' altro mondo.

P. Xelo morto?

T. Sior sì; a Napoli per ben merito della so bella virtù i gh' ha fatto l'onor de impiccarlo.

P. I te farà anca a ti lo stesso onor, se ti seguiterà sta vita.

T. Per cossa?

P. Perche ti è un ladro.

T. Tutti i ladri si impiecheli?

P. Certo.

T. Caro sior Pantalon, adesso che so sta cossa, no gh'è dubbio, che toga mai più niente a nissun. Me despiase d'averlo fatto, e vene domando perdon. Ve ringrazio, che m'avè fatto la carità de avvisarme, e per gratitudine ve voi dar anca mi un' avvertimento da amigo. Vardeve ben, e penseghe ben, perchè se mi ho robà ai mi patroni, anca vu av'e ingannà i marcanti che v'ha fidà la so roba; e credemelo, sior padron, che anca a questo se ghe dise robar.

nête-homme qui travaillait pour rendre service aux garçons de boutique.

P. Je veux savoir qui il est. Où est sa boutique?

T. Il n'a point de boutique, il travaille en chambre.

P. Où?

T. Dans l'autre monde.

P. Il est mort?

T. Oui, monsieur ; à Naples, pour récompense de ses grands talens, on lui a fait l'honneur de le pendre.

P. On te fera le même honneur, si tu ne changes pas de vie.

T. Pourquoi cela?

P. Parce que tu es un voleur.

T. Est-ce que l'on pend tous les voleurs?

P. Assurément.

T. Maintenant, M. Pantalon, que je suis averti, il n'y a pas de danger que je m'avise désormais de rien dérober à personne. Je me repens de l'avoir fait, et je vous en demande pardon. Je vous rends graces du charitable avis que vous venez de me donner, et par reconnaissance, je dois vous donner aussi un conseil d'ami. Réfléchissez que si j'ai volé mes maîtres, vous avez vous-même trompé les marchands qui vous ont confié leurs marchandises, et croyez-moi, monsieur Pantalon, ceci pourrait bien encore passer pour un vol.

DIALOGUE III, extrait de la *Femme vindicative*, Comédie en trois actes de *Goldoni*. Act. III.

Scène de nuit entre OCTAVE, ARLEQUIN, CORALINE, TRAPPOLA, ROSAURA, FLORINDO *et* LELIO.

OCTAVE, *armé de pied en cap ;* ARLEQUIN, *un flambeau à la main.*

OCTAVE. Arlecchino !
ARLEQUIN. Sior.
O. Guarda un poco in instrada, se tu vedi nissuno.
A. Caro sior padron, dispense me.
O. Hai qualche difficoltà?
A. Sior si, l'aria della notte non mi conferisse.
O. Meno ciarle. Apri quella porta, ed osserva se v'è nissuno.
A In verità. sior padron.
O. Aprila dico, o ti rompo il capo.
A. Lasseme al manco dire una parola.
O. Che cosa vuoi tu dire ?
A. Se avrimo la porta, i nemici pol vegnir deotro.
O. Non ho paura, di dieci. Apri quella porta.
A. Se nol avi paura avrila vu. Per nui, gh'ho paura.

OCTAVE. Arlequin !
ARLEQUIN. Monsieur.
O. Regarde un peu dans la rue s'il n'y a personne.
A. Mon cher maître, dispensez-moi.
O. Y trouves-tu quelque difficulté ?
A. Oui, monsieur, l'air de la nuit m'incommode.
O. Point de bavardage. Ouvres cette porte, et fais ce que je te dis.
A. En vérité, monsieur.
O. Ouvres, te dis-je, ou je t'assomme.
A. Permettez au moins que je dise un mot.
O. Que veux-tu ?
A. Si nous ouvrons la porte, les ennemis peuvent entrer.
O. Je n'ai pas peur de dix hommes. Ouvres cette porte.
A. Si vous n'avez pas peur, ouvrez-la vous-même. Pour moi je tremble.

O. Ti bastonerò. (*Vuol dargli col bastone.*)

A. Ajuto ! (*Lascia cadere il lume , e si spegne.*)

O. Oh maledetto !

A. (L'è stada una politica da omo de gabinetto.)

O. Dove sei ?

A. (Oh! nol me trova più.)

O. Dove sei , dico ?

A. (Ho trovà la scala, vago in cucina.) *Fugge.*

O. Oh disgraziato ! Mi ha lasciato qui. — Non ci vedo. — Trovassi al meno la scala ! — Trovassi al meno una porta ! — Parmi di sentir gente. Solo all' oscuro…. Principio di avere paura. (*Va cercando , e trova una porta.*) Questa che porta è ? Avrebbe ad essere la camera del servitore. (*Tasta.*) Si , la connosco , è quella ; mi chiuderò qui dentro , e starò a vedere che còsa nasce. All' ultimo poi , ho spada da combattere ; ho petto da resistere. (*Entra e chiude.*)

O. Je te rouerai de coups. (*Il lève le bâton.*)

A. Au secours ! (*Il laisse tomber la lumière , qui s'éteint.*)

O. Maudit poltron !

A. (Voilà ce qui peut s'appeler un coup de maître.)

O. Où es-tu ?

A. (Bien fin qui m'y rattrapera.).

O. Où es-tu , te dis-je ?

A. (Je tiens l'escalier , et je me sauve à la cuisine.) *Il s'enfuit.*

O. Le maraud ! il m'a planté-là. — Je n'y vois goutte. — Si je trouvais au moins l'escalier, où seulement une porte ! Je crois entendre quelqu'un. Seul dans l'obscurité…. Je commence à avoir peur. (*Il tâtonne et trouve une porte*). Quelle est cette porte? Ce doit être celle de la chambre du domestique. (*Il tâte.*) Je la reconnais , c'est elle. Je vais m'y enfermer , et je verrai ce qui se passera. A tout événement, j'ai une épée pour combattre , et du courage pour résister. (*Il entre et s'enferme.*

C O R A L I N E *et* T R A P P O L A.

C. Tornate subitò dal signor Lelio vostro padrone ; assicuratelo della mia sincerità. Ditegli che se si fida di me , avrà in questa notte medesima la signora Rosaura nelle mani.

C. Retournez sur-le-champ chez M. Lelio , votre maître ; assurez-le de ma sincérité ; dites-lui que s'il se fie à moi , dès ce soir il sera en possession de mademoiselle Rosaura.

T. Ho paura che non vi creda ; è troppo incollerito contro di voi.

C. Assicuratelo ch'io non ho colpa circa l'essersi trovato il signor Florindo in camera colla padrona ; ma che ciò è seguito per opera della signora Beatrice.

T. Che lo voglia credere ?

C. Bisogna che lo creda per forza. Se avessi io condotto là il signor Florindo, per qual ragione doveva poi condurvi il signor Lelio medesimo ? Voi che siete uomo ragionevole, dite, se ciò può mai essere ?

T. Avete ragione ; la cosa è chiara.

C. Via dunque, andate subito, e ditegli che venga qui alla porta, o solo, o accompagnato, ch'io m'impegno dargli nelle mani sicuramente la signora Rosaura.

T. Chi sa, s'egli la vorrà più ?

C. Perche no ?

T. Dopo essere stata serrata in camera con quell' altro ?

C. Via, via, freddure ! Alle curte : se non vuole, lasci. Ma fategli riflettere che quest' è il punto d'avere una bella ragazza, una buona dote, e vendicar i delle impertinenze di quel vecchiaccio del signor Ottavio.

T. Gli volete voi bene al vostro padrone ?

C. Non si può sopportare.

T. J'ai peur qu'il ne vous croye pas ; il est trop en colère contre vous.

C. Assurez-le que ce n'est pas ma faute si Florindo s'est trouvé dans la chambre de ma maîtresse ; c'est madame Beatrice qui l'y a introduit.

T. Le croira-t-il ?

C. Il faut bien qu'il le croye malgré lui. Si j'avais introduit Florindo, par quelle raison aurais-je ensuite introduit Lelio ? Vous qui avez du bon sens, dites-moi si cela est possible.

T. Vous avez raison ; la chose est claire.

C. Allez donc, et dites-lui de se rendre promptement à cette porte, seul ou accompagné, que je m'engage de lui livrer mademoiselle Rosaura.

T. Qui sait s'il en voudra encore ?

C. Pourquoi non ?

T. Après avoir été enfermée dans sa chambre avec un homme ?

C. Sottise ! Au fait. S'il veut venir, qu'il vienne ; s'il ne veut pas, qu'il reste. Mais qu'il réfléchisse bien que c'est l'occasion d'avoir une fille charmante, une bonne dot, et de se venger de l'impertinence de ce vieux radoteur d'Octave.

T. Mais vous, n'aimez-vous pas le seigneur Octave ?

C. Moi ? Je ne puis le

Ne sono stanca... Andate subito dal signor Lelio, perche se il tempo passa.... Se il padrone se ne accorge....

T. Dove sta ora il vostro padrone?

C. Non lo sento in nessun luogo. Credo sia serrato in camera per la paura.

T. Paura di che?

C. Presto non perdete tempo; venite dietro di me, che vi aprirò la porta, e la lascierò socchiusa per il signor Lelio. (*S'avviano.*) Animo, Coralina, se perdi questa notte, non sei più a tempo. Andiamo a preparare. — Ecco la scala. (*Esce.*)

souffrir ; il m'excède.... Au surplus, allez promptement rejoindre Lelio ; car si nous manquons le moment.... Si Octave venait à s'appercevoir....

T. Et où est-il dans ce moment le seigneur Octave?

C. On ne le trouve nulle part. Je pense que la peur le retient enfermé chez lui.

T. La peur? de quoi?

C. Ne perdons pas notre temps, suivez-moi. — Je vais vous ouvrir la porte, et je la laisserai ouverte pour Lelio. (*Ils sortent.*) Courage, Coraline, si tu ne profites pas de cette soirée, tu ne seras plus à temps. — Allons tout préparer. Voici l'escalier. (*Elle s'en va.*)

OCTAVE, *entr'ouvrant la porte.*

O. Non son crepato perche il cielo non ha voluto. Poteva sentire di peggio? La rabbia mi divora, ma se parlo, non iscopro, tutto. Bisogna fremere; bisogna soffrire. Ah maledetta! ah indegna! ah scelerata! sento gente : torno a nascondermi.

O. Si je ne suis pas mort de rage, c'est que le ciel ne l'a pas voulu. Peut-on entendre de pareilles horreurs! La colère me suffoque.... Mais si j'éclate, je ne découvrirai plus rien. Contenons-nous. Souffrons en silence. Maudite Coraline! scélérate! indigne créature!... Mais j'entends quelqu'un : rentrons.

ROSAURA *et* CORALINE , *une lumière à la main.*

R. Ma dov'è mio padre?
C. Vostro padre, sia per paura, sia per vendicarsi del

R. Où est donc mon père?
C. Votre père, soit par crainte, soit pour se ven-

signor Florindo è andato in questo punto a stabilire col signor Lelio il contratto delle vostre nozze.

R. Mio padre non ha paura.

C. È puntiglioso. Lo farà per impegno.

R. Possibile, che mi voglia precipitare ?

C. Non sapete come è fatto. Voleva anche cacciarvi in un ritiro.

R. Misera me !

C. Io vi consiglio sposarvi a dirittura col signor Florindo.

R. Dov'è il signor Florindo?

C. È in una camera, che aspetta di sapere la vostra risoluzione.

R. Perche mi avete separata da lui ? Ci saremmo a questa ora tra di noi accordati.

C. Ho pensato far bene allora. Non sapeva dove andasse a finire il fracasso... Mi preme la vostra riputazione.... Sposatevi, e state insieme, che'l cielo vi benedica.

R. Non vorrei che mio padre.

C. Vostro padre è un tiranno.

R. Se mi trova, mi uccide.

C. Quando sarete sposa del signor Florindo, avrà finito

ger de Florindo, est allé trouver Lelio et arrêter avec lui les articles de votre mariage.

R. Mon père n'est point un homme peureux.

C. Non ; mais il est pointilleux, et peut-être que sa délicatesse....

R. Serait-il possible qu'il voulut ainsi me sacrifier ?

C. Oh ! vous ne le connaissez pas ; ne voulait-il pas vous enterrer dans un cloître ?

R. Que je suis malheureuse !

C. Je vous conseille, moi, d'épouser Florindo.

R. Où est-il ?

C. Il est ici caché dans une chambre, en attendant que vous ayez pris un parti.

R. Pourquoi m'avoir séparée de lui ? Nous serions à ce moment d'accord.

C. J'ai cru bien faire. Je ne pouvais pas deviner comment tout ceci finirait.... J'ai craint de compromettre votre réputation.... Epousez-le. Soyez heureux, et que le ciel bénisse votre mariage.

R. Je ne voudrais pas que mon père....

C. Votre père est un tyran.

R. S'il me rencontre, il me tuera.

C. Quand vous serez l'épouse de Florindo, votre

di commandare. — Volete ch'io lo vada a chiamare? — Venite in questa camera, io farò venir qui.

R. Coralina, io tremo.

C. Non tremerete, no, quando vi sarà il signor Florindo.

R. Ma io....

C. Or ora vi pianto, e mene vado.

R. No, per amor del cielo.

C. Dunque prendete il lume, e andate lì.

R. Vado.... Cielo ajutami. (*Entra in camera.*)

C. Questa è dentro. Presto al signor Florindo. Lo metto in un' altra camera; gli do ad intendere che avrà con lui la signora Rosaura, ed in vece di lei, sarò io. Se verrà Lelio, entrerà lì; e' passerà per Florindo, ed io qui passerò per Rosaura. (*Parte per la porta della scala.*)

père n'aura plus de droits sur vous. — Voulez-vous que j'aille le chercher? — Entrez dans cette chambre, je vais le faire venir.

R. Coraline, je tremble.

C. Vous ne tremblerez plus quand Florindo sera auprès de vous.

R. Mais....

C. Décidez-vous, ou je vous laisse.

R. De grace, ne m'abandonne pas.

C. Prenez donc cette lumière, et entrez.

R. Allons.... Ciel! secoures-moi. (*Elle entre dans la chambre.*)

C. Bon! l'y voici. Allons maintenant chercher Florindo. Enfermons-le dans cette autre chambre. Donnons-lui à entendre que Rosaura va l'y joindre, et j'irai à sa place. Si Lelio vient, il entrera dans la chambre de Rosaura; elle le prendra pour Florindo, tandis que celui-ci me prendra pour Rosaura. (*Elle sort par la porte de l'escalier.*)

OCTAVE, *sort de sa cachette.*

O. Rosaura è lì. — Florindo ha da venir qui, e Corallina con lui. — E Lelio con mia figlia. Oh che macchine! oh che rigiri! oh che femina scelerata! Presto, presto, si deluda, si scuopra, e poi si ammonazzi. (*Apra le porta di Rosaura.*)

O. Rosaura est là. — Florindo va venir ici; Coraline avec lui. — Lelio avec ma fille. — Bon! — quelle infernale intrigue! quels détours! que de scélératesse! découvrons tout. Déjouons tout, et puis vengeons-nous. (*Il ouvre la porte de Rosaura.*)

R. (*col lume in mano.*) Povera me! signor padre.

O. Zitto.

R. Per carità.

O. Zitto, dico.

R. Son morta.

O. Va li dentro. (*Acconna la camera dove era lui.*)

R. Ajuto.

O. Se tu parli, t'ammazzo.

R. Cielo! ajutami. (*Entra.*)

O. La vogliam veder bella. — Scellerata! — il vecchiaccio! — me la pagherai. (*Entra dove era Rosaura.*)

CORALINE, *avec* FLORINDO.

F. Ma dove mi conducete?

C. Venite con me, che la signora Rosaura verrà fra poco.

F. Corallina, badate bene....

C. Non sono capace di una cattiva azione.

F. In ogni caso ho armi, e saprò sottrar da qualunque impegno.

C. Venite qui. (*Lo guida verso la camera dov'era Ottavio.*)

F. Ma dove?

C. In questa camera. Statevi due momenti, che subito vi condurrò la signora Rosaura. (*Entra.*) E due. Vorrei che venisse il signor Lelio... Se non

Ros. (*une lumière à la main.*) Ah! mon père!

O. Paix!

R. Par pitié.

O. Paix, te dis-je.

R. Je me meurs.

O. Entre ici. (*En lui montrant la chambre d'où il sort.*)

R. Dieux!...

O. Si tu dis un mot, tu es perdue.

R. Ciel! j'implore ton secours. (*Elle entre.*)

O. Nous allons voir beau jeu. — Scélérate! — Le vieux radoteur! — Tu vas me la payer. (*Il s'enferme dans la chambre où était Rosaura.*)

CORALINE, *avec* FLORINDO.

F. Où me conduisez-vous?

C. Suivez-moi: Rosaura ne tardera pas à vous rejoindre.

F. Coraline, songez-y bien....

C. Je ne suis pas capable d'une méchante action.

F. En tout cas, j'ai des armes, et je saurai me tirer d'embarras.

C. Venez donc. (*Elle le conduit vers la chambre où était Octave.*)

F. Par où?

C. Entrez dans cette chambre. Attendez quelques instans; je vais chercher Rosaura. (*Il entre.*) Voilà qui est en bon train.

viene, di due cose ne farò una. Rosaura resterà li, ed io anderò con Florindo.

Si Lelio pouvait venir ! — Mais s'il ne vient pas, mon parti est pris ; laisser seule Rosaura et m'enfermer avec Florindo.

OCTAVE, *sortant une lumiere à la main, et se portant vers l'endroit où est enfermé* FLORINDO.

O. Oh che briccona! presto, presto, fin che v'è tempo. (*Apre la porta di Florindo.*)

F. (*con una pistola in mano.*) Alto!

O. Coll' armi alla mano?
F. Alto, dico.
O. Perche cosa siete qui?
F. Per isposar vostra figlia.

O. Cosi non si sposano le figlie oneste e civili.

F. Avete ragione, ma Corallina m'ha detto che la volete dar ad un altro.

O. Non v'ho detto io di darvela due ore sono?

F. Corallina mi ha imbrogliato.
O. Animo, venite qui.
F. Badate bene signor Ottavio.
O. Zitto! Rosaura fuori di li....
R. Ah! signor padre!
O. Datevi la mano.
R. Vi prego.
O. La mano vi dico.
R. Eccola.
O. A voi.
F. Penserete poi dopo....

Oh! l'indigne créature! hâtons-nous, tandis qu'il en est temps. (*Il ouvre la porte de Florindo.*)

F. (*Un pistolet à la main.*) Tout beau, monsieur!

O. Un pistolet!
F. Arrêtez, vous dis-je!
O. Que faites-vous ici?
F. Je viens pour épouser votre fille.

O. Ce n'est pas de cette manière qu'on épouse une honnête fille.

F. Vous avez raison, monsieur ; mais Coraline m'a dit que vous vouliez la donner à un autre.

O. Ne vous l'ai-je pas promise il y a à peine deux heures?

F. Coraline m'a donc trompé?
O. Allons, venez ici.
F. Songez à ce que vous faites, M Octave.
O. Paix! venez ici, Rosaura....
R. Ah! mon père!
O. Donnez-vous la main.
R. Je vous prie....
O. La main, vous dis-je.
R. La voici.
O. Et vous!
F. Réfléchissez bien....

O. Zitto!... andate li dentro.
F. Colla sposa?
O. Si vi dico.
F. Vado. (*Entrano nella camera dove era Ottavio.*)

O. State li : non parlate : se uscite, poveri voi. (*Chiude la porta.*) Ora io andrò dentro qui. Maledetta !.. te ne accorgerai. (*Entra nella camera dove era Florindo.*)

O. Chut ! entrez ici.
F. Avec ma femme ?
O. Oui, vous dis-je.
F. J'y vais. (*Ils entrent dans la chambre où était Octave.*)

O. Restez-là : ne parlez pas : si vous sortez, malheur à vous. (*Il ferme la porte.*) Maintenant, je vais entrer ici. Maudite créature !.... Tu t'en ressentiras. (*Il entre où était Florindo.*)

LELIO, TRAPPOLA, *et puis* ARLEQUIN.

L. Tu voi farmi precipitar.
T. Niente, signore, si fidi da Corallina.
L. Dove siamo ?
T. Venga meco, che ho prattica della casa. (*Lo prende per mano.*)
L. Questa notte, tu mi precipiti, ma giuro al cielo, il primo a morire sarai tu stesso.
T. La non dubiti, che non moriremo nessuno. (*Entrano per la porta della scala.*)

ARL. Oh ! poverettomi ! Zente in casa. — Ladri. — E no se trova el padron ! — Tremo da tutte le bande.... Se i me trova, i me mazza.... L'è mei, che me la batta fora de cà, (1) ma se vago fora, ho paura.... E se resto dentro l'è pezo.... Anderò... Ma se trovo zente... La zente l'è in cà.... E' mei che vada... Anderò a chiamar

L. Tu veux me perdre.
T. Non, monsieur, fiez-vous à Coraline.
L. Où sommes-nous ?
T. Suivez-moi, je connais la maison. (*Il le prend par la main.*)
L. Tu me fais faire une sottise ; mais je jure sur mon honneur que le premier qui mourra sera toi.
T. Ne craignez rien ; nous ne mourrons ni l'un ni l'autre. (*Ils entrent par la porte de l'escalier.*)

ARL. Malheureux que je suis ! Du monde dans la maison !... Des voleurs.... Et le maître n'y est pas !... Je tremble de tous mes membres... S'ils me trouvent, c'en est fait de moi... Je n'ai pas d'autre ressource que de sortir de la maison... Mais si je sors, je crains... Et si je reste,

_____

(1) Meglio che vada fuori di casa.

i sbirri. Povero el me padron ! l'è assassinà... Presto i sbirri ! la corte ! (*Parte per la porta di strada.*)

c'èst encore pire... Je m'en vais.. Si je rencontre du monde... Oh le monde est dans la maison... Courage, partons... Allons chercher les sbirres. Hélas ! mon pauvre maître, il est assassiné... Hola Au guet ! à la garde ! (*Il s'enfuit par la porte de la rue.*)

CORALINE, LELIO et TRAPPOLA, *dans l'obscurité.*

C. Aspettate qui un momento, tanto che entri dalla signora Rosaura, e spenga il lume. La faccio uscire all' oscuro, ve la do nelle mani e conducetela via.

C. Attendez un moment que j'entre dans la chambre de Rosaura. J'éteindrai sa lumière. Je la ferai sortir à l'obscurité. Je la remettrai en vos mains, et vous l'emmènerez.

L. Parmi ancora impossibile.

L. Il ne me paraît pas possible...

T. Vedrà, che quel, che ho detto sià la verità.

T. Vous voyez bien, monsieur, que je vous ai dit la vérité.

C. (*Apre la porta di Rosaura.*) Oh il lume lo ha spento. E una giovane di spirito. Ehi! signora Rosaura!.... Uscite : ecco qui il signor Florindo.

C. (*Ouvrant la porte de Rosaura.*) La lumière est déjà éteinte. Bon ! Voilà ce qui s'appelle une fille de bon sens. Rosaura!... Rosaura !... sortez : voici le seigneur Florindo.

FLORINDO, *sort dans l'obscurité.*

C. Datemi la mano. | Donnez-moi la main.

FLORINDO *donne une main sans parler, et de l'autre il tient un pistolet.*

C. (à *Lelio*.) Signore, venite qui. Eccola.

C. (à *Lelio*.) Approchez, monsieur, la voici.

F. (*a parte.*) Che diavolo è costui ? Quanto pagherei un lume !

F. (à *part*.) Que diable est ceci? Que n'ai-je une lumière !

C c

C. Andate, andate, — ch'el cielo vi benedica. (*da sè*) vado anch'io da Florindo.

L. Andiamo, cara.

F. (*Questa voce non la connosco*).

C. (*apre la porta.*) Uscite signor Florindo. Ecco quà la vostra Rosaura.

OCTAVE *armé, et une lumière à la main.*

C. Ajuto! (*Si scosta.*)

L. (*vedendo Florindo.*) Come?

F. (*colla pistola.*) Indietro!

L. Che tradimenti!

O. Ah scelerata! ah indegna! (*Arlecchino accorre.*) Caro sior padron! i sbirri.

O. I sbirri? Tieni, porta via la pistola.

F. La corte? Tenete, nascondete questa.

A. O poveretto me! I me menerá via mi. (*Nasconde le pistole.*)

C. Son perduta, non v'è più rimedio.

O. Chi ha fatto venire i sbirri?

A. Son stá mi, Sior, perche ho sentio dei ladri.

O. Ebbene! giacche v'è la corte, venga, e conduca via questa scellerata.

L. Sì: colei merita di essere severamente punita.

C. Partez, partez... Soyez heureux. (*à part.*) Allons retrouver Florindo.

L. Partons, ma chère Rosaura.

F. (*Cette voix m'est inconnue.*).

C. (*ouvrant la porte.*) Approchez, seigneur Florindo : voici votre chère Rosaura.

OCTAVE *armé, et une lumière à la main.*

C. Ah! (*Elle s'écarte.*)

L. (*voyant Florindo.*) Quoi!

F. (*menaçant de son pistolet.*) En arrière!

L. Quelle trahison!

O. Scélérate! indigne!... (*Arlequin accourant.*) Monsieur, mon cher maître! voici la garde.

O. La garde?... Tiens, emportes vîte ces pistolets.

F. La justice?... Caches aussi celui-ci.

A. Que devenir? Ils vont m'enlever. (*Il fait ce qu'il peut pour cacher les pistolets.*)

C. Je suis perdue sans ressource.

O. Qui est-ce qui a fait venir la garde?

A. C'est moi, monsieur. J'ai cru entendre des voleurs....

O. Hé bien! puisque la justice est ici, qu'elle entre et qu'elle se saisisse de cette malheureuse.

L. Oui: elle mérite d'être sévèrement punie.

R. Perfida Corallina, voi mi volevate tradire?

C. Sì, voleva tradirvi. Voleva darvi nelle mani del signor Lelio, togliervi per sempre a quelle del signor Florindo, unicamente per vendicarmi di lui. Son stata dominata dallo spirito della vendetta. Questo mi ha fatto scordare de' miei doveri; del bene avuto dal mio padrone, e quanto poteva da lui sperare. Per esèguire la mia vendetta, non ho avuto riprezzo a mettere a repentaglio l'onor suo, di sua figlia unica, e la sua vita medesima.

O. Oh! indegna! se non ci fossero i sbirri....

R. Mi fa piangere.... Corallina, venite quà.

L. Eh! lasciatela andare. Ella è causa di tutto.

O. Voi non c'entrate a parlare, chè se nissuno merita essere punito, lo siete voi, che temerariamente veniste...

R. Io per me, vi perdono.

F. Ed io pure vi perdono.

O. Tu non lo meriti, ma ti perdono ancor io. . . . Ma fuori di casa mia subito.

C. Ha ragione il signor Ot-

R. Perfide Coraline, vous vouliez donc me trahir?

C. Oui, je l'avoue. Je voulais vous mettre entre les mains de M. Lelio, et vous enlever pour jamais au seigneur Florindo, uniquement pour me venger de lui. J'étais dominée du démon de la vengeance. Cette malheureuse passion m'a fait oublier mes devoirs, le bien que m'a fait mon maître et celui que je pouvais en espérer. Pour satisfaire à mon animosité, je n'ai pas craint de compromettre son honneur, celui de sa fille et sa vie même.

O. Malheureuse que tu es! si les sbirres n'étaient pas ici....

R. Elle m'attendrit.... Coraline, approchez.

L. Laissez-là aller. C'est elle qui est la cause de tout.

O. Taisez-vous, monsieur; si quelqu'un mérite d'être puni, c'est vous, qui avez eu l'audace de vous introduire...

L. Je jure au ciel....

R. Quant à moi, je vous pardonne.

F. Et moi aussi, je vous pardonne.

O. Tu ne le mérite pas; mais je te pardonne aussi... Cependant, sors d'ici sans différer.

C. M. Octave a raison;

tavio; più non merito la casa sua, ne la sua grazia. Andrò in villa dove son nata, a finire i miei giorni, e mi ricorderò a mio rossore, che ho perduto la mia fortuna per essere stata una donna vendicativa.

je ne mérite pas qu'il daigne me conserver, je ne mérite pas son indulgence. Je vais aller finir mes jours dans le village qui m'a vu naître, et je me rappellerai avec honte que j'ai perdu ma fortune pour avoir été une femme vindicative.

FIN.

TABLE DES MATIERES.

LIVRE II.

De la Syntaxe.

Fin de la Table des Matières.

F A U T E S   E S S E N T I E L L E S   A   C O R R I G E R.

Page 6, ligne 7, ajoutez : *febre*, fièvre ; *madre*, mère. – P. 8, l. 28, *centhiaja*, lis. *centinaja*. – P. 11, l. 8, *tenevi*, lis. *tenero-fiore* ; – l. 1, *svelto*, lis. *scelta*. – P. 15, l. 55, *cattiro*, lis. *cattivo*. – P. 16, l. 25, *mena*, lis. *meno*. – P. 20, l. 24, *se stesso*, lis. *se stessa*. P. 52, l. 27, *steti*, lis. *stati*. P. 65, l. 12, déclinable, *lis.* indéclinable. – P. 71, l. 28, *nationare*, lis. *nationale*. – P. 77, l. 10, *indio*, lis. *indie*. – P. 79, l. 5, *dato a mi*, lis. *datemi*. – P. 80, l. 10, *redono*, lis. *vedono*. – P. 8., l. 1, *e di*, lis. *ed i*. – P. 87, l. 10, *stavanoo*, lis. *stavano* ; – l. 11, *celderaj*, lis. *calderaj* ; *e dun*, lis. *ed un*. – P. 91, l. 26, L A, *lis.* L O. P. 96, l. 4, *liete*, lis. *siete* ; – l. 23, *trorata*, lis. *trovato* ; – lig. dern. *l'horecato*, lis. *l'ho recato*. – P. 106, l. 18, irréfléchi, *lis.* réfléchi. P. 114, l. 13, *vostre*, lis. *vostra*. – P. 120, l. 12, *pagera*, lis. *paghera*.

De l'Imprimerie de B E R T R A N D - Q U I N Q U E T,
rue S. Germain-l'Auxerrois, N2. 33.